经济学通识

薛兆丰 著

给　不同意我的朋友

序　言

以纯朴的眼光看，人类至少面临四项普遍约束：(1) 东西不够；(2) 生命有限；(3) 互相依赖；和 (4) 需要协调。人类种种制度安排，一概是为了应付这些约束而衍生的。粗略地概括，这四项约束对应着四类经济理论：(1) 需求定律；(2) 利息理论；(3) 制度理论；和 (4) 宏观理论。这既是通过经济学原理看社会万象的视角，也是本书排列文章的基本框架。

一，所谓"东西不够"，就是稀缺。稀缺不仅指资源不足，同时也指欲望无限。只有野菜的时候，人想要馒头。有了馒头，就想要喝酒，想要吃肉，想要备足了馒头和酒肉到远方去捕捞海鲜，还要用馒头、酒肉和鱼虾喂养艺术家来拍电影。某登山家在攀登珠峰时借助直升飞机越过了一段路程，遭到纷纷指责，那是因为人们不乐意稀释登顶的荣誉。为了争夺这种人造荣誉，就得花费真金白银和时间精力。物质越丰富，欲望越新奇，所以物质无限丰富、人类欲望得到充分满足的日子是不会到来的。

与稀缺相连的就是竞争。稀缺和竞争，是同义词，是一枚硬币的两面。为了争出胜负，就必须确定竞争规则；不同的竞争规则，就会导致不同的行为和不同的后果。其中，所有制是竞争规则中的一个重要组成部分，不同的所有制——集体所有制、私有制、全民所有制和政府所有制——不是理想与否的问题，也不是道德与否的问题，而是它们所导致的经济效果，人们能否受得了的问题。

二，所谓"生命有限"，就是指由于未来总是不确定的，所以人们不乐意延迟消费的事实。把今天可以吃的苹果推迟到明天吃，就不仅有早晚之别，还有有无之别——明天不一定能吃得上这个苹果了。所以，在其他情况不变时，早一点消费总比晚一点好。

人们往往以为，利息产生的原因是资源有增长的自然趋势。问题是，如果增长是确定无误的，那增长就早落入预期之内，并反映在资源的现值之中，其现值就不会再出现任何意外的增长。事实上，形成利息的根本原因，是由于延迟消费会带来潜在的风险，这使得以期货换取现货的人，必须向出让现货以获取期货的人给予充分的补偿，否则没有人愿意延迟消费。这部分补偿，是真实利息的本源。不论资源是否增长，也不论增长快慢，只要未来存在不确定性，利息就会存在；而不确定性越大，真实利息就越高。现货与期货的交易，构成了金融活动的基础。

三，所谓"互相依赖"，就是指没有任何人是绝对可靠的、但我们又不得不与无数人相互协作才能改善生活的事实。人是自私的，但也有同情心——人们会设身处地地揣度别人的感受，并把这种揣度当作个人感受的一部分。人间因此充满了关爱。然而，人的这种揣度能力，会随着交际网络的扩大而削弱。所以，每个人的爱都只能波及很小的范围。爱心有限，但人无时无刻不需要千万人的帮助，市场便填补了空白。在家庭和朋友圈里，人们重视感情；离开了小圈子，人们仰仗市场和制度的力量。这个连续的光谱，是我们理解人际关系的起点。

只要社会上超过一个人，人与人之间就必然存在知情不告、尔虞我诈、过河拆桥和互不信任等现象。于是，各种合约安排、组织结构和防范行为便应运而生。环顾我们的社会，法庭、警察、家庭、企业、学校、协会和政党，婚姻中涉及的钻戒、礼金、嫁妆，朋友之间的喝酒、喝酒时夹杂的粗话……种种现象，无一不是为了防范"人际依赖"的隐患而衍生出来的对策。

四，所谓"需要协调"，是指只有依靠合理而可靠的参照系，才能将个人自发的行为导向社会和谐，而不是导向社会混乱的事实。三个人制砖，两个人砌墙，本来合作得天衣无缝。后来一位砌墙的因为熟能生巧而加快了速度，五人的合作便出现了"失衡"，砌墙的劳动力出现了"闲置"或"失业"。要摸索出新的"和谐模式"，不论是让一位砌墙的人转业去帮助制砖，还是改造制砖设备以提高生产率，都需要花费时间和资源。种种宏观经济理论试图刻画、解释和调节的，不外乎是这种因为需要协调而产生的困境。

货币是典型的协调工具。哪怕最简单的铅笔，也需要成千上万人来参与生产。他们不认识对方，不说对方的语言，不信对方的宗教，甚至彼此蔑视和憎恶。世上没有任何人能独自掌握生产铅笔的全部知识，然而铅笔却神奇地被这些独立而分隔的人造出来了。协调这成千上万人的自发行为的参照系，就是价格。如果价格本身受到人为的扭曲，那经济就必定会失调，社会就必定会撕裂。宏观经济理论的核心就是理解社会的协调机制，以及探讨刻意的协调是否会造成更严重的失调等问题。

东西不够，生命有限，互相依赖，需要协调——如果我们反复从这四类约束来理解社会，我们就很容易察觉人类社会的一些不同寻常的特点。

首先，人类主要以社会的方式而不是自然的方式展开竞争。在大多数场合里，我们不是直接肉搏，而是依照各种各样的人际安排和规则，迂回地争名逐利。生产、经营、求学、交友、成家、结社、诉讼、发表、集会和选举，都是既文明礼貌，又毫不含糊的竞争。认识这些人际安排和规则，几乎就是认识竞争的全部。

其次，竞争与合作不可分。两个原本单独卖烧饼的人，结成团队来卖烧饼，貌似竞争由于合作而消减了，但他俩合作恰恰就是为了与其他对手以其他方式展开更激烈的竞争。增加合作，并不意味着减少竞争；要鼓励竞争，也未必要靠遏制合作来实现。我们深化对合作的理解，也就是深化了对竞争的理解。

再有，贫与富未必有关联。除了抢劫和征税等短暂效应外，贫穷和富裕并非总是因果相关的。社会中的少部分财富，是来自于自然界并且可直接享用的，比如山鸡、野果、阳光和空气；但大部分则源自于技术和制度创新，并以无中生有的方式创造出来，比如汽车、轮船、电影和软件。纵观全球，有些地区一贫如洗，有些地区则灯红酒绿，其间的差异绝大部分是技术和制度创新造成的。也就是说，穷人往往不是富人的牺牲品，而富人也往往没有亏欠穷人。

更重要的是，观念的力量是惊人的。人类因荒诞观念而招致的伤亡，包括战争、政治清洗、宗教迫害、计划经济导致的饥荒等，往往与自然灾害所造成的伤亡不相上下。令人深思的是，打着善意的旗号所犯下的罪行，也往往比明目张胆的犯罪造成的破坏更深重。在美国"9·11"事件中，恐怖主义者公然地杀死了三千人，而以美好愿望为诱因而引发的战争或饥荒，则可以造成数以千万计的伤亡和病残。

用什么样的眼光，就有什么样的世界。本书提供另一种观察世界的方法。此时此刻，你可能认为（1）保障房能降低房价；（2）减少份子钱，能够增加出租车司机的收入；（3）药品价格过高是药品流通的环节繁冗导致的；（4）民主能够遏制政府乱花钱的趋势；（5）要减少失业就必须创造就业机会；（6）同工同酬法能够帮助妇女提高收入……但只要你翻一下这本书，就会发现这些在社会上根深蒂固、在你看来不言而喻的观点，都是经不起推敲的。

随着阅读和思考的深化，你将逐渐学会把"愿望"和"结果"分开来衡量；你知道不仅要看"局部"，而且还要看"全部"；你不仅能看见"别人看得见的"，还能看见"别人所看不见的"；你会发现"事实是什么"比"别人怎么形容"更重要；你还会觉得不少过去看来理所当然的因果关系其实颠倒过来才对。

改造"世界"，非经济学所长；但改造"世界观"，却是经济学的强项。阅读本书的后果，就是"世界观"的转变。

薛兆丰

2015 年 6 月 8 日

北大朗润园

目 录

经济学通识

目录

第一章
东西不够

论堵　3

免费才是最贵的　8

北京信不信市场　20

火车票价还不够高　26

康德未曾出远门　30

火车票低价造成了举国浪费　34

重税岂能压房价　41

炒房有功　44

价格规律与市场状态无关　48

限购令混淆了房价上升的正负因素　51

打击投资是大错　55

大规模保障房只会提高真实房价　60

政府卖地推高房价了吗？　64

电力紧张：为什么总是忘记价格　68

公营与私营的异同　72

短缺商品应该如何分配　78

认钱还是认人　83
市场经济与歧视　89
为"歧视"正名　92
同工同酬法的反效果　97
追问"原价"注定徒劳无功　101
从侃价策略说起　108
谁的谈判力更强　111
从经济学原理看"投机倒把"　114

愈让步，愈进步！　117
你毁你的独木桥，我修我的阳关道　120
为什么有贸易争端　123
谁是贸易争端的主角　126
谴责西雅图暴乱　130
反倾销是怎么一回事　133
美国积木式创新与中国机会　137

谁在危及自由竞争　142
谁创造了暴利　145
荒谬的制裁　149
打车软件倒贴用户是良性竞争　152
反垄断法拓宽寻租之门　157
反垄断只要一招　171

第二章
生命有限

股价不可预测　*177*
利率由谁制定　*181*
向费雪致敬　*184*
低碳之争　*187*
纯利率影响文化品位　*192*

灾难预报与保险公司　*196*
保险机制的演进　*200*
中国医疗保险的特点和症结　*204*
"医疗税"并非"医疗险"　*208*

第三章 互相依赖

1 信息不对称与市场的应对

医患之间的信任　215
何谓优质　220
缺奶、淡奶、浓奶和毒奶　224
信息不对称与市场解决之道　229
共享经济不可挡　233

2 劳动力的权利与福利

失业不是浪费　238
出卖劳动是基本权利　243
最低工资法不可取　247
工资是如何被决定的　251
争取福利不宜越俎代庖　256
从经济学角度看剥削　260
罢工的性质　263

3 收入与公平

收入如何分配　272
中国的基尼国际警戒线　278
基尼系数信不过，劫富济贫有问题　281
从明星现象看收入不均　285
最多数人的最大幸福　289
从赌性不同看公平之困难　292

第四章 需要协调

汇率形成的机制　297
稳住了汇率，引入了通胀　301
压低人民币汇率等于供养美国　305
是明确货币政策的时候了　308

经济改革就是要落实转让权　316
征地还是征税　319
征地的权衡　326
合理集资与庞氏骗局　331
金融改革不容忍庞氏诈骗　335
民间金融改革的难点　341
互联网金融的监管哲学　346
经济发展岂是任务　352

钞票与选票之争　356
资源争用不应靠民主解决　359
打破对政府和投票的迷信　363
理性胡闹　366
个人选择与公共选择　369
欧债危机与宪政选择　378
民主不是自由　382
为自由而进言　392

第五章
经济学随想

经济学的免责声明　407
斯密的道德观和市场观　410
行善的困难　417
企业家须回报社会吗？　422
环保思想家和经济实干家　426

需求曲线必定向下　432
"价值"观的谬误　438
知数据不知情况　443
"看得见的"与"看不见的"　446

法律经济学从科斯开始　451
如何纪念科斯　455
官员不是天使
　——纪念宪政经济学先驱布坎南教授　463
因纯真而深刻
　——纪念经济学家阿尔钦　470
纪念贝克尔　478

第一章
东西不够

第五章
经济学随想

第二章
生命有限

第四章
需要协调

第三章
互相依赖

第一节 管制的愿望与结果

论堵

2011年1月10日

北京也以"堵"扬名。事实上,治堵不算难,"按时间路段收费"即可收立竿见影之效;值得深究的是:为什么人们都在试图抗拒有效的方法,转而求助于适得其反的下策。

道路的作用是疏导交通;被疏导的交通的价值越高,道路的价值就越高,这是机场跑道与乡间小路之间的区别。严重的拥堵,可以让高价值的机场跑道沦落为乡间小路;而治堵的目标,就是要设法让道路所实现的价值达到最大,即确保在任何时段,都让对使用道路的需求为最高的车辆顺利通过。这目标清楚,而许多带来反效果的措施,都是因为把这一目标与其他目标混为一谈造成的。

从经济学看,道路不是公用品(public goods),而是私用品(private goods)。所谓公用品,指的是一个人用不影响其他人用的物品。典型的例子是音乐旋律、故事情节、科学定理等。公用品既可以由政府提供,如公共电视台的节目;也可以由个人提供,如带版权的电影和书籍。

私用品,指"一个人用了别人就不能用"的物品,包括粮食、电力、用水、医疗服务、教育设施、国家公园、交通工具和公路航道等。私用品也是既可以由政府提供,也可以由个人或私营机构提供的。关键是,不论谁提供,也不论提供者是否向使用者收费,私用品的"一个人用了别人就不能用"的属性不变。公路就是这样:尽管它很可能是政府铺设的,而政府也很可能不收费,但一条车道,一辆车用了,别的车就不能同时同地使用,所以才会发生拥堵。其他私用品,也一概如是。

因此,尽管政府提供了私用品,但政府模仿私营机构的做法,向使用者收费,就仍然具有双重意义。一,收费能区分使用者的需求,能把"一个人用了别人就不能用"的私用品,分配给需求更大的人。二,收费能帮助政府进行成本核算,让政府好像私营机构那样了解他们提供的设施是否划算,从而为将来的公共建设规模提供指南。

很多人一般地反对"用者自付,按价交费"的资源分配办法,动不动就质问"穷人怎么办"。他们不明白,按"价高者得"原则筛选出来的不是贫富,而是需求的大小。富人也有不肯出价的时候,穷人也有很肯出价的时候。要是路权是按拥堵费分配的,那么一个躺在救护车里的贫穷孕妇,是否比一个载女儿上芭蕾舞班的富人更愿意支付拥堵费?一群挤公交的上班族,凑起来的钱是否更容易让一个只身去做美容的家庭妇女让路?显然,市场机制为需求更高的穷人提供了随时战胜需求较低的富人的机会，而其他行政管制手法，则只会削弱穷人的这种机会，并巩固那些行政手段丰富的人的优势。

可能有人会说，政府收的钱已经够多了。这确实是个问题。但私用品——哪怕是由政府提供的私用品——是否应该收费，与收取的费用应该用于何处，是两个不同的问题。政府分文不收拥堵费，与收取足够高的拥堵费后把收入全部均分给全体市民，这两种做法虽然都能阻止政府增加收入，但对治理拥堵的效果是完全不同的。广州地铁试行免费乘车的经验，是绝好的旁证。假如对地铁这种私用品完全不收费，那么哪怕是需求很低的人也都会涌来；相反，收费后把收入返还给居民，需求低的乘客就会主动回避高峰。

北京的道路不是"到处始终"拥堵，而是"某时某地"拥堵，治堵的办法没有比"按时按段收费"更精准了。越接近这个原则的治堵方案就越有效，越远离这个原则的治堵方案就越无效。例如，提高燃油费就难以有效治堵。这个办法不但会让在非繁忙时段行车的车主吃亏，同时还鼓励了已经缴纳了高额燃油费的车主，去争用本来已经稀缺的道路时段。人们可能还会到周边地区购买汽油，并由此引发管制带来的无谓浪费。不公平加剧了，拥堵则并没有减少。

相似地，企图通过提高牌照费的办法来治堵，也是隔靴搔痒，没抓到要害。管制者没有理由推断外地车对北京道路的需求低于本地车。相反,一般愿意老远开来的汽车,反而应该比在本地的汽车,有更急迫的事情要办。然而,管制者如果不对外地车牌采取歧视性的限制,提高北京车牌牌照费的做法就难以收到任何治堵的效果。由此看来,通过提高牌照费的办法来治堵,造成的问题恐怕要比解决的问题更多。

再有,之前颁布实施的"摇号发牌"的办法,无论其优劣,无论人们是否会形成一个地下市场来冲抵它的作用,都与"按时按段收费"的办法不沾边。所谓"治堵",是说现在京城的某些时间某些路段已经太堵了,而不是将来可能堵。即使从此停止发牌,也无助于解决目前的拥堵。

除此以外,我们还能听到各式各样的治堵建议,包括"优化道路规划""发展公共交通设施""缩小城乡差别""公布政府机构购车用车的详情",甚至是"让政府部门搬迁到五环外的郊区",等等。客气地说,远水救不了近火;不客气地说,建议者根本就不想在可见的将来看到北京的拥堵得到改善。为什么?建议者们忘掉了"治堵"的目标,那就是确保对使用道路的需求为最高的车辆顺利通过;相反,他们把"治堵"理解为"治理社会",把许多其他的愿望和目标,都与治堵等同起来,甚至置于治堵之上了。

这是说,大家不妨讨论如何优化这些外界条件,讨论如何改道、如何发展公交、如何限制公权力,但这些问题本身不是治堵的目标。我们不能先放弃"按时间路段收费"这一直接达到目标的办法,退而指望去改变那些间接的因素来治堵。同样的道理,大家不难理解,只要食物供不应求,那么餐厅就应该实施"按质按量"收费办法,而不是指望彻底改善了公款吃喝的现象后才让餐厅收费;鸡肉紧俏了,鸡肉就应该贵,而不是漫无边际地讨论如何增加牛肉的供应,进而讨论如何建设一个理想社会以致顺带使得鸡肉不用涨价。

至于"按时间路段收费"应该如何实施,短平快的办法之一,就是先设定"适度拥堵"的行车速度,以此为目标,实时调整道路的拥堵费率,用电子显示牌和无线广播等办法公示,通过摄像头来记录经过的车辆的车牌,事后通知并征收拥堵费。可以想见,经过一段时间的调整,不同时段的拥堵费率就会稳定下来,车主就能形成较准确的预期。如果人们过去按预期可以说"你周一早上六点从机场到北大东门是不会堵车的",那么实施"按时间路段收费"后,人们就可以这样预言:"你周一早上八点从机场到北大东门也是不会堵车的,但一般要交二十元的拥堵费。"

为什么人们总是用这样那样的理由,排斥"按时间路段收费"的办法?我想央视特约评论员王志安先生对公众心态作了准确的概括:"治堵可以,但不可以妨碍自己的利益。"其结果,显然是大家的利益都受到严重损害,纳税人出资铺设的道路极大地贬值。

免费才是最贵的

2012 年 10 月 15 日

政府最近颁布规定,要求在"春节、清明节、劳动节、国庆节四个国家法定节假日"期间,各地"收费公路(含收费桥梁和隧道)"必须"免收 7 座及以下小型客车通行费"。首次施行,便发生了全国各主要路段的严重拥堵,网上网下议论之声不绝。

政府请客,车主争抢,乘客被困,路主付账,外人围观。此事不仅关乎百姓度假的质量,更关乎国家交通网络的发展。让我叙述几条朴素的经济原理,祈望对分析"节日高速免费"政策的得失有所帮助。

一、道路是私人物品

许多人认为高速公路是"公共物品",所以应该低价甚至免费。这种想法很普遍,老百姓这么认为,知识分子这么认为,连不少学过经济学的人也这么认为。但这是个误会。

公共物品(public goods)和私人物品(private goods),也有

人译作"公用品"和"私用品",是不可望文生义的一对概念。它描述物品"是否会引起争用"的自然属性。具体而言,公共物品(公用品)指一个人用不影响其他人用的物品;而私人物品(私用品)则是指一个人用了别人就不能用的物品。

旋律、知识、情节、电视信号和国防,都是一个人享用不会影响他人享用的,故属于典型的公共物品。鸡蛋、面包、台灯、领带和轿车,都是一个人享用别人就不能享用的,故属于典型的私人用品。剧院、教育、公园和列车,当争用的人数达到某个程度时,一个人的使用就会影响其他人的使用,所以它们也是私人物品。

公共物品和私人物品的属性,是物品本身固有的,它不以谁提供这些物品为转移,不以人们如何称呼这些物品为转移,也不以人们是否对这些物品收费为转移。例如,莫扎特创作的旋律之所以是公共物品,仅仅是由于它的使用不具有争用性,而与莫扎特的收入究竟来自政府、王侯还是私人无关,与人们是否把这些音乐定义为生活必需品无关,也与莫扎特本人或后继演奏者是否对音乐作品索取版权费用无关。

根据这一标准,道路是私人物品。确切地说,道路是可以由政府或私人提供的、可以收费也可以免费使用的、可以被称为必需品或替代品的私人物品。不少人以为,只要通过讲道理,把道路说成是公共物品,道路就能够低价或免费供应,而没有人需要为此支付成本。这种想法完全是一厢情愿。不管人们选择何种说法,既然一个人占用了道路,其他人就不能占用,那么道路就是私人物品,它就必然符合一般私人物品所遵守的经济规律。

二、拥堵会造成经济浪费

因为道路不够多,谁都想在特定的时间使用,那就会出现拥堵。市区内没有收费站,但只要车辆足够多,也天天发生拥堵。拥堵会直接降低道路的价值。当拥堵达到数十公里长的时候,高速公路当然只是个停车场,不仅谁也无法享受它本来可以提供的服务,而且还不得不忍受它造成的各种痛苦。物理上有形的道路还在,但其实际功效或经济价值却已经荡然无存,甚至适得其反。用经济学的术语来说,那就叫"公地悲剧",或"租值耗散",用日常语言来说就是"经济浪费"。

谁都不愿意对这种"经济浪费"坐视不理。大家乐于发挥想象力,提出了各种解决方案,从停止高速公路收费、呼吁政府修筑更多的高速公路、增加其他交通工具的供给、减少车牌发放,到调整放假方式以让人们错峰出行、监督私用公车的情况、增加本地景点和娱乐设施的吸引力,乃至改革户籍制度和取消举国长假安排,等等。然而,人们没有意识到,这些对策不仅宏大遥远,而且即便实现了,也仍然会出现道路使用的高峰期,令道路产生"经济浪费"的情景。

三、 价高者得的竞争准则最经济

事实上,只要是私人物品,就有可能出现争用;而一旦出现争用,社会就不得不采用这样或那样的竞争规则,来替争用者决出胜负,以便让部分人得到使用权,而让其他人寻找其他的替代方案。这就是经济学所说的稀缺。这就是自从盘古开天辟地以来,人类社会乃至动物世界都必须面临的约束。人们无法改变稀缺的约束,而只能改变竞争规则,让不同的人胜出。

历史上,人们曾经选用过各种各样的竞争规则,包括暴力、聪明、官职、出身、性别、年龄、耐心等。经济规律指出,所有这些规则,都会引导人们去参与一些有助于自己胜出但对他人没有好处的竞争,并由此引致无谓的损失,包括过分强壮的肌肉、不必要的应试能力、阿谀奉承和尔虞我诈的成本以及排队等候的时间等。

相比之下,只有"价高者得"的规则,才能引导人们向社会提供有价值的服务,并用赚来的钱去参与"价高者得"的竞争。当社会的大部分资源都按"价高者得"的方式分配时,整个社会竞争的成本就会下降,收益就会上升。一般而言,"价高者得"是最经济的竞争规则。

四、 价格能够改变需求刚性

一些听说过经济学术语的朋友会说,中秋出游是刚性需求。

也就是说，无论驶入高速公路的价格被提得多高，人们也仍然会选择出游，所以提价无助于缓解拥堵。然而，这种说法显然与事实不符。

价格波动，哪怕轻微的价格波动，都能对人们的行为产生影响。好的经济学课本会直截了当地告诉读者，世界上不存在绝对刚性的需求，人们不可能不惜任何代价地追求某个目标。用经济学的术语来说，不存在垂直的需求曲线。毕竟，人是善于权衡取舍和寻找替代方案的动物。

据报道，有人为了节省200多块钱的路费，在高速免费期间耽误了探望病危的亲人。显然，此人并不是对亲情有刚需，而是对200元有刚需。各大航空公司出售的机票，只有中秋节晚9点后的航班才有打折。这是说，谁对"中秋团圆"有刚需，就应该不在乎多花几百块；而如果对几百块有刚需，那就应该调整行程，避免购买全价机票。金钱与便利，自古难两全；而人们从来就只有权衡和取舍，而没有绝对的刚需。

广州市政府曾经在2010年亚运会期间，推出地铁免费的"利民措施"，结果人满为患，令地铁系统瘫痪。然而，当市政府收回成命，恢复地铁价格后，地铁马上就恢复了秩序。事实上，广州市政府后来向市民发放人均约50元的补贴，市民拿到补贴后，也并没有拿着那些补贴去争抢高峰期的地铁票。这是说，票价并非在区分贫富，而是区分需求。也就是说，价高者得不仅是带来最少浪费的竞争办法，而且也是最公平的竞争办法。

五、按需分配行不通

即使承认了价格对行为的调节作用,很多人还是会说"出价高的人未必需求高"。然而,除了出价高低以外,我们还能用什么手段来比较人与人之间的需求孰高孰低呢?单位介绍信?官职?离家远近?是否回原籍探亲?熟人关系?

要知道,过去搞计划经济,就是因为人们相信,他们有比"按价分配"更可靠的办法来比较人与人之间的需求,来甄别究竟谁才是"真正需要"的人,来实现"按需分配"的崇高目标。但大半个世纪大半个地球的计划经济试验表明,"按需分配"的甄别成本是巨大的,它给实施的国家带来灾难。直到穷途末路,人们才开始搞市场化改革,重新回到"按价分配"的道路上来。

对此,经济学里有共识,那就是"人际需求不可比"(No Interpersonal Comparison)原则。我们没有办法比较,富人喝茅台的效用大,还是穷人喝茅台的效用大;我们只能观察,富人是宁愿喝茅台还是买全价机票,穷人是宁愿少吃肉还是宁愿按时回家过节。效用只能自己跟自己比,不能拿人与人比。也就是说,我们永远无法证明,通过价格管制的手段来进行资源(比如路权)的再分配,能够提高社会的总效用;相反,让每个人以自己的财富和收入为基础,分别根据市场价格的指引,来追求他们所希望的消费模式,才能自然而然地达到每个人的效用最大化,那也就是全社会的效用最大化。可见,价高者得不仅最经济和最公平,而且也是最可行的竞争办法。

六、企业投资应该得到保护

据有关统计,中国的高速公路网的全长目前位居世界第一,即使从1988年第一条高速公路建成算起,至今也只是用了24年时间;而位居第二的美国,从1956年国会批准《高速公路的联邦资助法案》(*Federal Aid Highway Act*)算起,也经历了57年的时间。中国高速公路建设的飞速发展,完全得益于"分散决策、自主融资、用者自付"的经营模式。

上海金融与法律研究院傅蔚冈先生在《华夏时报》撰文解释中国"高速公路要收费"的原因,即在于"欧美等国用于支付高速公路建设的经费是来自于现有的财政支出,而中国的绝大多数建设费用则是来自于银行的借款,甚至有一部分是来自资本市场的融资",因此"中国的用车者需要在纳税的同时,为高速公路的通行费埋单"。

当人们拿美国和欧洲某些国家的公路发展模式相比较的时候,往往只看到了收费模式的一面,而没有看到发展速度的一面。事实上,恰恰是由于我国采取了在经济上更合理的决策、设计、融资和付费方式,才使得中国这个落后的经济体,在极短的时间里赶超了欧美公路网的建设速度。合理的比较,不是中国目前的平均路费和欧美目前的路费,而是中国目前的平均路费和如果没有这些高速公路时中国的平均路费。显然,没有高速公路时的真实路费，不是很低，而是非常高，乃至无限高的。只有这样看，才能看出中国高速公路网发展模式，尽管具有巨大的改善空间，但也仍然具有很大的优越性。

既然高速公路是由企业兴建的，那就引发一个道德、哲学或法律问题：政府下令，众多媒体和公共知识分子欢呼支持，要建造和运营高速公路的企业在节日期间向车主送礼，这种甲和乙联合命令丙替丁做好事的过程，正当性何在？如果高速公路事后根据发卡数量向政府索取补助，而补助又是从纳税人那里征收的话，那让纳税人向车主送礼，正当性又何在？

我并非一概反对补贴穷人，而是说即使我们认准了节日期间应该补贴车主，把这看作是具有崇高社会意义的事情，那也仍然应该通过法定的议事程序，或从国库中取出钱来交给车主，让他们自行决定消费的方式，或让官员用这笔钱到收费站帮车主购买通行费，而不应该通过价格管制的方式，让自筹资金建造和运营高速公路的提供者们，单独承担资助车主的社会责任，并顺带造成大规模的高速公路租值耗散。

七、 高速免费并不额外刺激经济

还有一种观点认为，高速公路免费可以激发富人的内需，为假日经济创造消费。这种说法经不起推敲。如果这种逻辑成立，那节假日就不仅应该让高速公路免费，还应该让飞机、轮船、高铁乃至酒店都免费。

没有哪个国家这么做的，也不应该这么做。因为这种短暂的刺激政策，只会歪曲人们的需求，并排挤其他正常消费。高速免费，确实会增加汽油、酒店、餐饮、景点、商场的营业收入，但这些行业的增收，恰恰来自于高速公路的亏损。如果说这些行业的增收能带来乘数效应，加倍地刺激经济，那为什么高速公路自己的收入就不能带来乘数效应，加倍地刺激经济？

切中要害的比较，不应该是哪种消费具有乘数效应、哪种消费没有乘数效应——因为任何消费和投资都可以具有乘数效应，而应该是哪种消费更谨慎，哪种消费更鲁莽；应该是究竟市场能更好地指导消费和投资，还是价格管制能更好地指导消费和投资。政府乱调一下，凭什么就能刺激经济，而私人小心翼翼，却不能更好地刺激经济？事实上，哪怕再宏大的投资，只要把个人的审慎因素忽略不计，而假定官员能够做得跟私人一样好，就会引致不可估量的浪费。

八、 用者自付才合理

在讨论高速公路的建设和收费模式时，我们不应该只借鉴国外零散的经验，而应该借鉴国外带有规律性的经验。在作各种横向的国别比较以及纵向的发展阶段比较时，"用者自付"原则的执行程度，是一个非常有启发性的视角。不难看出，各国的经验都显示，越贴近"用者自付"的原则，高速公路的建造、使用和维护的效率就越高，越是背离这个原则，效率就越低。

美国公共道路局（The U. S. Bureau of Public Roads）在 1939 年给国会递交了名为《收费公路与免费公路》（*Toll Roads and Free Roads*）的报告，认为通过用者自付的办法是不可能筹集到足够的资金来修筑高速公路的，要修路只能靠政府资助。但次年开通的第一段宾夕法尼亚收费高速公路（Pennsylvania Turnpike）即否定了这个说法。收费公路显然能够自给自足。此后，收费模式立即引起各地的仿效，许多州都陆续修建了完全不依赖联邦政府资助的道路。

后来的州际高速公路网，是由艾森豪威尔总统牵头修建的，其融资方式也是基于广义的"用者自付"原则，即资金只从联邦和各州所征收的燃油税和其他驾车者支付的路费中收取。燃油税则从 1956 年的每加仑 3 美分，上升到今天的每加仑 18.4 美分。而整个高速公路项目，仅仅第一期就用了 35 年来完成。

在这一点上，值得将中国与美国作比较。1997 年，全国人大通过的《公路法》首次提出以"燃油附加费"替代养路费，但这一建议一再遭到否决和拖延，这为后来各地自筹资金修路，提供了动力和空间。不难设想，如果全国高速公路网的资金都集中在一个大池里，那么对这个池子里的资金的争夺，将带来巨大的浪费；而高速公路的设计和建设，也将变得低效。

我曾经看过一部电视纪录片，叙述香港商人兼筑路工程师胡应湘在设计广深高速公路时，在望牛墩路段的成本抉择。修筑者若非自负盈亏，他们就不会有足够的积极性在"究竟是绕路而行还是凿通隧道"之间作精心盘算。同样道理，当公交系统以接受政府资助为主要收入来源，而不在乎乘客的车票投票时，公交系统改善线路和搭配容量的积极性也就会大减。越是大锅饭，就越缺乏精打细算。我国将来高速公路的发展模式，假如向"统一征收燃油税、统一规划线路、免费使用道路"的模式发展，那么高速公路网的设计、建筑和运营效率，也将会大打折扣。

美国著名智库出版的《加图决策者手册》，在谈到高速公路的融资方式时明确指出："州际高速公路成功的关键，在于其用者自付体制，即资金只来自联邦和州的燃油税，以及道路使用者的付费。这不仅确保了人们只是在需要的地方修路，而且防止了成本的过度膨胀。然而近几十年来，国会越来越背离了用者自付的原则，让驾车者支付的税费，用来补贴地铁乘客的费用。这样做不仅不公正，而且还导致了市内的急剧拥挤，以及促成了许多得不偿失的交通建设项目。"美国发生的这种情况，恰恰是我们应该警惕和避免的。

事实上，由于道路修筑和维护成本的上升，也由于拥堵情况的日益严重，包括美国和德国等曾经一度以提供"免费公路"著称的国家在内，世界各国都逐渐在向"用者自付"收费模式靠拢，具体的做法包括批准更多收费公路的建设、征收高额的停车费、对运货大卡车实施收费、容许部分车道收取拥堵费等。是的，人们有追求免费服务的自由，却没有逃避付出代价的自由；而如果人们选择了一种效率更低的发展模式的话，要付出的代价就只会更高。

结语

高速公路收费,有两个独立的理由。

一、投资者有权收费。高速公路由分散的地方政府或企业进行融资、建设和营运,比由中央统一运作,更贴近"用者自付"原则,更能降低寻租的成本,提高资源的使用效率。前者应该受到鼓励和保护。只要高速公路是由地方政府或企业投资的,不论是否出现拥堵,投资者都有权收费。中央政府就不应该以行政指令的方式,强行剥夺投资人享有收入的产权。

二、出现拥堵就应该考虑收费。不论高速公路还是市内道路,都是具有"一个人用了别人就不能用"的性质的私人物品。所以只要发生严重的和惯性的拥堵,那么哪怕它的产权不属于私人而属于政府,也应该通过收费的方式来调节需求,从而减少道路因拥堵而造成的经济损失。政府由此增加的收入,固然应该和政府其他来源的收入一样,得到恰当的监管。但如果仅仅因为担心增收得不到适当的监管,就放弃用价格来调节拥堵的功能,那就是因噎废食,错上加错。

只有看清免费公路的全部成本,才能理解它为什么是最贵的。

北京信不信市场

2013年1月7日

北京打车难，是多年的老问题。症状包括乘客等候时间长、司机挑客、拒载和漫天议价、政府补贴额庞大以及黑车泛滥且缺乏监管等。我要与读者解释的是，这些症状是由两项政策——数量管制和价格管制分别导致的。这里强调"分别"二字，必须追本溯源，区分因果，双管齐下，各司其职，才能根本解决问题。

首先谈数量管制。北京的出租车牌照总数是受限制的。据我了解，在1993年以前，实行的是申领制，即无论是个人还是公司，向北京市政府申请，经审核批准后，即可获得牌照。在这个制度下发出的牌照总数，占据了今天北京6.6万出租车牌总数的主体。换言之，过去20年来，北京基本上没有新增出租车牌照。

出租车牌照意味着排他性的专营权。无牌不能经营，有牌才能赚钱。随着城市的发展，乘客对出租车服务需求上升，专营权所带来的价值也就上升了。这些年来，出租车牌照在个人与公司，或公司与公司之间或明或暗的转让价格，从几万上升到了几十万元人民币,就反映了这个事实。出租车牌照的这部分增值,在经济学上称为垄断租金(在纽约既繁华又实行牌照限制的地区,牌照的垄断租金超过 500 万元人民币)。

由于这些牌照最初不是由北京市政府通过拍卖而发出的,所以拾级而上的垄断租金,并没有落到政府手上,而是落到了早年走运申领到牌照的人手上,或落到了有眼光较早以较低价格买到牌照的人手上。要特别指出,还有一些公司,付高价购入经过多次换手的牌照。这些公司算不上是垄断租金的受益者,而只是赚取市场平均回报的普通投资者而已。不论哪种情况,只要政府放开数量管制,持牌人就会遭受损失,所以他们会极力抵抗。另一方面,政府回购牌照也有困难,因为用政府财政来补贴专营权所有者,在纳税人那里不容易通过。这是出租车市场化改革的难点。

让我转谈持牌人与司机的关系。出租车牌虽然本身有价,但必须营运,才能变现。这便有了北京市运输管理局规定的、出租车公司与司机约定的车辆承包合金,俗称"份子钱"。"份子钱"除了体现排他性专营权所蕴含的垄断租金外,还包括各种车辆的保险费、司机的社保、购车费用及其他管理成本。换言之,乘客支付的车资中,只有部分属于司机驾驶服务的报酬,而剩余部分则只是司机"代收"的费税租。事实上,持牌人所得的租金和司机所得的服务报酬分成比例,是由市场的力量决定的。司机只能赚取司机这种服务所得到的市场回报,而用行政手段直接削减司机应缴纳的份子钱,最后只能是徒劳无功。

也就是说,"出租车牌总量被冻结"这一政策,导致了两方面的结果:乘客支付的车资上升,以及早期的牌照持有者获利。解决之道,就是取消总量上限,放开准入限制。然而,政府在长达二十年时间里,居然没有任何"有序新增出租车牌照"的政策,是令人琢磨不透的现象。既然在其他地区,当政府打算新增车牌,出租车公司和司机就闹事,政府于是屈服的事件屡见不鲜,那么我们有理由推测,北京市也不例外。

北京出租车综合征的另一根源,是价格管制。由于目前的车资标准未能体现乘客的时间成本、堵车时的汽油耗费,以及异常天气下的出车风险等因素,所以本来就是要出车赚钱的司机,才会在乘客最需要用车的时段,反而选择了挑客和停运,从而导致了乘客和司机的双输。

中国市场经济实施多年,大家已经不需要想象力就能理解一个简单的道理:只有互惠互利才能保证交易顺利进行。如果司机总在吃亏,那他们挑三拣四、议价绕路,甚至暂停营运,就不再是个别司机缺乏职业道德的问题,而是合约安排和价格机制的问题了。要消除普遍存在而且日益严重的司机挑客和停运现象,办法只有一个,就是解除政府对出租车公司实施的价格管制,让出租车公司按车型、路段、时段和天气等条件的变化,自由调节其划一的内部收费标准,从而保证乘客和司机能在双赢的前提下交易。

不难想象，不管要不要交份子钱，不管份子钱高低，不管持牌司机还是黑车司机，谁都不会选择净亏损营运。这是说，要把6.6万辆车调动起来，在供不应求的时段投入服务，就必须让司机能因为营运而赚钱。用行政手段削减份子钱，是不会鼓励司机出车的。事实上，黑车之所以愿意在合法出租不愿营运的时段投入服务，恰恰就是因为它们没有受到价格管制约束的缘故。

请注意，这是最容易产生思路混乱的地方。许多评论家把挑客和停运归咎于车牌数量管制和份子钱过高，认为只有通过放开数量管制，而不是调整车资标准，才能解决问题。这种混淆集中表现在"供给不自由，价格无意义"的说法上。然而，挑客和停运不是数量管制造成的，而是价格管制造成的。若没有价格管制，哪怕北京只有6张出租车牌照，司机也会日夜兼程地出车；而在价格管制之下，北京即使已经发放了6.6万张牌照，但找不到司机开出租车，以及司机故意在供需紧张时停运的现象，也仍然比比皆是。事实是，不论供给是否自由，价格都总有意义！

简单的经济学原理，让我们看得分明：数量管制形成了专营权的垄断租金，使司机不得不缴纳较高的份子钱，乘客不得不缴纳较高的车资；而价格管制则导致了短缺，使即使租用了牌照的出租车司机，也不愿意在高峰期投入营运。这是两套独立的错误政策，分别导致两种糟糕的结果。问题是，政府不作为，市场有反应。黑车群体蓬勃发展，愈禁愈烈，原因就在于黑车司机既绕过了数量管制，又绕过了价格管制，对市场需求提供了次优满足。

解决之道很清楚：既放开数量管制，又放开价格管制。只有放开数量管制，或以拍卖新牌照的方式，或以恢复申领制的方式，才能增加出租车的总供给，降低份子钱中的专营权垄断租，既让黑车司机变成接受统一管理的合法司机，又让乘客在一个较低的价格水平上享受服务。只有放开价格管制，才能让出租车公司和个体经营者灵活地厘定车资，充分调动出租车资源，降低乘客等候时间，让出租车恢复"应急用车"的市场定位，而不是沦为"久候不至"的公共汽车。

遗憾的是，当前一系列对策均反其道而行。一，不是放开数量管制从而有效降低份子钱，而是给司机发放财政油补，这既强化了出租车公司和司机对"放开市场准入"的抵制，又用纳税人的钱补贴了常坐出租的中产阶级，增加了社会分配的不公。二，不是设法把黑车纳入公共管理，让他们成为合法供给的增量，而是予以直接打击，这导致了逆向选择，即只让敢于铤而走险的黑车司机留下，从而增加了乘客的成本和风险。三，不是放松对车资的价格管制，以更自由浮动的车资鼓励司机出车，而是直接严惩那些挑客和议价的司机。显然，除非政府能用枪逼着司机出车，否则这些惩罚措施只会进一步打击供应，让乘客更难打车。

北京的出租车问题，因果脉络本不复杂，解决之道也算清晰。但一方是现有牌照持有人的既得利益，令放开数量管制的路难走；另一方则是众多声称价格调整无意义意见领袖，令放开价格管制的路也难走。于是，政府避重就轻，选择了财政补贴、惩罚挑客议价、打击黑车营运等表面上讨巧，实际上起反效果的对策。我只有一问：北京信不信市场？

火车票价还不够高

2001年2月5日

回家的路不好走

春运期间,火车票提价20%—30%。民意调查显示,大部分乘客心理上只能接受10%左右的提价。传媒为民请命,发出"别老打乘客的主意"的抗议,认为铁路部门不召开几场"提价听证会",不了解民情,就把火车票提得那么高,这样做不合理。更令人沮丧的是,火车站附近的黄牛党活动猖獗。结果,乘客不仅要承受高额票价,往往还要和黄牛党周旋,甚至受骗上当。

回家的路不好走。这就是几乎每年都要大同小异地重播一次的"春运主旋律"。请大家注意,传媒反对提价、抨击黄牛党、为乘客打抱不平,过去一直是讨好广大读者的窍门。不过,恐怕现在另有一些读者,有兴趣看看不讨好的解释吧。

火车票提价不充分

首先问：谁是火车票提价的幕后主使？乘客可以拿块镜子出来看看，答案就在镜子里。

正是客流暴增，才导致了火车票涨价。火车票提价的幅度是多少，取决于客流增加的幅度，而跟乘客的心理承受能力扯不上任何关系。调查乘客对提价的心理承受能力，或者搞"提价听证会"，都是完全多余的，尽管这样的门面工夫，能够让一些老百姓感到安慰。

事实上，火车票提价的幅度还不够高！理由显而易见——因为黑市仍然猖獗。黑市猖獗，表明车票的定价偏低，所以炒卖车票才有利可图。如果铁路部门参照黑市的价格来提价，那么黑市就会销声匿迹；如果铁路部门的火车票定价过高，高到不合理的程度，那么就不仅没有黑市，还会出现售票处忙于"拉客打折"的现象。

黄牛党吃了谁的

只要票价过低，黄牛党就必然应运而生，而且驱之不去。不要责怪黄牛党，他们是应邀而来的。是过低的票价和过高的需求，邀请了他们。他们的确赚了钱，但他们赚的不是乘客的钱，而是铁路部门的钱。由于铁路部门的定价过低，所以黄牛党就分了一杯羹，但乘客付出的"总代价"不变。

只要客运班次不增加，只要供求关系不改变，那么无论票价高低，乘客所需支付的"总成本"是不变的。现在，只是"总成本的组合"发生了变化，也就是说，火车票的面值提价不足，于是，其他形式的成本便增加了。乘客为了得到火车票，除了要向铁路部门支付"未充分提价"的票价外，还要向黄牛党支付额外的"佣金"，并承担"反复周旋、讨价还价、鉴别真伪、受骗上当"的成本。乘客付出的"总成本"，是上述三项的总和，而不仅仅是第一项。

另一方面，铁路部门的收入减少了，国有资产流失了，流到了黄牛党的手里，也流到了为炒票活动提供方便和保护的人手里。可是，铁路部门为什么不充分提价呢？

不知道。可能是由于不了解市场，也可能是迫于社会舆论的压力。但无论如何，只要提价不充分，就必定会给黄牛党留出牟利的空间，给车站票务人员以及检查人员增加灰色收入。

不管怎样，过低的票价，请来了黄牛党。黄牛党及其合作者瓜分了本来属于铁路部门的收入，而乘客的"总成本"则既没有增加，也没有减少，只是"总成本的组合"发生了改变。因此，铁路部门提价不足，并不是为民办实事，而是为黄牛党办实事。提价不足的火车票，就是给黄牛党的请柬。既然铁路部门要送礼，怎能怪黄牛党笑纳？

乘客喜欢怎样竞争

对乘客来说，恐怕大多数人更喜欢直截了当的价格竞争，而不喜欢充满艰辛和风险的其他形式的竞争。也就是说，恐怕大家宁愿开源节流，通过自己熟悉门路，多赚一点钱来购买"充分提价"的车票，而不宁愿冒险，为了购买"未充分提价"的车票，提心吊胆地与鬼鬼祟祟的黄牛党打交道。如果是这样，为了方便广大乘客竞争车票，也为了国有资产不至于被黄牛党瓜分，今年铁路部门本来应该参照往年的黑市价格，把票价提得更高。

康德未曾出远门

2001 年 3 月 26 日

"实在需要" 论

一篇"火车票价还不够高",激起雪片般的批评,而最早一封信是我父亲写来的:表面上,火车票价足够高,就不会有炒票现象;而羊胎素也如是,幸好它的价格不像雪花膏,否则也会发生排长队挤伤人的事故。但细想却不然:没有羊胎素,社会不会动乱;但回家过年,百万民工可没有选择余地!所以,羊胎素的贵与火车票的贵看来就有质的不同……

后来接到的来信,大半都是这种"实在需要"论。我给父亲回信说:什么是生活必需品,那是很主观的定义。康德上知天文,下通地理,可他从未离开过家乡的几里地;歌德把阿尔卑斯山描绘得有如仙境,可他从未去过;硅谷是美国高科技工业的心脏,可那里因为缺乏电力要歇业;非洲无数儿童患上艾滋病绝症,但如果强迫西方的药商降价,就会打击他们继续研究的热情。

这个世界"实在需要"的东西太多,每个人的要求都是那么有理、那么迫切,甚至催人泪下。现实可能不受欢迎,甚至令人憎恶,但经济评论的任务,应该是客观地解释真实的世界,而不是给读者发送歪曲的信息,流于用一厢情愿的愿望来博取读者的欢心。而现在的现实是:就算把票价压得再低,也不能增加哪怕一张火车票!父亲,您的好心,并未做成好事。

短缺和过剩的唯一原因

人的欲望是无止境的,所以世界上的经济商品永远都是稀缺的。这是世界的基本现实!何止火车票,还有纯净水、住宅小区、心脏搭桥手术、上网电脑、甚至徐静蕾和崔永元,都是稀缺的。

虽然如此,但只有当商品的定价失当时,才会——而且必定会——引起危机。很多人认为"短缺危机"的原因是商品供给不足。错了!商品从来未曾充足过,而危机却并不是总在发生。只有当商品的定价过低时,才会发生"短缺危机"。价格一旦调高,"短缺危机"就马上消失。宝马轿车和帕瓦罗蒂演唱会就是这样。

同样,商品的"过剩危机",也不是由于商品供应过多造成的。除非商品的定价过高,否则不会发生"过剩危机",因为经济商品永远是多多益善的。只要价格适当回落,"过剩危机"就会烟消云散。例如飞机票和彩电。

只有"价高者得"促生产

另外部分来信认为,打破铁路部门的垄断,从而增加运输服务的供给,才是根本的解决办法。这个观点正确,但它离题了。那是"如何增加火车票"的问题;而我们原来的问题是"如何分配有限的火车票"。不管铁路是垄断经营还是开放竞争,都不得不面临"如何分配"的问题,因为经济商品始终是稀缺的。

王则柯教授主张用"火车票实名制"来遏止黄牛党,那他实际上是主张严格执行"先到先得"的标准了。这个办法好,因为有时间亲自提前几天排队的人会赞成。

但别的标准,也都能找到大批拥护者,那些标准包括按年龄辈分,或按职务高低,或按离开老家的时间长短,或按文凭证书的多寡等。有闲人士喜欢排队,年纪大的喜欢算辈分,官职高的喜欢比贡献,学历高的喜欢讲尊重知识,无非是这样。争论哪一种标准更"公平",那是永远没有结果的。

竞争标准一旦确定,就有某种人要胜出,某种人要落败,此事古难全。而且无论采用哪种标准,都要浪费一定的竞争成本。若要排队,则浪费了时间;若以年龄、职务、学历为标准,则不仅要浪费填写表格、弄虚作假和稽查核实的成本,还会吸引人们作无谓的努力,比如积极钻营做官,进修不必要的课程等。

在众多的竞争标准中,只有一种最有效、最不浪费,那就是

"价高者得"。愿意出高价买火车票的人,他所挣得的钞票,是他在别的场合向社会其他人提供服务换来的。也就是说,他为争夺火车票而作出的努力,已经得到了社会其他人的认可。与此对照,"排队"和"写证明"之类的努力,却无法使别人受益。

分配有限的商品(如火车票)时,若要论"公平",那么有九万种竞争标准,经济学无力表态,尽管经济学家们众说纷纭,不过,他们的言论只代表自己,不代表经济学;但若要论"效率",那么经济学证明,只有"价高者得"的竞争规则,才能减少浪费和刺激生产,从而创造更多有价值的商品和服务。

火车票低价造成了举国浪费

2010 年 2 月 8 日

多年前我就开始不断撰文解释,要治理春运综合征,即乘客长时间排队、黄牛党猖獗和火车站大混乱等关联现象,有一个办法,也只有一个办法,那就是让火车票充分提价。这么多年来,这个建议只在小范围内得到重视和讨论。今天,我的观点没有改变。春运现象是学习价格理论和研究公共政策的优良范本,值得每一位对经济、舆论、政策等领域感兴趣的朋友深思。

价格规律

春运综合征的核心,是其内在的经济机制。说来简单,不难理解,只是很容易忘记。任何商品,因为人们的需求没有止境,所以只要价格过低,就会出现短缺。消除短缺的唯一办法,就是把价格提到足够高。

回家过年是商品

要强调的是,任何商品都是如此。人们常有鸵鸟心态,在讨论价格的时候,会说那些正在触动他们神经的商品非常特殊,不是商品,所以价格规律不起作用。谈水费的时候,他们说水不是商品;谈学费的时候,教育不是商品;谈药费的时候,健康不是商品;谈旅费的时候,回家过年不是商品。然而,抱着这样的心态,只能让人脱离现实,而无法正视问题和寻求对策。毕竟,经济规律是不以人的意志为转移的。

很显然,回家过年不仅是商品,而且是可以变得颇为昂贵的商品。媒体渲染说回家不需要理由。可是,要在特定的时候回家,就需要理由了。这就好像说泡澡不需要理由,但要在北京到芝加哥的航班上泡个澡,就需要很多理由一样。事实上,春运综合征已经不间断地发生了十年以上,之所以仍未得到根本解决,正是因为春运期间短暂的需求高峰,无法支撑铁路硬件大幅升级的巨额成本。那么多人要同时回家,而且一年就那么一次,这就变成了奢侈的需求。

刚性需求不成立

有些学者动用了经济学术语,说回家过年的需求是刚性的,意思是不管价格多高,乘客还是要回家过年,所以提价只会让铁路系统多赚钱,而不能降低乘客回家过年的愿望。这是没有学透。向右下倾斜的需求曲线,每个点的弹性都不同,只要价格到位,刚性需求就自然会软化。如果说有些旅客回家过年的需求曲线不是右下倾斜而是垂直的,那么这些旅客就应该不惜一切代价回家,就不会非要等放假才回家,更不会非要坐火车才回家。

铁路垄断无直接关系

不少人迁怒于铁路部门的垄断特性。我赞成铁路部门通过民营化来提高效率。然而,铁路部门是否民营化,与解决春运综合征的对策没有直接关系。一方面,我们不能等到铁路民营化了,才去解决春运困难。另一方面,铁路部门民营化后,春运票价是降是升,并不容易推测。目前政府是迫于压力,承担了春运的义务,才压低了火车票价。民营化后,铁路会不会意识到廉价客运根本不如货运赚钱,从而进一步减少客运容量,大幅提高客运服务档次,以致把客运变成豪华旅游呢?至少在美国,情况就是这样。

低票价造成举国浪费

火车票价不够高,其经济之恶,是那些用于排长队、拨电话、托关系、找黄牛、扫黄牛所耗费的努力,数以千万人的精疲力竭的努力,从整个社会上看,是被白白消耗掉的。如果这些人这段时间的努力,是用于通过他们的专业技能来服务他人,然后再把赚到的钱用以竞争火车票,那么这些乘客在争得火车票的同时，其努力也造福了其他人，也转化成了社会的财富。但现在的情况是，火车票以低价销售，人们靠排队来竞争。这种分配方式，必然引发利己不利人的资源耗散，而这种资源耗散只有通过提高票价才能消除。应该认识到，讨论火车票价问题并非"你比较重视效率就赞成提价，我比较重视公平就反对提价"的主观问题，而是一个如何消除社会浪费的客观问题。

穷人对策

穷人怎么办？真关心穷人，就应该行善。不妨像盖茨那样，先通过自己的专长赚钱，然后购买提价后的火车票送给穷人。或者，尊重穷人的意愿，把钱送给穷人，让他们爱买什么买什么。再不然，就努力说服别人捐款，专门用于资助穷人买火车票回家过年。这些办法都符合自愿原则和人道精神，都能避免一年一度举国排队所造成的付之东流的社会浪费。

回家过年并非最急迫的需求

话虽如此，要是真有那么一笔善款，回家过年会是首选的资助项目吗？这个世界上，有更多更迫切的需求。口说无凭只是假慈悲，看看货真价实的慈善家在干什么吧。不妨用"慈善基金会"几个字搜索一下，艾滋，乳癌，唐氏，孤寡老人，失学儿童，什么都有，就是没有"春节返乡过年基金会"。回家过年，算老几？

提价没有伤害穷人

关心穷人的人还应该认识到，火车票提价其实并不增加穷人负担。是且只是旅客之间在春运期间的竞争，增加了穷人的负担。火车票的实际价格，已经被，而且只被，旅客之间的竞争推高了。经济学者要讨论的，只是名义车票是否跟上实际价格所造成的不同结果而已。在火车票的名义价格不跟上实际价格的情况下，穷人凭借其体力和时间参与竞争。但这并非对穷人有利，因为富人也可以出钱请体力很好的人与穷人竞争，也可以请购置了"电话追拨器"等设备的人来抢线。即便是火车票不提价，穷人也不能避免来自富人的竞争。当我们认识到穷人未必就是更强壮的人，也未必是更有手段的人的时候，这一点就更清楚了。

不能怪黄牛党

春运综合征的根源，在于短期需求激增。是需求激增，抬高了实际票价。这时候，如果铁路系统还是按低价售票，那么已经被需求抬高了的实际票价，与铁路系统确定的纸面定价之间，就出现了显著的差额。这个差额是招引黄牛党的根源。要强调，不是黄牛党抢先买好了车票，就能随心所欲地加码，然后卖给乘客，从而增加乘客负担的。恰恰相反，是乘客之间因为争夺火车票，使得火车票的实际票价大大超过了票面价格，所以才为黄牛党创造了颠扑不破的生存空间。黄牛党的存在，并没有给乘客带来额外的负担；相反，是乘客在春运高峰期本来就乐意支付的较高票价或排队成本，引来了乐意提供有偿服务的人。只是社会误解了这些人的功能，语带讥讽地把他们叫做"黄牛党"罢了。各种各样打击黄牛党的策略，没有正视这个经济因果关系，所以注定是无效的。

实名制无效

在诸多无效的策略中，包括了今年新出台的实名制。我们知道，实名制运用于航空，是基于安全的考虑。既然实名制不增加运力，那么想靠它来解决买票难问题，消灭黄牛党，恢复火车站秩序，就是牛头不对马嘴。当前试行的实名制，是允许他人代购车票的，但通过代购车票收取报酬，不正是黄牛党所为吗？实名制抑制黄牛党如何可能？讽刺的是，广州铁路决定，人太多时就停止验票。那这跟设计一款天太热就停止制冷的空调有何区别？这些简单的问题，在耗资亿元的实名制措施上马以前，根本没有准备好答案。当然，本来就不可能有答案。

公共政策缺乏问责

除了经济规律，我们还能看到，当一个市场本来就能妥善解决的问题，放到社会大讨论和官僚机构那里，会产生多么糟糕的结果。推动这个糟糕结果的，有蹩脚的学界，即那些谈论需求刚性的思想者；有不负责任的舆论，即那些声称同情穷人却忍看他们狼狈不堪甚至陷入危险的观众；有敷衍了事的体制，即那些明知无效而硬让实名制上马的官员；还有以偏概全的媒体，即那些突出报道某些人幸运地买到原价票的记者和编辑。相反，如果铁路是民营的，那它的所有者和管理者，就不会容许本来属于它的收入，因为票价过低而流入售票职员和黄牛党的腰包。如果火车站是民营的，那它就无法承担在其营业范围内旅客被挤伤、逼疯、踩死所引发的民事责任。我国对商店的低价促销活动有明确规定，目的是防范混乱和事故，遗憾的是它们似乎不适用于国营铁路的春运促销。

三条对策

最后，让我回答三个问题。一，火车票提价多少才算充分？提到春运恢复正常秩序时算充分。二，怎样提价才合理？年前逐日递增，年后逐日递减，从而鼓励时间成本低的人早走晚归。三，提价的后果是什么？部分出价最低但未必是最穷的人不能成行了，因为超过了运力的负荷，就必然会产生悲剧。除此以外，其他旅客照样可以回家，但他们并不通过排队来争得车票，而是凭劳动所得或他人捐助，购买充分提价的火车票回家。

重税岂能压房价

2006 年 5 月 23 日

据《北京现代商报》报道，在 5 月 13 日一个研讨会上，清华大学中国与世界经济研究中心主任李稻葵建议用征收增值税的方式，抑制房地产过度投资需求和房价上涨。"譬如买房者在 5 年之内转手的话，就要加征 30% 的税收。"李稻葵认为："这种方式将最终控制房价的不断上涨。"

看了报道，我心头一沉——这是怎样一种经济学！若天底下真有这么过瘾的事情，若重税不仅能阻止地产商抢地盖楼，还能让政府增加收入，让老百姓买到廉价楼房，那何不能把重税推广到汽油上？药品上？水电上？教育上？最终到"中国与世界"的所有商品上去？

根本没那回事。古往今来，征税从不压低商品的价格。相反，征税必然引发三个事与愿违的结果：一是挫伤供应商的积极性，使本来就稀缺的商品进一步减少供应；二是商品供给减少，会使商品进一步提价，增加消费者负担；三是政府平添一个"揩油"的借口，因为不论法律如何规定，税赋实际上都是由买卖双方共同向政府支付的。

不是航天高科技，只是日常经济学。对供应者而言，商品的价格越高，其供应商品的意愿就越强。房价是因买家之争而推高的；而推高了的房价，会向卖家发出利诱信号，鼓励他们把更多资源从别的用途转到房地产上。这些资源包括土地、建材、建筑设计人才、市场营销人才和物业管理人才。

土地，本来可以建更大的公园；木材，本来可以印更多课本；钢材，本来可以造更多轮船；人才，本来可以把《红楼梦》研究得更透；但它们（他们）都因为房地产的高价走到了一起，结果只有一个：增加了房地产的供应。

然而，若政府中途杀出来，以重税的方式，拿走了上述资源所有者的殷实报酬，那会造成怎样的影响呢？开发商会丧失进一步集资买地的热情；木材、钢材和人才会逐一回到原来没那么急需的用途上去，整个市场上可供应的房屋量会减少。

对需求者而言，商品的供应量减少，他们购房的代价就提高。要知道，政府对房地产交易征收重税，并不影响需求者的贫富排行。最富的人仍然最富，最穷的人依然最穷。政府要是禁建豪宅，那富人也还是可以买下四个门对门、背靠背的普通单位打通。征收重税，结果不可能是穷人更容易购房，而只可能是所有人都得为购房支付更高的价格。

重要的问题是：政府向地产商征税，或者向购房者征税，两者有区别吗？经济学明白无误地告诉我们：两者没有任何区别。不管政府规定税赋是向哪一方征收的，都不影响买卖双方分担税负的比例。这被戏称为"法律无效定律"(the Law of the lrrelevance of the Laws),是任何接触税务问题的经济学学生必学的内容。

这即是说,在食盐的交易中,由于需求者好歹都得吃盐,需求较缺乏弹性,所以即使政府向供应者征税,税负也必定会转嫁给需求者;而在青菜的交易中,由于供应者好歹都得把当天的青菜卖掉,供给较缺乏弹性,所以即使政府向需求者征税,税负也必定会转嫁给供应者。

显而易见,政府以打击房地产高价为名而抽取的税收,并非无中生有、从天而降,而是供应者和需求者共同支付的——只是较缺乏弹性的一方,支付的比例较大;较富有弹性的一方,支付的比例较小而已。

问题是,对地产商而言,地产物业可不是易腐品,他们比购房者有大得多的回旋余地。价钱不够高,可以放着不卖;要交重税,也可以放着先不卖。近期地产商囤积房屋的现象,是五花八门的调控措施出台的必然结果。整个楼市热潮中,究竟是谁造成的短缺?谁造成的囤积?谁造成的价格攀升?谁向政府交纳了大部分的房产税?基础经济学告诉我们:都不是地产商。

若是我搞诗词的父亲说"政府再抽一笔,就可以压抑房价",我会笑他根本不懂经济;若是美国议员这么说,我会说他为了博取选票而信口雌黄;若是经济学入门者这么说,我乐意把"法律无效定律"的代数式推演一遍;但若是"中国与世界经济"的研究中心里传来的政策建议,我就只有掷卷兴叹了。

炒房有功

2006 年 5 月 30 日

前文"重税岂能压房价"有两个要点:一,税收会打击供给,从而让商品价格上升;二,政府不论向买卖哪一方抽税,实际上都由买卖双方共同承担。这是普适的原理。看来,要把这两条普适的原理运用到二手房交易上,不少朋友有困难。

好些读者认为:对二手楼房征收重税,不会影响楼房供应,只会令炒房者却步。我问:二手楼房究竟算不算整体楼房供应的一部分?为什么会出现房地产的二手转让?打击二手楼房交易究竟会不会帮倒忙?

显然,二手楼房是全社会房源的重要部分。那些曾经、正在或将要入住二手楼房的朋友不妨设想,若二手楼房消失,人人涌入一手市场,那是什么局面?事实上,重税对调动空置房源不利。高房价引诱业主出让,而惩罚性税收则鼓励业主按兵不动。

那么,对目前尚未出售的房源,实施"五年内征收重税"的政策,有助于打压楼价吗?不少朋友认为可以。在他们看来,房地产是特殊商品，不仅可以满足自住者的"使用需求"，而且可以满足套利者的"投资需求"，所以"转手税"可以压抑"投资需求"，而让有"使用需求"的自住者得到房屋。

这可不是经济学。没有无端端的"投资需求"。商品之所以具有"投资需求"，始终是由于它可以满足"使用需求"，而不仅仅是由于它可以转手。要是没有"使用需求"的支持，光靠转手不可能赚钱；但只要存在"使用需求"，则无论怎样打击转手，也不可能缓解"使用需求"。归根结蒂，国内房子过剩了吗？实在的"使用需求"已经很低了吗？恰恰相反！既然如此，房价居高有何不妥？"投资需求"旺盛有何不妥？

为什么总有人要买二手房？因为在一手房推出时，他们还在乡下，连农民工都不是；因为他们的工作刚落实，收入还不稳定；因为他们还在谈恋爱，到底跟谁结婚还没数；因为他们看不准市道，不知道房地产要升还是要跌。简而言之，是"不确定性"使这些后来才现身的买主无法提前现身，而二手房的卖主则及时发挥了"承前启后"的作用。

二手房的卖主在买主还没现身以前，就与开发商达成交易，承担了资金责任，帮助开发商完成了开发周期，加速了房地产资金的运转，间接促进了房源供给。当二手房买主现身后，卖主更直接提供了房源。李稻葵教授倡议的"转手重税"，肯定打击了这个并行过程。

我是说，即使是纯粹的炒家，也对市场有双重而且正面的贡献。而实际上,"自用"和"投资"往往是互相过渡、不可分割的。在美国,不少新置业的年轻人,买了房子后自己住地下室,楼上出租,市道好时又卖出去。朋友,不要告诉我,经济学家有本事分辨这究竟是"自用""投资",还是"投机"。

由于对"转手交易"的经济作用缺乏认识,人们难以理解,为什么重税对二手市场的打击与对一手市场的打击是一样的。可他们不妨想想:若只要对"转手商"课以重税,就能把"转手商品"的价格降下来,那对图书零售商征税40%,就能让读者买到出厂价的图书吗?不可能。有的只是反例。

要重申,我说"重税不能压抑房价",也说"重税可以阻吓交易",两句并不矛盾。政府当然可以设立重税,剥夺二手楼卖主所得;或颁布法律,把二手楼卖主抓去坐牢。人们当然可以通过种种手段,成功地压制他们并不理解、于是认作邪恶的商业行为。我只是指出:这样做不会缓解需求,而只会减少交易、减少供应、提高价格。

学习市场经济,关键而深湛的基础课,就是理解世上所有"转手交易"和"炒买炒卖"行为的经济效用。是的,谁都"想"当个挣钱的中间商,但"想"并不等于"能"。事实上,任何存活的中间商,都必定作出了为消费者以钞票投票所承认的、难以替代的贡献。究竟是什么贡献,你得去探究。

不学通这一课,你无法理解各国放弃计划经济后,为什么同时取消了"投机倒把罪";你也无法理解为什么我们要参与并建立期货市场；你更无法理解为什么要建立商学院，大张旗鼓地推广"企业家精神"（entrepreneurship）。不观察、不体会、不举一反三地思考，你眼中的市场，就处处都有邪恶，样样都是特殊商品，事事都要政府管一管。

价格规律与市场状态无关

2006 年 6 月 13 日

有人认为:"在成熟的市场经济里,政府可以放手不管,让商品价格自由升跌;但在不成熟的市场经济里,政府掌管着土地批租权,存在着官商的勾结和腐败,所以政府有责任调控房价,不仅应该通过重税来打击炒卖,而且应该实施'一票否决制',把一个地区房价作为该地方领导任免标准来考察。"

这是一连串毫无逻辑的推理以及导致荒唐局面的建议。让我们倒过来剖析。先假定这段话前面部分正确,看它结尾的建议是否可行,即看看把房价作为官员任免的标准,实施起来会产生什么结果。

会产生荒唐的结果。真要实施"一票否决制",那名义房价是可以压下来的,但政府能同时保证房源吗?能同时保证质量吗?能同时保证这些临时措施不违反法律吗?不能。我们都清楚,谁都只能"不惜代价"做一件事情,而不可能"不惜代价"做多件事情。这建议显然是信口开河,说着玩的。

再假设文章开头的那段话前面都正确,我们来看倒数第二个建议是否成立。也就是说,即使政府确实有责任调控房价,那采用重税是否能够达到目标?不能。政府抽到的重税,可不是向上帝抽的,而是向买房者和卖房者同时征收的。征收重税,必然导致房价上涨。

那其他调控措施有效吗?无效。楼市专家易宪容,认定楼市存在大量泡沫,于是支持政府调控楼价,并连年预言房地产大跌,可大跌了吗?国资委官员赵晓,去年夏天为政府的调控措施大声喝彩,兴高采烈地发表了"我们将见证房价的历史性下跌",可见证了吗?

事实上,中国还很缺房子。很缺!政府不再负责分配住房,大量农村人口涌入城市,城市交通网络极不发达,政府批租土地有限,而居民收入预期逐年增长,这些因素全都表明中国的住房需求不是泡沫,而是真实的、强劲的、递增的、不可能靠行政手段打压下去的。

有人问:既然房地产供不应求,为什么房地产的空置率较高?恰恰就因为政府的管制。学者们倡议的各种措施,包括征收重税、限制交易、减少批地、干预户型、提高首付等,都无一不在强化着同一个信号:房源在萎缩,选择在减少,价格要上涨。就冲这势头,任何一个理智的业主,都会自然而然地采取"囤积观望"的策略。

这是说,即使"政府有责任",也并不等于"政府有能力"。

政府可以轻而易举地推出各种管制措施，但这些管制措施既不能替代、也不能增加真实的供应。这是经济学教训的核心。未掌握经济学的人，往往异想天开，以为政府有多大责任就能有多大能力，于是赋予政府极大的责任，让它包办衣食住行、生老病死，结果造就了上世纪"计划经济"的大悲剧。

我们再看本文开头那段话的第一个观点，即由于市场经济尚不成熟，所以政府有责任对市场进行调控。我反问：市场经济不成熟，不恰恰就是政府不当干预造成的吗？难道政府干预造成的烂摊子，就得由更多的政府干预才能善后？

这种思维很怪，也很普遍。难道政府垄断了铁路，低票价就不会吸引黄牛党了？难道市场经济不成熟，重税就能压低房价了？没有哪个政府是没有垄断某些资源的，没有哪个市场经济是完全成熟的，可这又如何？这就得让经济规律反过来写？

不管中国的市场经济是否成熟，不管官商有没有腐败，不管政府有多大责任，不管买房者是自住还是投资，不管太阳从东边还是从西边升起，只要政府加重房地产交易税，就会导致房屋供应量减少，购买量减少，成交价上升，以及政府渔利这四个并行后果。同意的，是遵循了经济学；不同意的，是发明了经济学。

限购令混淆了房价上升的正负因素

2011年2月21日

北京市出台楼市调控细则,其中最引人瞩目的,是外地家庭只有在京城缴纳社会保险和个人所得税达五年以上才有资格购房,而北京户籍家庭则不允许购买第三套或以上住房。不知道有多少家庭受到影响,但肯定有一部分有能力的买家因为无资格而被逐出市场。限购令混淆了北京房价上升的正负两面因素。以此调控房价,除了陡然增加巨额的交易费用外,还直接损害了有能力买房者的自由,而最终将损害北京市的价值。

我们要明白北京的房价为什么会涨。有正负两方面的原因。负面原因,就是供应跟不上,包括土地、建筑面积、空置房流转等环节上的障碍。要消除负面原因,就要增加土地供应、适当放宽容积率的限制,以及放开市场管制,让房价和租金充分反映住房的价值,从而刺激建设、转让、出租等合理重配资源的经济活动。

正面原因,是北京增值了。与任何商品的价格一样,房价是果不是因,是各种经济力量博弈和互动后的终点,而不是起点。北京的房价涨了,是因为这地方值钱了,是这地方生产力提高了。人们从四面八方涌到这里来,是因为他们在这里比在原地能创造更高的价值。只有这么看,才能理解为什么虽然房价涨了,人们的生活负担增加了,但留下来的人却越来越多了。

在美国的情况也一样:你若是个普通中产阶级,那么你通常会在一个小镇,有一幢房子和几辆车。你若是个亿万富翁,那么你会在纽约中心区有幢房子和几辆车。问题是,既然物质条件都一样,住小镇和住纽约,区别何在?在纽约,你有在别处找不到的工作、餐厅、剧院和博物馆,而且还能遇到大量多才多艺和经历丰富的英雄豪杰。

一些楼市专家,利用北京市民的收入水平来衡量北京房价的高低和"泡沫程度",是误解了北京房价上涨的正面原因。与纽约、伦敦、上海和香港等国际城市一样,到北京争夺房产的人群多了一种,那就是国际买家。他们可能是个人,也可能是机构。他们看中的,是北京作为政治、文化、商业枢纽的功能。要知道,北京的城市功能已经转变,不再是个工厂和机关的宿舍区,而是个国际大都会了。显然,国际买家的财富状况和收入水平,都不落在本地人的统计范围之内。简单从本地居民的收入水平来推测国际都会的房地产泡沫,必错无疑。

与很多人的直觉相反,居民其实是能够享受房价攀升带来的好处的。这些好处,首先表现为增加收入,包括受雇者的加薪和生意人的盈利；其次是物业升值。城市居民有两个途径改善生活：一是充分利用增值了的北京，包括在这里找到更好的工作、认识更多有意思的人、把握更多机会、享受更周到的劳力服务和更先进的城市设施；二是转让物业，出租或出售，直接增加货币财富。

这是说，在一系列正面因素推高房价的过程中，居民虽然不得不参与更激烈的竞争，承受更高昂的生活成本，但多数人仍然是收益大于损失的。而要降低房价，就应该分清促使房价上升的正面和负面因素，从积极扩大土地供给和住房供应入手，而不是去限制那些恰恰帮助北京走向繁荣、恰恰提升了北京价值的人的权益，把他们驱逐出购房市场，甚至在边际上把他们推出这个城市。

旅游区里的一口清泉，会随着跋涉而来的游客的增多而增值。增值的原因有两个，一是负面的，即泉水不够；二是正面的，即需求增加。也有两个办法使泉水降价。一是多找泉源，增加供应。如果这么做，那么这一口清泉的价格降低了，但清泉的数目增加了，整个旅游区的价值也上升了。另一种办法，是通过限购令直接消灭需求，甚至把部分游客赶走。这的确也可以降低这一口清泉的价格，但代价是游客绝对地减少，旅游区的价值受损。说得再简单一点：如果说奔驰车因为供不应求而变贵了，必须把它的价格降下来，那么正确的办法是多造一辆，而不是把肯出钱的乘客或买家赶走，因为其效果等同于把原来那辆的车窗砸碎。

　　此外，限购令也平添了交易费用。甄别谁有钱买房容易，甄别谁有资格买房麻烦。单是"细则"中的"家庭"二字，就可以引发混乱。家庭可以是单人的，那么结婚是否直接导致购房指标减半？离婚则倍增？一个有北京户口的男人，若通过反复结婚和离婚，从政府那里获取并向女方转让购房指标，政府又应该如何应对？是不是要进一步出台结婚和离婚调控细则来配合？此外，细则在执行过程中不可能完全一刀切，而势必要附加诸多豁免条款，而这些豁免条款也难免成为弄权腐败的温床。

打击投资是大错

2011 年 3 月 7 日

曾参加一个定期的经济学者讨论会,北京住房限购政策是议题之一。在场 18 人,主持人规定不能弃权,大家举手表态,结果赞成和反对限购令的各有 9 位。势均力敌,可见限购是个值得深究的话题。然而,没有主办当局应允,我不便透露会议的详情,但交流的观点没有版权,这里也只谈自己的看法。

我发言谈了五点。第一,以效用函数为基础,说应该对个人的财富进行反复再分配,从而达到全社会的总效用最大的观点有问题。经济学说的,只是每个人对某种享受的边际效用必然有递减的阶段。我们喝酒,有效用递增的阶段,越喝越过瘾,但最后必然有递减的时候。我们施肥,有效用递增的阶段,越施产量越大,但最后必然有递减的时候。

经济学不能说的是,人与人之间对某种享受的效用的绝对值比较。昨晚我在网上看到视频片段,我喜欢的钢琴家 Andras Schiff 上周在北京的音乐学院演出。音乐学院的学生,一天到晚都沉浸在音乐里，音乐的效用照说已经递减得差不多了，而我是门外汉，只在闲暇听，效用尚未递减，但经济学家能用哪条"效用函数"证明，这位钢琴家给学生的效用，是低于给我这个门外汉的？音乐学生的效用即使跌到很低，也可能比我还未跌的效用高。这是说，人与人之间对某种特定享受的效用，是不可以直接比较和相加的。

是的，人有帮助鳏寡孤独，乃至动物花草的同情心。据我所知，除了患上自闭症的人士，因为先天脑部障碍的缘故，对理解人情世故——符号背后的社会含义——有困难，所以缺乏同情心外，人们都有设身处地、替人着想的天性。这天性决定了我们会爱别人，愿意在一定程度上帮助别人。然而，要明确的是，这种帮助是以助人者自己的效用的增加为前提的，并不是某个经济学家把千万人的效用函数加加减减的结果。

第二，即使均贫富以提高社会效用的假说成立，它也无法用来支持限购令。北京的限购政策是以户籍和驻京缴税年期为依据的。具有北京户口和在京缴税五年，横看竖看都不是穷人的标志，为什么要专门提到均贫富的好处，专门搬出效用函数，来为这个政策辩护？

这是经济学这个行业的问题。效用函数是一些抽象的玩意，学者为了讨论方便，难免会摆弄一下。后来，为了积累发表的记录，大写特写，也仍然情有可原。然而，这些函数只有寥寥可数的几个变量，充满了脆弱而随意的假设。假如经济学者度身定做效用函数,专门用来为特定的管制细节辩护,那就是愚弄,那就是忽悠。

在真实世界,税赋已经发挥着均贫富的功能。我赞成"小政府、大市场"的理念,认为虽然政府必须通过征税来发挥它应有的作用,但慈善事业属于私人会做得更好的领域,至少应该把大部分让给市场去做。但无论如何,一道道的税赋,已经把财富一次次地再分配了。如果真觉得还得再分一次,那财税的方法也仍然比管制更透明、更有效、更不偏不倚。

第三,房地产的供应很有弹性。在即使不增加一寸建筑面积的情况下,房地产的高价本身就能诱使那些本来想住更大房子的人,把自己现有的空间腾出来。也就是说,即使供给总量完全不变,价格的变动也可以使原来的需求者变成供应者,使资源得到更合理的配置。

事实上,房源是不断在增加的,大部分人的居住条件得到了巨大的改善。通过改变容积率的行政限制、通过旧房拆迁新建、通过解除国营企业占地用途管制、通过新增批地,甚至通过改变建市的审批条件,都能增加土地和房屋的供应。而所有这些活动,牵涉无数环节,其中许多是对价格的诱惑相当敏感的。

第四,有瓦遮头是必需品,有房可住是正常品,买房可是奢侈品。很多人说,买房是中国人的传统,所以是必需品。细想可不是这样。二十年前,绝大部分人住的是公房,只有使用权而没有转让权。说买房是传统,那也只是近二十年的传统。

如果说买房是必需的，是刚性需求，不买房就不能结婚，那么市面上就应该能见到许多筒子楼的房产证。如果真有这样的房产证，人们真的争着买这样的房子以便能够结婚，那说明买房是刚性需求。但事实不是这样。人们希望要买的，开发商争相提供的，是面积、设计、质量、设施和地段都越来越好的房子。买下这样的房子，而不是住进这样的房子，在哪个社会都是不容易的事情，都不是政府有义务向社会底层人士提供的必需品。

第五，我从来不懂什么叫"投资需求"，而打击投资是大错。我只知道需求，只知道有一种需求，那就是对居住服务的需求。几年前曾经有一位证券公司的经济学家，对房地产的需求和投资需求作了区分，并建议政府辟出一些不好的地段，供那些只有投机需求而无居住需求的投机家们炒作。我当时写了篇"给你块烂地，你会去炒吗"作评论。

在变幻无穷的价格背后，我们永远要看到对居住服务的需求。是那个地方有价值了，人们在个地方能更有作为了，那里的地价和房价才会起来。网上曾经流传过美国底特律一些超便宜的住宅，哗然的看客不知道，那里可是个麦当劳餐厅的柜台都装防弹玻璃的地方。那样的房子您买不买？买了是投资还是投机？

投资和投机，从可观察的行为看，是没有区别的。如果所有人都坚信，这幢楼明年能卖一千万，那么这幢楼的价格就不会等到明年才涨到一千万，而是今天就涨到一千万。这样，今天花一千万买房的人，到明年就赚不到一分钱，他也就不是什么投资者或投机者了。真实的情况是,他猜今天卖八百万的房子明年能卖一千万,而市场上其他人与他看法不同!恰恰是因为看法不同,他才可能只以八百万的价格买入这幢房子。他的这一行为,进而鼓励了市场把更多资源调配过来,生产和储备更多的房子。

到明年,他的看法若是对了,即真有人愿意出一千万来购买这房子的居住服务,那么这位投资者就是凭着他的远见为他人提供了方便,他理应获得其中的差价作为报酬。如果他只偶然对了一次,经济学上就把那差价称为利润(windfall profit);如果他总是更正确,那差价就称为他禀赋的租(rent)。当然,如果他的看法错了,那他就血本无归,承担后果。

这里的要点是,任何与这位投资者看法不同的人,都可以以实际行动与他辩论,那就是在市场上与他对赌。但我们没有理由破坏这个鼓励人们通过行动来对市场作出预期,并自行承担后果的投资机制。没有这个机制,不准人们通过正确地作出预期来盈利,那么我们每天早上起床后,就得重新盖一幢只能维持到次日早晨的简陋房屋。这就是原始部落和文明社会的区别了。

大规模保障房只会提高真实房价

2011 年 4 月 11 日

弗里德曼（Milton Friedman）曾经说过，经济学家没有学派之分，而只有好坏之别；好坏就在于是否相信世上有免费午餐。这样划分固然粗糙，但不失洞察力。很多事与愿违、并造成巨大浪费的公共政策，恰恰源自"指望免费午餐"这简单的谬见，而近期试图以大规模修建保障房来压抑房价的行动正是一例。

准确地说，住房不是商品，而是服务。一条香烟、一瓶啤酒、一块香皂，是有形的商品，因为它们可以比较孤立地存在，其价值基本不以时空的变化而变化。假如公众普遍认为这些有形商品是"必需品"，那么政府就不妨定量低价或免费向民众发放，而获得这些商品的人所得的价值大致相等。

然而，住房却不同。住房从来不是孤立地存在的商品，而是由诸多经济要素共同构成的综合服务，这些要素包括面积、格局、用料、装修、楼层、朝向、设施、配套、地段、学区、医疗、交通、治安、乃至周边未来规划和发展等等。换言之，当有识之士大声呼吁"民众需要买房",而政府官员顺势回答"那每户给一套"时,受过训练的耳朵应该听明白,这种对话没有意义,因为其间并没有锁定具体的要素。

没有人需要尚未锁定具体要素的房子,而购买抽象的房屋,更不是什么刚性需求。如果人们非要不可的只是一所房子或一张房产证,那么政府大可以在边远的山区建造足够多的廉价山洞,满足人们的需求。但事实上,人们需要的不是抽象的商品,而是非常具体的、能以最低代价为他们当前的工作、学习和生活提供便利的住房服务。

正确的提问,不是政府是否有能力提供抽象意义的廉租房,而应该是问谁有能力全盘考虑上述诸多因素?问谁能以最高的效率协调这些因素?问谁能够以最低的代价(成本)来提供服务?究竟是政府还是市场?

是市场。是那些民营房地产开发商、民营房地产中介以及出租和出让住房的私人业主。只有他们才面临竞争,才必须以最低的价格和最优的搭配来讨好消费者。政府官员从来缺乏这种持久和自发的动力。这是所有市场与政府之争的症结所在。

事实上,市场正在以最低的价格,提供最优的市场服务。当然,如果政府进一步放开对土地的用途和交易的管制,那么房地产的价格会进一步降低。然而,如果让政府替代市场,让政府而不是市场来提供住房服务,那就必然事与愿违,必然进一步推高而不是降低房价。

归根结底，大部分人不知价格为何物。一切不满，一切调控，都指向价格，而不是价格背后的成因。他们不明白，价格不仅是现状的如实反映，而且还能调动资源，以最有效率的方式满足复杂的需求。不少学过经济学的人，其实不相信经济规律，以为物资丰富了，价格才起作用；以为房地产的供应是既定的，价格只是用来切割既定蛋糕的工具。弗里德曼说这些经济学者只见过乐谱，没听过音乐。

数量达到千万套规模的保障房政策，经不起简单的推敲。不错，保障房的名义售价，可以按官员的意愿随意设定。但是，它们的实际成本和市价，却是由经济规律所决定、不以任何人的意志为转移的。

首先，地价的高低，就是由市场供需来决定的。官员可以恣意在市中心建一批保障房，但需求者之间对住房地段的竞争，就会把这批保障房的地价部分推高到市场拍卖的水平。当政府忽然成为千万套保障房的大房东，而住房并非完全按货币为分配标准时，供应方（官员）的贪污腐败，需求方（住房申请人）的弄虚作假，就必然乘虚而入。

其次，政府笨拙的规划设计和施工管理，又会把住房服务所产生的成本推高，以致超过民营机构的运作成本。政府官员不可能像商人那样精打细算。保障房本身就是低价礼物，官员不担心住户用脚投票。做工马虎、配套不全、"低保房"变成"低质房"、"民心工程"变成"伤心工程"之类的消息，大家都时有所闻。

再有,由于缺乏充分产权,住户也缺乏应有的积极性去善用、维护和转让住房。住户何时能买断,何时能出租,何时能出让,这些细则决定了用户对房屋的产权,也从而影响了房屋的利用价值。

弗里德曼等人编写过一本叫《房租管制的神话与现实》(*Rent Control: Myths and Realities*)的小书。该书罗列了十多张破败房屋的照片,其中有些是在房租管制下被"充公"而年久失修的,有些是在战争年代被炮弹炸毁的。惊心动魄的是,读者如果不看书背的注释,仅看图片分辨不出来。另外,根据国外的经验,把大量低收入者汇集在同一社区,而居民又缺乏脱贫致富搬离该区的积极性,那么就必然引发诸多后续的社会问题,尤以治安和教育为甚。

低价保障房不可能是免费午餐,问题只是大家到什么时候才看清楚它的全部成本。要缓解房价的上涨压力,最好的办法还是政府首先放开土地使用和交易的限制,撤销对土地统购统销的角色,解除无济于事的限价和限量政策,从卖地收入中拨出专款以住房补贴的形式发放给被认定为应该得到补贴的人群,然后让市场充分发挥作用,让地产商人、房屋中介和私人业主,向需求者们——包括领取补贴者们——争相提供不同档次的综合住房服务。

政府卖地推高房价了吗?

2010年1月26日

坊间有一种观点认为,中国的财政收入大部分来自房地产市场,由于政府大量卖地赚钱,所以推高了房价,并制造了楼市泡沫。这种观点是错的。恰恰相反,假如政府不卖地,不从卖地中挣钱,房价反而会进一步剧增;政府卖地本身,其实直接推低而不是抬高了房价。

政府在房地产市场取得的巨额财政收入,常常被误解为居民住房成本增高的根源。其实不然。道理很简单。你意外捡了颗钻石,假如市场上最高出价是100万,那么它就能卖100万。即使你把钻石赠送给中介商,它最终也还是卖100万。也就是说,即使政府把土地送出去,按身份证号码摇奖,随机送给国民,最终购房者支付的房价也不会因此下跌。这是经济学的供求规律。让我分八点逐层简述。

第一,供地越多,房价越低。不管这供地是通过行政分配、公开拍卖、私相授受、免费赠送来实现,此理不变。所以,认为政府因为卖地多而增加了楼市平均价格,是方向性的错误。恰恰相反,政府不卖地,不供地,不鼓励民用土地用途的自由转变,或不允许其他人供地,才会促进房价高涨。

第二,土地国有,政府垄断,也属常见。英国的土地都是女皇的,一点点卖出,只卖使用权,不卖所有权,收入用于政府开支,算是征税,本身并无不妥。有人说,土地是人民的,要归人民。但政府支出,原则上也用于人民。要理解房价与泡沫,土地的最初所属,是无关的因素。土地存量有限,不管归谁所有,只要需求增加,房价就会上涨。

第三,供地方式,拍卖为宜。公开拍卖是最透明和高效的方式。其他方式滋生更多腐败和寻租损耗。况且,拍卖反映了市场需求并取决于市场需求。不是政府想卖多高价格就能卖多高。要地产商预期有承接,才能成交。政府开价过高,或市场预期不佳,就自然会流拍。究竟是谁推高了房价?是购房者本身。

第四,即使土地免费,房价也不改变。有人以为,假如政府把土地免费送出来,房价就会下降。不对。不管是谁,不管通过什么方式,得到了政府免费送出的土地,他也会转身按照市价卖出,能卖多高就卖多高,而不会免费或低价转让。政府把地免费送出,只是让第一手得到土地的人(不论他们是因为抽奖得到还是凭关系得到),分得了本来归入国库的卖地收入,而最终住房者不会得益。到此请重读第三点。

第五,政府会优化供地节奏。土地供应跟不上需求,废话,当然跟不上。土地就那么多,尤其是好地段。问题是,政府为了使卖地收入最大化,会适当控制卖地节奏,这也就在土地的短期和长期的用途间取得了平衡。虽然政府可以一次性把土地全部贱卖出去,然后由二级市场通过多次交易来决定这些土地合并、分拆、规划和再规划,但政府一般不愿意这样让利。重要的是,无论政府是否愿意让利,都只会改变政府和第一手地主之间的财富分配,而房地产的最终消费者支付的价格不变。

第六,价格决定成本,而不是成本决定价格。价格是由对最终成品的供求决定的,决定了以后,再倒过来决定生产原料的价格。房价是完全由供求决定的,房价被供求决定后,才倒过来决定土地的拍卖价格和开发商的利润。这因果关系,是学习价格规律的难点和重点,要想个不停,才能明白。到此请重读第四点。

第七,需求旺,有原因。(1)农民进城,数以亿计,创人类纪录。(2)住房面积和质量提高,购房者的平均年龄提前。(3)人均寿命延长,退休年期增加,但养儿防老已不可能,而养老保障并不健全,购房便成了人们储蓄保值的常用手段。购房月供三千,一千实为租金,两千实为储蓄。在上述因素的推动下,房价高涨实属正常,而并非个别人的阴谋。非得要说是阴谋,那么大可以清者自清,选择只租不买,自动退出购房大军。到此请重读第三点。

第八,价格规律与市场状态无关。不管中国的市场是否成熟、官商有没有勾结、政府是否廉洁、行业是否垄断、住房是必需品还是奢侈品、太阳从东升还是西升，价格规律都普遍适用。如果市场不够成熟就能逃离价格规律的约束，那岂不很爽？用市场状态来"抹去"价格规律，是对价格规律的最大误解。

我的看法是，政府采用拍卖的形式批出土地，恰恰缓解而不是激化了市场对住房的需求。为了使土地卖得更高的收入，政府也积极从事了环境配套设施的建设，从而提高了土地的实际价值。但是，中国正经历人类历史上从未见过的城市化过程，再加上文化传统、养老保障和防范通胀等考虑，市场对购买住房的需求格外高。无论如何，只有不断增加土地供给，放宽土地用途转换的限制，允许其他土地供给源进入市场，才能根本解决住房困难，并减慢实际房价的增长。

电力紧张：为什么总是忘记价格

2004年6月19日

遍及全国的用电高峰期已经到来。各地电力部门推出各种调配方案，鼓励用户"削峰填谷"，以舒缓电力供应的压力。我不懂发电，也不懂送电，更没有深入分析那些电力调配方案。但我知道，供电部门推出的方案越多，细节越是复杂，就意味着问题越来越严重，而他们解决问题的路子也越走越歪。

没错，我是说：一方面，我们用不着去了解发电的原理，用不着去了解电力供应为什么会紧张；另一方面，我们也用不着去了解到底什么人在用电，他们的轻重缓急又如何。我们既用不着具体了解"供应"，也用不着具体了解"需求"。只要看到"短缺"，我们就能断定："短缺"是"价格"太低造成的。解决的办法只有一个，就是让电价上涨。

人们通常的思路是：为什么电力供应减少了？为什么电力需求增加了？可是，朝这个思路走下去，仔细追查，你可以罗列几百条理由。那又怎样？真正的原因可能是几千条、几万条。谁也不可能逐一身临其境，更不可能亲历亲为地解决问题。能"牵一发动全身"的，只有价格。

有建设性的答案是：电力从来都是紧张的！以前大家之所以感觉不到紧张，只是因为价格够高——高得足以让人们寻找替代的方法，减少用电量。可现在情况变了，电的价格相对而言变得不够高了，电力于是就变得紧张了。同理，只要价格提上去，就能马上促使每个人、每家工厂精确地计算他们合适的用电量，并积极寻找替代的方式。

让我说说美国的经验教训。美国20世纪70年代经历过长时间的能源危机，油品和电力极其紧缺。当时尼克松总统的对策，第一步——最错的一步——就是禁止油品价格上涨，取而代之的是层出不穷的行政管制。现在回顾起来，可笑，也可悲。

尼克松颁发"价格管制令"后，油品和电力的"标价"的确控制住了。没人敢违法。但这并没有解决问题，而只是把问题推向别的方面。首先就是油站门前排起了长长的队伍，这个景象维持了整整十年，直到里根上任后解除价格管制才告结束。

接着，人们开始私下蓄油。开大车去加油，回来用管子给其他小车喂油。偷油的事也接连发生了。于是人们给油箱上锁，晚上还提防小偷。不怕偷车，就怕偷油。为了对付私下蓄油，政府再推出新对策，规定每次加油的分量。

这能缓解紧缺吗？当然不能，队伍当然更长了。为了缩减队伍的长度，政府提出"单双"号制度。单号车牌单日排队，双号车牌双日排队。可是，队伍的长度并没有减半，为什么？因为邻居和朋友之间开始盛行交换车牌来加油。

一计不成，又生一计。政府规定礼拜天不准用车。但很多人礼拜天要上教堂，这个规定违反宪法，很快就取消了。政府又规定，一家只能用一辆车。于是，家庭主妇就成了专职司机，从早到晚接送丈夫和孩子上学、放学、上班、下班，而汽油并不能省下来。

与此同时，电力的供应也变得非常紧张。人们没热水可用，大雪天没有暖气。为了节电，政府花钱购买电视台的黄金时段做广告，宣传节省用电的美德。政府还把中学生组成纠察队，让他们拿着温度计到商场、餐厅和戏院检查，及时举报那些把室内外温差调得太高的用户。

什么办法都试过了，都没有奏效！尼克松和卡特就是不明白，电力的"全部价格"是由电力的供求决定的，是不以总统的意志和发令为转移的。总统有权颁布法令，把电力的"货币价格"压下来，但电力的"非货币价格"就必定上去了。电力的"全部价格"是不变的。

政府既不能跑到某个商人面前，要他不要投资别的项目了，马上搞个发电厂；政府也不能跑到每个人的家里，告诉他们每个礼拜出门多少趟，洗热水澡多少分钟；政府当然也不知道那些商业用电者，到底谁的业务更重要。

也就是说，一旦出现短缺，就不应该走行政调控的路子，而是应该依靠市场价格，也只有依靠市场价格，才能切实地激励每个用户精确计算是不是值得再多用一度电；也只有依靠市场价格，才能激励、切实地激励每个投资者精确计算是不是应该转为投资发电业。无论从短期还是长期来看，只有电力价格自由浮动，才是开源节流的关键。

公营与私营的异同

2011年5月16日

本节的多篇文章，很多涉及公营产品的提价问题，包括拥堵费、火车票、电价等等。网上的争议持续不断。其中突出的两个焦点，一是公营机构本身是否具有涨价的合法性，二是公营机构是否具有涨价所需的市场信息。要回答这两个问题，大家必须精准地理解公营与私营之间的异同。

如前所述，只要一种商品具有"一人消费会妨碍他人消费"的特征，那么不论我们把这种特征称为"排他性"还是"竞争性"，也不论供应商是公营的还是私营的，供应商在提供这种商品的过程中向消费者收费，就能同时起到两个作用：一是甄别需求较高的顾客，从而把有限的商品推到使用价值更高的用途上去，以减少社会成本；二是进行逼近的盈亏核算，从而为未来的同类投资提供依据。

反对公营产品调整价格——尤其是指"提价"，第一个理由，是"公益"顾名思义应该"低价"或"免费"。然而，这是循环论证。我们不能先将某种服务说成是公益，然后根据公益的含义，说它恰恰应该低价或免费。无法回避的问题是："谁来付费？"既然世上没有免费午餐，那么要么就是"税收支付"，要么就是"用者自付"，当然也常见双管齐下的。

第一种方式，即"税收支付"，适用于难以甄别用者的场合。国防和司法等公共服务，都是典型的例子。当外敌的飞弹打过来时，政府再逐家逐户商议国防收费，成本显然过高。警察在街上巡逻，对整个社区的潜在犯罪起着威慑作用，也难以认定谁的受益比谁更大。在这些场合，公共开支应该由一般化的税收来支付。

然而，一旦甄别"消费者"的成本下降，那么"用者自付"原则就变得更加合理和可行，以致胜于一般化的税收。没有哪条铁路、哪间诊所、哪座体育馆，是造福全体人民的。它们只能造福特定的人。在这些场合，哪怕供应者是政府或公营企业，开支也应该尽量采用"用者自付"原则来摊派。

由此可见，相对减少靠"税收支付"来资助的公共项目，相对增加靠"用者自付"来资助的公共项目，两者可能并不矛盾。简单地把前者理解为加税，是没有意识到这两种资助方式各自优劣的缘故。

反对公营产品调整价格，第二个理由，是公营机构不知道"市场价格"，所以它只能一成不变地保持原来的价格。这个理由不正确，但错得深刻，需要一点篇幅来澄清。

欧美的思想史上，曾经有过两次关于"计划经济计算"的大争论，先是在20世纪20年代的德语世界，后是40年代的英语世界。文献汗牛充栋。但如果必须选一篇作为总结，那么当推哈耶克（F. A. Hayek）1945年发表在《美国经济评论》（*The American Economic Review*）上的《知识在社会中的运用》（The Use of Knowledge in Society）一文。该杂志今年创刊100周年，选出20篇极品，这是其中之一。

哈耶克认为，人们对真正的经济学核心问题存在普遍误解。人们以为，经济学就是要解决如何使"边际成本"等于"边际效用"的问题。只要把每个人的需求，都进行量化和集中，那么只要有足够好的数学家和足够快的计算机，中央计划者就能为生产和消费的每个环节提供精准的指南，从而消灭浪费、消灭剥削、并极大地增进人类的福利。

哈耶克指出，如果世界是一成不变的，或像星际运动一样周而复始，那经济问题确实可以通过全盘量化和集中计算来求得最优决策。数学家拉普拉斯（Laplace, Pierre-Simon）就曾经大胆地提出："给我一个时间片段里所有原子的状态，我告诉你过去、现在和将来的每个时间片段的所有原子的状态。"

然而，世界不是严格遵循因果律的。更重要的是，至少对人类有限的认知而言，世界是在变化之中的！经济学是为了应变而存在的学科。没有变化，就无需经济学。正因如此，哈耶克断言：如何协调千万人之间的行为，如何利用分散在千万人头脑中的信息,才是真正的经济学核心问题。

哈耶克指出,要协调众人的行为,要利用分散的知识,信息的集中处理是不可能的,那是因为总有些信息是不可能预知的,或不可能言明的,或不可能量化的。缺了这种信息,大规模的计划经济计算就不可能成功;要解决问题,就必须通过市场,就必须由分立的个人并行处理他们独自拥有的信息,这样才能协调众人的行为和分散的信息。

人们常常猜想:"经济学能不能像预测地震、季节、潮汐那样,预测未来的利率、物价、汇率的变化?"许多人一厢情愿地相信"能"。他们争辩说,经过刻苦的求索,人类终能找到价格变化的规律,从而准确地预测未来价格的走势。

然而,哲学家波普尔(Sir Karl Popper)和经济学家费雪(Irving Fisher)等人,逻辑井然地推断,价格的变化是不可能预测的。这是因为,尽管事物的变化是有规律可循的,但新信息的内容和披露时间,顾名思义是不可预知的。如果可预知,那就不叫新的信息。也就是说,只要有些信息是明天才披露而今天还没有披露,而这些信息对价格的变化是有影响的,那么价格的变化就是不可预测的。

近期我最喜欢用的例子,是汪丁丁老师告诉我的。苹果公司在 iPad 2 的发布会前,坊间流传其灵魂人物乔布斯(Steve Jobs)健康欠佳的消息。发布会上,乔布斯健步登场。消息以毫秒为单位迅速向全球散播,苹果公司的股票应声上涨约 3 美元。但经过几个小时的消化,苹果公司股价掉头向下,当天的收市只是净升了0.17美元。

这是说,世界确实是有规律的,那就是"领导健康,企业增收"。谁都认识、接受和运用这个规律。问题是,"乔布斯健康情况"这一信息的披露,是不为人所预知的。这信息披露过程的不确定,导致了苹果股票走势的不确定。人们以为乔布斯健康不佳,苹果股价低迷;人们见到乔布斯出场,苹果股价暴涨;人们看清了乔布斯的举手投足,苹果股票再跌。

究竟是谁在争分夺秒寻觅乔布斯的新闻,穷所有医学知识来分析他的健康走势?是那些对赌的投资者——他们无所不用其极地攫取正确知识、用投资行为来表达他们的不同观点、并默默接受"盈利"的褒奖和"亏损"的谴责。这就是追逐私利的分立的个人,如何在市场中寻找、利用、消化知识,并形成协调的漂亮原型。

言归正传,公营机构能否知道价格调整的方向和幅度?能,也不能。能,因为公营和私营企业都平等地处于信息不确定的境地,他们都一样得通过寻找、利用和消化信息来指导决策;不能,因为公营企业的代理人,不像私营企业的代理人那么孜孜不倦地去追求信息。如果要用极细腻的笔锋来刻画公营和私营的异同,那就在这里。

当我们见到公营机构进行价格调整的时候,我们不应该无条件地反对,而应该细问那是不是由于"用者自付"原则在取代

"税收支付"原则?是不是由于公营机构在模仿私营机构的应变速度?如果答案是"是",那么政府的效率很可能是在提高而不是下降。这是说,尽管私营在许多场合胜于公营,但我们也不应反对公营从低效向高效作出改进。

短缺商品应该如何分配

2011年2月21日

接连遇到短缺商品如何分配的话题。先是例行的春运火车票争议,自1999年我发表《黄牛党与资源耗散》,已经13年未平息过,而火车票价是第15年未调整了;接着是北京市通过摇号购车来治理交通堵塞的措施;再有是北京推出的基于户籍条件的房地产限购令;今天我还接受了能源行业杂志的专访,谈的是"拉闸限电"和能源的分配模式。

这些跨行业的价格管制一下子涌到桌面上来,原因之一是我向来就关心这个话题,自己谈得多,别人也问得多;但还有另一个原因,那就是现在愈演愈烈的通货膨胀,诱发了形形色色的价格管制。

大家知道,关于通货膨胀的成因,有两派观点。一是以弗里德曼(Milton Friedman)为代表的货币学派,认为"通货膨胀到处是且始终是货币现象",而要治理通货膨胀,唯一办法是控制货币。另外一派则认为,通货膨胀的成因是五花八门的,房价、油价、工资,甚至大蒜价格,都能造成通货膨胀;因此,对付通胀的办法也五花八门,限价、限购、摇号、配给和排队,都是这一派学者津津乐道的。本文就让我顺着后者的思路,分几点来谈短缺商品应该如何分配。

第一,是"稀缺"(scarcity)和"短缺"(shortage)的区别。稀缺是人类乃至动物均普遍面临的基本约束。好的东西,就总是多多益善的;只要是商品,就是稀缺的。稀缺不能成为新闻,也不是经济学家有能力解决的。能成为新闻的,能为经济学家所讨论的,不是稀缺,而是短缺,是当一种固然是稀缺的资源,其价格被人为压低后,引发的拥堵、排队、囤积、浪费和规避管制等现象。

这是说,当经济学家试图为解决春运、拥堵、楼贵、缺电等问题出谋划策时,他们没有本事直接提供一节车厢、一条马路、一幢楼房或一桶石油。具体地说,火车票涨价当然不能解决一票难求的问题,即不能解决"稀缺"问题,但价格调整显然能解决"短缺"问题,即发出正确的信号,激励旅客早离晚返,由此缓解举国排队而造成的浪费。

第二,经济学家不宜轻易假设需求没有弹性,或说价格不起作用。事实上,人们为了追求个人目标,总是在作妥协,他们可以付出时间、汗水、健康、闲暇、享受、亲情、鲜血,甚至贞操和器官。我们不禁要问,为什么这些都能够放弃,但调整回乡行程表所带来的不便,穷人就无法承受?

有学者解释说，回乡过年的需求刚性极强，而铁路的运力几乎不能提高，这种情况表示为需求曲线和供应曲线平行，所以始终存在黄牛党牟利的空间。这种说法有自相矛盾之处：两条被视作平行的需求和供给曲线，怎么会在加上区区黄牛费后就相交了？

实际情况是，需求和供给的弹性都并不缺乏弹性，黄牛价接近市场价，而机票价就是火车票的上限价。在高峰期，需求和供给曲线的交点确实会高一点，但把它们说成是不相交的平行线，那就变成几何学游戏了。这种形状的曲线，在真实世界里罕见对应的实例。

第三，学者不宜把正常商品甚至是奢侈品说成是必需品，从而套用"需求刚性"的逻辑，来为硬性限价、限购或配给政策辩护。北京的房价是高，但错不在价格本身；恰恰是高价，让所有人都在考虑自己应该朝哪个方向行动，如住房的人考虑是否只租不买，买房的人考虑是否买远点买小点，造房的人考虑是否要建多点建密点，有房的人考虑是否把房子腾出来出租甚至出售……

遗憾的是，房价这一本身在发挥作用的指标，却被一些经济学家视作要直接治理的对象。我们没有见过有哪位医生，不去考虑治病，却盯着温度计打主意的；然而，主张用行政手段来把房价压下去的经济学家可不在少数。问题是，如果说有瓦遮头是必需消费，有房可住是正常消费，那么在国际大都会买得起房，就应该是奢侈消费。有什么理由硬说买房是"北京人必需的"，而重启户籍管制来实施配给和限购?

设想一下,若规定只有出生时姓李的人才准购买一套房子,那除了诱发许多弄虚作假的社会成本外,确实可以在短期内抑制购房需求和压低房价。问题是,为什么要这么做?这么做有什么好处?这么做与按户籍来限购有何本质区别?我的回答是:没理由只让姓李的人买北京的房子,这么做对北京或对中国都没有好处,而这么做与按户籍来限购的政策没有区别,同样糊涂。

第四,可以用补贴来帮助穷人。我在《论堵》一文中解释过,一种商品,即使它的供给没有弹性(如高峰期的车道或车票),或由垄断组织操控(如土地或石油),用价格来分配这些商品,也仍然具有积极的意义,那就是能促使资源被用到价值较高的用途上去。每当提到这个观点,人们经常会追问:"穷人怎么办?"答案是:不一定但可以考虑采用补贴。

在对稀缺品实施按价分配的同时,若确实要帮助穷人或某种特定人群,那就不妨把他们先识别出来,然后给予补贴。例如,要帮穷人改善营养,那就不仅可以把牛奶送到穷人手上,还可以给穷人发放牛奶券,让他们在市场上选择他们喜欢的品牌。更好的办法,是给穷人发放更为通用的营养券,以便他们在牛奶和其他食品之间自行权衡。再进一步,就是发钞票,那是最通用的补贴。凭着钞票,穷人可以选择一间较亮堂的房间,同时放弃二十瓶牛奶,来改善他的健康状况。须知增进自由所带来的效率改进,是定质定量定向补贴所无法企及的。

这是说，让车票价格浮动的同时，给"穷人"以钞票补贴，他们就自然会善用钞票，而穷人显然未必会用来购买高峰期的车票。结果将是皆大欢喜的：穷人购买非高峰期的车票，并把剩下来的钱用于别处，从而得到了比在高峰期回家更高的满足；需求高的人能够轻易地买到高峰期的车票，他们额外多付的钞票，是通过他们替别人劳动而赚取的；而铁路因为涨价所收取的额外利润，也可用于慈善或投资项目。

这种制度安排，难道不比让穷人在寒风中排队，能更有效地帮助他们，并带来更大的社会福利？同理，允许拥堵费自由浮动、电价自由浮动、房价自由浮动，并给予那些经过合法程序被认定为值得补贴的人以钞票补贴，显然比用限价、限购、摇号、配给和排队来分配稀缺品要有效得多。

第二节　价格与市场

认钱还是认人

2012年11月5日

哈佛大学教授桑德尔（Michael Sandel）在新书《钱不应该买什么》（*What Money Can't Buy*）中列举了大量花钱购买商品、服务，甚至特权的例子，其中包括向黄牛党购买热门讲座或莎士比亚剧的门票、付钱插队看病、付钱购买公路的行驶权、企业付钱购买污染权、家庭付钱购买超生权等等。桑德尔认为，这种交易对那些"由于资源有限而付不起钱的人"而言是"不公平"的。

任何商品都得标价，标了价就有人买不起，照桑德尔的逻辑，为了公平，商品就不该标价，而应该全世界人民一起排队领取。于是，我有两个问题：一，桑德尔教授和家人平日是否跟非洲的儿童一道排队看病？二，在分配商品和服务的过程中，假如不拼钱，那么人们将改拼什么？

首先，桑德尔肯定没跟非洲儿童一道排队看病。桑德尔是哈佛教授，平日住在美国，而美国并非向全世界开放，非洲儿童没法随意入境，所以桑德尔必定享受了比非洲儿童在时间上优先、在质量上优越的医疗服务。这是不容否认的事实。究其根源,就是美国人比非洲人更有钱。那么,美国人仅仅因为出得起钱,就比世界上其他地区的人民优先获得优质的医疗服务,而非洲人民仅仅因为没钱就无法治病,从桑德尔教授提倡的公平观看,这是否道德?恐怕除了生活在废除了货币的极左社会里的人外,这个世界谁都是不道德的。

这不是要抬杠,而是要指明事实。任何有价值的讨论,都应该以事实为出发点。事实是,今天世界的绝大部分资源,都首先是按照富者先得、富者多用的规律来分配的,而实现的机制大致就是买卖。一个享受美国波士顿地区医疗服务的教授,挤占非洲儿童的医疗资源恐怕是上千倍的,相对于在中国向黄牛党付钱买挂号的病人来说,那是一千步笑二十步。我们要认识到,大量至今仍然被人误以为不可买卖的东西,实际在进行着或明或暗的买卖。

当我们在深秋里感到寒意,插上油汀取暖器的电源时,我们向山西的煤矿工人购买了健康,是他们以从未白净的身体,降低了我们染上感冒的几率;当警察在街头和匪徒交火的时候,我们以纳税的方式购买了警察用生命换来的治安;当一个既反对同性恋结婚、又希望自己的子女获得免费教育的选民,把选票投给了既支持同性恋结婚、又将实施儿童免费教育的政党时,那些旨在促进同性恋者结婚合法化的团体,就以支付政治献金的方式,购买了那位选民的选票;当一个作家买下一支光亮的钢笔时,他也买下了电镀厂附近居民的健康；同样道理，那些购买了桑德尔教授的书籍的读者，实际上用钱买下了许多失学儿童的识字权，因为如果不是桑德尔的书那么好卖，有些纸张是会用来印识字课本的。

如果在我们享受灯光、电暖、安全、教育、阅读的时候，没有意识到别人为此有所付出，那才是无知；在抚弄那支光亮的钢笔时，并不愿意支付环境污染费，那才是不道德的。健康、生命、选票、免于污染、免于无知，本来都是神圣的人权，但在真实生活中，却是在有价地交换着的。我们不应该对这个基本事实佯装不知，并对不可能实现的道德准则高谈阔论，而是应该视人性为给定的前提条件，并探究在人性始终发挥作用的情况下，社会应该采用何种规则，才能取得比较可取的结果。事实上，正是这些交易，促成了分工，矫正了不公，增进了和平、财富和幸福。

其次，假如不拼钱，那会拼什么？显然，如果不拼钱，就会拼其他的。一般地，一个不"认钱"的社会，它就不得不"认人"。所以，切中要害的讨论，并非仅仅讨论"认钱"好不好（与天堂相比，"认钱"当然充满了不公平），而是如何在"认钱"与"认人"之间两害相权取其轻。

诚然，我们有许多需要"认人"的场合，恋爱、雇佣、教学就是典型例子。在这些例子中，男女双方、雇佣双方、教学双方，与其说是在进行买卖，不如说是在择偶。这时，"认钱"就往往不是上策，因为双方寻求的都主要是非金钱的品质。也就是说，在交易的双方都需要"挑客"的情况下，"认人"的标准往往比"认钱"的标准更可取。

然而，只要有一方没有挑客的需求，那么"认钱"就往往是更可取的。例如，尽管顾客买衣服时都很挑，挑质地、挑颜色、挑剪裁等等，但只要裁缝觉得不必挑客，他就可以按"价高者得"的方式卖衣服。又例如，尽管大学教育旨在寻找合作伙伴，所以应该以"认人"为主，但幼儿园教育则是旨在提供照看服务，所以不妨以"认钱"为主。我们知道，物物交换的交易费用极高，因为匹配的交易者相遇（称为双向巧合，double-coincidence）的几率很低；而交易当中只要有一方是认钱不认人的，那就能极大地增加交易的机会。这恰恰是货币的基本妙处。

问题是，卖方究竟是否应该"挑客"？一种情况，是卖方乐意"挑客"。如果是这样，那他就必须承担"挑客"带来的金钱损失。如果卖方非要限定讲座、戏剧、著作、公路、三明治和卧铺票的潜在客户群，把他们限定为学生、货车、白人、处级以上干部，那么卖方就是在实施这样或那样的歧视；而实施歧视的代价，就是卖方不能在更大的潜在客户群中按"价高者得"的方式获取最大的金钱收入。换言之，卖方是在以付出金钱的方式购买了歧视顾客的权利。

经济学家阿尔钦（Armen Alchian）、卡素（Rubin Kessel）在1965年一篇题为"竞争、垄断和对金钱的追求"（Competition,

Monopoly, and the Pursuit of Money）的文章中论证：正是由于实施歧视会造成金钱损失，所以当人们必须自己承担歧视所造成的金钱损失时，他们就会产生抑制歧视的积极性，从而减少"挑客"的行为。直白地说，越是市场竞争激烈的地方，商人就越会"认钱不认人"；而即使在以寻求适配为特征的职场，处于竞争压力之下的雇主，也会尽量减少不必要的歧视，做到"认才能而不认人"。

这毋宁是好事，因为非人格化的金钱，取代了人格化的其他特征，恰恰使得"生而不同等"的人们（性别、人种、肤色、宗教、等级、贫富、党派各异），能够保有其自身的特点，并面对最少的障碍来追求"金钱面前人人平等"。在一个"认人"的社会里，一个黑人除非漂成白人，一个"文革"反对者除非伪装成支持者，否则他们很难平等；但在一个"认钱"的社会里，一个黑人只要设法赚到 20 元，那他买到的汉堡就跟白人买到的一样大；一个"文革"反对者只要设法赚到 200 元，那他享受到的网速就跟"文革"支持者的一样快。

另一种情况，是卖方被迫"挑客"。在实施种族隔离政策地区的卖主，或受到价格管制掣肘的商人，或那些基本取消了价格甚至完全取消了货币的计划经济试验区里的人们，他们由于无权向出价最高的人出售商品，所以他们就自然而然地会采用这样或者那样的标准来"挑客"，即实施歧视。最后，当政府的权力代替了商人追求金钱收入的动机之时，就是白人先吃、高官先用的社会到来之日。人类不是不曾尝试过那样的社会,那样的社会是噩梦。

金钱固然不能买到一切,比如理智;但在高唱"钱不该买什么"前,我们应该细看,生活中哪些东西不是以或明或暗的方式买来的?我们还应该追问,在普遍尝试"认人"而不"认钱"的社会里,人们过得怎样?只有如实回答,才不至于脱离现实、愤世嫉俗和夸夸其谈。

市场经济与歧视

1999 年 7 月 2 日

市场经济是否不可避免地维护了歧视？美国高等法院在 6 月 23 日，分别对三宗涉及"残疾人法"的案子作出裁决，再一次引起雇主和雇员们对这个问题的关注。

这三个案子的原告，分别因为近视和高血压，被他们所属的航空公司和运输公司辞退。他们控告雇主歧视残疾。但是，高等法院判决：假如一个人的身体缺陷，能够通过戴眼镜或吃药得到纠正，就不属残疾，原告均不在"残疾人法"的保护范围之内，因此败诉。

事实上，美国的"残疾人法"，一向令雇主们头痛。有不少像"国家就业法研究所"这样的组织，目的就是训练雇主们规避"残疾人法"。这次，他们都为高等法院的判决欢呼，认为判决避免了雇主无数的麻烦。但是，为民请命者却深表沮丧，认为全美有上百万处境相似的人，将继续遭受歧视。

对于歧视，包括种族、性别、年龄和体质的歧视，经济学家有独特的看法。他们认为，尽管歧视仍然是人类社会非常普遍的现象，但市场经济已经最大程度地减少了歧视，市场经济恰是消除歧视的最佳途径。

诺贝尔经济学奖得主加里·贝克尔教授，以研究家庭、犯罪和歧视问题闻名，他给"歧视"下了定义：只有当歧视者愿意放弃一定的利益，例如收入、利润、工资或者享受，以便满足他个人的偏好时，才是歧视。

例如，如果一个女性求职者比别的男性求职者更能干，而雇主却偏要招收男性，那么雇主歧视了女性；如果一个黑人歌手唱得比白人歌手更动人，但顾客却执意只买白人歌手的唱片，那么顾客歧视了黑人。这里，雇主和顾客，都愿意放弃自己的利益，来满足自己在性别或种族上的偏好。

但是，显然存在截然不同的情形。如果明明那个男人更强壮、那个青年更敏捷、那个白人更博学，那么聘请那个男人、那个青年以及那个白人，而不是别的女人、别的老人或是别的黑人，就都不是歧视。这样，雇主的选择，不仅没有造成他们收入的减少，还会导致他们收入的增加。

用这个标准来判断是否存在歧视，意义重大。设想一下，如果第二种情形被判定为非法，那么一切品质标准将被抹杀：近视的人有福了，可以开飞机；体弱的人有福了，可以做搬运；黑人有福了，成绩低也可以入读名校——唯一的理由是他们不能被"歧视"。

是的，歧视现象普遍存在，难以根除。但凭借经济学的分析，我们不仅能够区分，哪些是歧视行为，而哪些只是合理的选择，我们还认识到，歧视者害人亦害己，在歧视别人的同时，自己也承担了损失。

可以想见，越是在产权不明晰的社会里，歧视现象就越肆无忌惮，因为人们无须为自己的选择负责。相反，越是在产权明晰的市场经济里，歧视行为就越受制约，因为在那里，傲慢偏见者的收入会减少，兼收并蓄者的收入则会增加。

就算你憎恨黑人，但当你看中了一条皮带时，你未必会因为黑人参与了它的制造，而拒绝购买。只要你买下这条皮带，你就用行动资助了黑人，哪怕你心里依旧充满了憎恨。市场是色盲的，它使你无法甄别商品的生产者，它既惩罚歧视者，也同时奖励宽宏者，这是市场的美妙之处。

为"歧视"正名

2001年8月13日

英文经济学文献中的"discrimination",译成中文时难以处理。"歧视"二字,是文言译法,本来译得精彩。"歧"的原意是岔道,引申为歧异,不相同,"视"即"看待","歧视"即白话文的"区别看待"。可惜"歧"字的字义后来偏重若干条岔道中错误的那条,"歧视"一词也因此偏向贬义。到了今天,无论英文的"discrimination",还是中文的"歧视",往往都指"不公平的区别看待"。

但是,经济分析中的"discrimination"是不带感情色彩的,泛指一切"区别看待"的行为,所以,翻译时就遇到了两难选择:译成"区别看待"吧,好处是给读者以"中性"的印象,坏处是读者容易误解,以为"区别看待"和他们心目中的"歧视"是两回事;译成"歧视"吧,好处是直指读者脑海里的"歧视"概念,可望根除他们心目中的误会,坏处是望文生义的读者必定是多数,要让众人改变对"歧视"一词的理解,就跟推广新的度量衡一样，即使假以时日，也未必成功。

我和朋友反复商量后，把心一横，决定赌一赌，作第二种选择，径直把"discrimination"翻译作"歧视"，而期望连同其他不约而同的经济学人，通过将来的文章和书籍，反复阐明"歧视"一词在经济分析中的中性含义，看看这个含义能否逐渐深入人心。

竞争与歧视形影不离

"歧视"是大家司空见惯的行为。"歧视"的根源，在于世上的资源是稀缺的。因为僧多粥少，所以就要竞争，而竞争就是要根据某种规则，排出竞争者的先后高下，让胜出的人享用稀缺的资源，而这"根据某个规则排名"的做法，就是歧视。"竞争"和"歧视"，是形影不离的亲兄弟，是一枚硬币的两面，是同一种现象的两种说法。

谁都可以买奔驰汽车，但买家必须付钱，这就是"根据财富的歧视"；所有未婚香港人，都可以参加"香港小姐"竞选，但参赛者必须是女性，这是"根据性别的歧视"；谁都可以上清华北大读书，但你的成绩必须符合要求，这是"根据知识的歧视"；谁都可以把自己灌录的唱片摆在货架上，但只有喜欢听的人才会为你掏腰包，这是"根据歌艺的歧视"。

歧视的影响是双向的

歧视者是要为他的歧视行为负责的。一个小伙子,专挑女歌星的唱片买,这是"性别歧视"。但这是他的嗜好,他为此付出了双重代价——他不仅为女歌手的唱片付了钱,而且还放弃了所有男歌星的歌曲。他由于在挑选唱片时搞"性别歧视",所以可能丧失了一些他本来能感受的乐趣。

设想这位小伙子成年后,当了某家公司的老板,他招工的标准是清一色的女性,这当然是"性别歧视"。但这也仍是他的嗜好,他也要为此付出双重的代价——他不仅要为招到满意的女职员付薪水,而且还放弃了所有男性职员的服务。由于他在招工时搞"性别歧视",所以他的企业丧失了一部分本来应有的竞争力。

我们要指出两点。第一,我们没有办法指责他的嗜好,因为我们不比他更了解他自己。他或许有这样那样的癖好。要知道,他喜欢清一色的年轻男人或女人、黑人或白种人,跟他喜欢把办公室装点成清一色的蓝色或白色没什么区别。

第二,他显然要为他的歧视行为付出代价。这是"反歧视人士"常常忽视的。歧视者本人往往也没看清这一点。歧视行为的影响不是单向的,而是双向的,不仅被歧视者要受影响,歧视者本身也要受影响。这跟有些人就是不吃肉是一样的,受影响的不仅仅是屠夫,不吃肉的那个人也同样受影响。

合算的歧视可以使自己受益,不合算的歧视则会使自己受损,所以人们总是乐于反省自己的歧视标准。歧视者一旦认识到他们为自己的"嗜好"(歧视标准)付出了自己本来不愿意付的代价,通常就会放弃这一标准。所以,无缘无故的歧视,或不合算的歧视,往往维持不下去。反过来说,那些貌似没有道理的歧视,深究下去,你是能找到其中微妙的原因和道理的。

歧视的作用与势利眼

我们往往需要了解别人的背景资料。银行乐意把钱借给有实力的企业或个人,我们希望结交对自己见识和前途有帮助的朋友,警察希望尽快甄别出犯罪率高的人群,而我们的衣着、谈吐、证书、报表、证件、国籍,甚至住所的位置,都是我们的背景的简明标签。利用这些标签来作判断取舍,就是歧视。更直截了当地说,选择就是歧视。

由于人们总是希望在最短的时间内得到最多的资料,所以自然就会重视这些标签。有了这些标签,就有了势利眼。势利就是某种歧视标准,它提高了了解对方的效率。

在网上,我们互相见不到对方的打扮、年龄、住址、工作、学历,自然势利眼就少了,大家觉得很公平,很自在,谁也不会有受歧视的感觉,而且谁也无法歧视谁。但是,设想我现在在网上向大家借钱,就会发生困难了。因为缺乏许多重要的标签,大家就不得不花费多得多的成本了解我,才能达成借贷交易。如果花不起这个成本,交易就无法达成了。

歧视标准的改进

歧视也有出错的时候，但人们不会因此放弃歧视，而只会不断地调整歧视的标准。没有歧视，交易费用就会上升。

有些工种被指责为"歧视"妇女、儿童和老人。但这种歧视其实是有原因的，因为妇女、儿童和老人提供的服务质量的确有不同，这些不同本来可以由工资的差异予以抵消。但如果工会要求"同工同酬"，那么就逼着老板搞"歧视"了。

还有另一种情况，那就是人们缺乏消灭歧视的积极性。比如国营企业招工，非招有本地户口的人不可。这种"户籍歧视"没有道理，会对搞"歧视"的企业造成损失。但深究下去，也能解释这种貌似不合理的现象，那就是国营企业受制于很多人事规定，而且他们对人才的需求也并不迫切。与此对照，民营企业用人，不必要的条条框框就少得多。

歧视现象在世界各个角落都是根深蒂固的，它要么源自广泛竞争的压力，要么源自个人偏好的驱动，要么源自每个人对陌生人群的无知，要么源自对陈规陋习的惰性。"歧视"这一行为本身是不可能消除的，但"歧视的标准"则可以发生变化。可以预言的是，增进商业交流，有助于改善人们"歧视的标准"。

同工同酬法的反效果

2015 年 5 月 18 日

每当出现不如人意的社会现象,人们就喜欢直接呼吁立法,仿佛一旦立法,问题就画上了句号。经济学者——尤其是法律经济学者——却总是要追问:用法律来修理社会,社会又会作出何种反应?毕竟,一旦实施新的规则,人们就必然会采取新的对策,事情总有下一个回合,而经济规律是挡不住的。立法只是画上了冒号。

企业会歧视女工吗?世界上真有"同工不同酬"现象吗?雇主何以长期地剥削某个群体的劳动者(如女性、新手、低学历者、新移民、残疾人或少数族裔人)?颁布和实施各种"同工同酬法"能够帮助被歧视或被剥削者增加就业机会吗?经济学提供的视角与大众直觉截然相反。让我分三点作解释。

一、竞争消除"同工不同酬"现象

不妨先假定确实普遍存在"同工不同酬"的现象。所有资本家都是重男轻女的。某资本家雇了两位打字员,一男一女,两人的工作表现完全相同,打字速度和准确率都毫无差别,但资本家付给男打字员 100 元工资,女打字员 80 元。这便是"同工不同酬"了。

若真有这种现象,那就至少有个别特别见钱眼开的老板,宁愿克制自己重男轻女的偏好,而开始雇佣女打字员。多雇一位女打字员,他就比其他老板节省 20 元的工资成本。毕竟,歧视女工是要付代价的,克制歧视是有回报的。并不是说资本家能够一下子彻底消除所有歧视,而是说他们只要贪钱,只要想在竞争中求存,就会愿意减少一点歧视来换取金钱上的回报。

要是雇佣女工、新手和弱势群体能开源节流,那资本家就会追逐她们。结果,那些被歧视的群体的工资,就会由于雇主的追逐而上升,直到与其他同等劳动力的收入相等为止。

被歧视的劳动者,幸好还能遇上见钱眼开的雇主;雇主越是唯利是图,劳动者就越少受到歧视;市场竞争越激烈,被歧视者的工资就越合理。即使一开始出现过"同工不同酬"的现象,这些现象也会由于雇主唯利是图的本性和雇主之间残酷竞争的压力,被最大限度地消除。事实上,找个人来剥削并不容易,否则清一色地雇佣女工、新手和其他弱势群体就能轻松跃升世界五百强企业了。

二、工资差异可能是合理的

读者会问,话虽如此,但现实生活中,有不少统计研究表明,各国女性工资收入均比男性的显著地低,我们如何理解这种性别之间的收入差距?

让我先举个例子。我请了位女秘书,每月工资 2000 元,每周工作 5 天,而日均收入约 100 元。后来发现,秘书三天打鱼,两天晒网,爱来就来,不爱来就请假。问题是,如果我根据她来上班的天数,并按照日薪 100 元的标准支付工资,那么是她亏了,还是我亏了?或者是两不拖欠?

是我亏了。这每月 2000 元的工资所购买的,除了每月 20 天的"秘书服务"外,还包括了"随时待命"的部分。每天的"秘书服务"本身并不值 100 元那么多。每当我们对比两个人的工作质量时,必须把提供服务的稳定性等其他品质也考虑在内。

由于体质、生育和家务责任等原因,女性长期在许多工种内所提供的服务质量是不如男性的。一个到了生育年龄的女性,接连生下两三个孩子,并全职把他们抚养到上学的年龄,基本上要花 10 年的时间。有哪些工作,是能让从业者暂停十年回家生儿育女,而旋即又能得心应手地重返工作岗位的呢?打字员、图书管理员、历史教师和语法教师,而不是拳击运动员、程序员或推销员。

如果我们把性别、文化、家务负担等因素考虑进去,工资差距就变得合理和可解释的了。当然,我必须立即补充的是,随着现代医学发展和生活水平提高，生育带来的风险急剧下降，家庭对女性的教育投资激增；而随着社会的稳定和技术进步，能够发挥女性特长的白领工作岗位也在不断增加，因此女性在很多领域的工资正快速追赶甚至超过了男性的。不管怎样，不同人群之间的持久而普遍的工资差异，必定是有原因和可解释的。

三、 同工同酬法事与愿违

实际上，存在着"不同工"的现象，即按某些标准来衡量，有些人的劳动能力是不同的。仅为举例方便，我们不妨假定某男打字员的服务值 100 元，而某女打字员的服务只值 80 元。那么这位女打字员还有可能与男打字员一争高下吗？当然有！凭什么？凭低工资！

虽然男女服务质量相差 20 元，但如果工资也刚好差 20 元，那么他们在唯利是图的雇主面前就是无差异的。要是女打字员的工资要价再低一点，说 79 元工资就可以了的话，她就完胜那位男打字员。在职场上，降价是弱者与强者竞争的杀手锏。

不幸的是，恰恰是同工同酬法，剥夺了弱者与强者竞争的最有力武器。同工同酬法的核心，是强迫雇主对"不同工"付"同酬"。既然雇主横竖都要付高价，那他为什么不度身定制一份滴水不漏的招聘广告，从而合理合法地雇佣那位能力较高的男打字员呢？同工同酬法的后果，就是那位较弱的女打字员连较低的工资都拿不到，只能被迫失业。也就是说，同工同酬法伤害了它声称要保护的群体，这些群体的整体处境必定变得更糟。

追问"原价"注定徒劳无功

2014 年 11 月 3 日

"一个茶杯,在地摊上卖两元,两元就是两元,成交就是成交,而这茶杯的成本究竟是多少,成交价离'原价'有多远,你即使花一万年也找不到答案,而这就是价格的本性。"这是我本科毕业后不久,探望我的大学经济学教授时说的话。我之所以对那一幕记忆犹新,是因为那位教授非常敏锐,马上听出了话中的分量:"你是看了什么书?"我答:"是哈耶克文集《个人主义与经济秩序》,其中一篇叫'知识在社会中的运用'的文章。"

到读研究院时,一位教计算机模拟的教授也以茶杯说理。他说把教室里的同学分成两组,给其中一组的每个人送一个茶杯,再让他们与另外一组交易,根据各人交易的结果,就能求出茶杯在这个教室里的均价,但如果有人能提前宣布这个均价,全班同学根据这个均价来交易,就能省去大量讨价还价的麻烦。教授的话音未落,我身边的同学就反驳:"要是没有单个交易在先,哪有什么均价可言?"这就是价格理论过关的同学了。

均价由"单笔成交价"统计而成,那"单笔成交价"又由什么决定?由交易双方在具体情景中的供求状态决定。要透彻理解价格的形成机制,我们必须咀嚼阿尔钦在《新帕尔格雷夫经济学辞典》中推翻"成本定价论"的"租"条目:

> 租金上升,并非最终消费品价格上升的原因,而是结果。正是对最终消费品的供给和需求,决定了生产要素的价格,而不是倒过来。正因为这块土地从事生产能赚取更高价格,才使它的租值被哄抬到这么高。人们通过高价取得土地后,却往往误会,以为他们之所以能够向顾客索取高价,是由于自己支付了较高的地租。

这是说,会计课里教的是"成本决定售价、售价影响供求",而经济学的逻辑恰恰相反——是"供求决定售价,售价决定成本"。是供求关系首先确定了成交价,而成交价转而确定了各种生产要素的成本,进而影响这些生产要素在不同生产用途之间的分配,而不是相反,不是生产要素先有了与生俱来的成本或原价,再汇总并加上"合理的利润率"成为最终售价。

试想,如果最终售价是通过总成本加上合理利润率而得到的,那谁不会肆意增加成本,从而增加利润总额呢?事实上,因果链条刚好相反:商人是能赚多少就赚多少,然后再倒过来看收入能否超过成本。如果超过,那就是盈利;如果不足,就是亏本。世界上既不存在"合理的利润率"——赚的时候可以盆满钵满,也不存在"合理的亏损率"——亏的时候可以血本无归。这才是真实世界的写照。

顾客会因高价而被欺诈吗？只要货真价实，你情我愿，那在任何价位上成交都不是欺诈。典型的例子是飞机票。几百位同时出发、同时抵达的旅客，机票价格可能完全不同：仓位、时间、交易历史、购票代理、身份和同行者都会影响价格。尽管如此，每个顾客付出的票价，通常还是低于他所愿意付出的最高价——再贵一点他也还是愿意买；而航空公司收到的也仍然高于他所愿意接受的最低价——再便宜一点他也还是愿意卖。其间的差价就是航空公司与顾客共同创造的"交易剩余"。机票销售的过程，就是航空公司与顾客瓜分交易剩余的双赢过程。

那顾客只能被动接受高价吗？不是。顾客随时都可以通过选择替代方案而逼迫卖家降价，而卖家和卖家之间的竞争永远是压低售价的真正驱动力。同一种产品，随着时间、地点、场合和交易对象的变动，会发生剧烈的变动。一块计算机芯片，在几个月内就可能价格大跌；一台发电机，到了停电的灾区价格就可以倍增；一瓶洗发水，当被用作鼓励促销的奖品时，价格可以为零……根据纵向价格历史算出的"原价"是没有指导意义的；相反，让顾客根据当前情景，对竞争之中的卖家的商品进行横向比较，则不仅可行，而且通行。

我总是向同学们介绍经济学者雷福（R. A. Redford）的论文《战俘营里的经济组织》。很多人误以为只有在健全的市场经济里，经济规律才起作用。事实上，即使在战俘营里，经济规律仍然是处处体现，处处适用的。战俘们会拿他们的日用品进行交易。有趣的是，在人员流动很快的中转营里，交易零星发生，成交价格的落差大；而在人员流动很慢的长期营里，战俘们自发形成了固定的交易场所，成交价格的落差小。故事的含义是：稳定而统一的交易平台，有助于交易双方进行横向比价，从而缩窄了交易价格的落差。

概括一下：具体情景下的供需关系，决定了单笔交易价；无数单笔交易价累加，形成了统计意义上的均价；时间和条件不同，均价也就不同，而想求索产品的真正"原价"只能是折腾，注定徒劳无功；真正帮助顾客享受低价的办法，不是通过"纵向原价监管"来减少单笔交易间的价格离差，而是让卖家充分竞争、形成稳定而统一的交易平台，从而让顾客通过"横向实时比价"来获得低价。

我要谈的是，物价监管部门当前对网络零售施加的"原价"监管思路，误解了价格形成机制，将会导致市场的混乱。据悉，有关部门正在制定《网络零售促销价格行为规范（草案）》，其中第12条规定："实行降价、折价销售的，应当在促销商品单品详情页面显著位置明示原价和现价或者折扣幅度、降价（折价）原因、降价期限（起止时间）。不得使用原价、现价之外的其他价格表示，否则将相关价格表示视同原价。"而"前款所称原价，是指促销活动开始前7日内，同一网络零售商在同一地域、同一网络零售平台上销售相同商品有交易记录的最低交易价格。前7

日内无交易记录的,以促销活动开始前最后一次有交易记录的交易价格为准。"

这是说,除了根据狭隘的纵向交易历史所定义的"原价"("7日内最低价格"或"最近成交价格")外,监管部门不允许商人和顾客选择其他价格标准来作为推销和购物指南。这些被禁止使用的价格标准,包括网络原定价、网络零售现价、线下定价、线下促销价等,而它们实际上是具有真实参考意义的。这种简单而粗暴的"纵向原价监管"将产生两个后果:一是引发大量劳民伤财的规避行为,使规定难以执行;二是造成诸多混乱,对市场运作造成实质的伤害。让我分述如下:

(1)扭曲经营方式。商人对顾客进行区别定价的趋势是不可抗拒的,根源在于这种做法不仅有助于竞争,而且促进生产。如果"纵向原价监管"阻止了商人在同一个网店进行区别定价,商人就不妨开设多家不同的网店,通过会员制度对顾客进行区别定价。只要监管规则违抗经济规律,那么市场中的人们就会有无穷的智慧,找到规避的办法,结果是既让规则失效,又让市场蒙受无谓的损失。

(2)破坏消费者心理预期。有些商品,如机票,从来都是根据既定的原价,在不同的时段进行打折的。顾客随时都能形成一个确定的参照系。如果执行"纵向原价监管"规定,那就不仅不可能再有确定的原价,而且一个人在不同时间会买到不同的原价票。时刻变化的"原价"并非古往今来人们所理解的原价。

（3）损害商人的品牌权益。一个商品的原价往往与商人的品牌相联系，商人有权确定一个相对稳定的原价，以提供品牌的一般参照系。根据"纵向原价监管"规定，原价时刻波动，也就丧失了意义，伤害了商人对品牌的基本权益。

（4）忽视线下真实发生的价格。同一件商品，线下专柜的价格本来是为监管部门所接受的，但由于这个价格与线上价格不属于同一平台，因此不能被用于计算线上的"原价"。这种做法不仅阻碍了消费者了解商品的真实价格的全貌，也损害了经营者的合法权益。

（5）促销手段被不公平地纳入"原价"的计算。比如全场满100元返30元购物券的做法，并不是简单的降价，而是包含了后续交易的约定。根据"纵向原价监管"，这种普遍采用的促销手法，就会被迫计算到新的"原价"里，而当商人不得不把降价的"原价"往回提时，不知情顾客的购买体验就会受到损害，商人就会遭受根本不必要的困扰。

（6）滋生腐败。由于"原价"的核算不可能分毫不差，实施"纵向原价监管"后，监管部门将骤然获得巨大的寻租空间，腐败机会大增。发改委主管价格审批的价格司现在已经成为官员落马的重灾区，再用一刀切的"纵向原价监管"来规制千姿百态的营销模式和海量的电商交易，势必给主管官员埋下无数陷阱，而避免这些陷阱，本来只在转念之间。

按商品交易历史进行的"纵向原价监管"模式，不仅不能帮助顾客在具体场景下作出合理的购买决策，还会引发大量的混淆和腐败。相比之下，电子商务交易平台本来就具备的、而且在日益增加的、以卖家间竞争为基础的"横向实时比价"模式，则不仅符合价格的形成规律（价格由特定场景的供需决定、价差由统一交易平台缩窄），而且属于自发秩序，极大免除了不当干预和官员腐败的可能。希望监管当局尊重价格形成的规律，将市场从来就能妥善处理的事情还给市场。

从侃价策略说起

2006年3月7日

假如您打算买辆车,那么有两种策略:一,锁定一个代理商,对他百般纠缠,软硬兼施,要他非降价不可;二,到好几家代理商那儿转转,然后在询问价钱的时候,漫不经心地暗示,你不仅确实要买车,而且已经看了几家店。哪种策略较好?为什么?

这是经济学家阿尔钦(A. A. Alchian)在他教科书中的一道问答题。他的答案是:"多找几家商店更好,因为卖家最拿'另有门路'的买家没办法。与卖家竞争的,是其他的卖家;与买家竞争的,是其他的买家;而卖家并不和买家竞争。"

阿尔钦的解释很深,我至今还不时玩味。这个世界的任何商品,其价值都是因为有人争夺才产生的。阳光没人争,市价是零;空气没人争,市价也是零;但马尔代夫的阳光和空气,有很多人争,于是价值不菲。马尔代夫的居民就是再抠门,游客也得感谢他们为度假多提供了一个机会。到那里旅游的高价,是游客们自己造成的。这是所谓"买家只与买家竞争"的道理。

同样的逻辑,也适用于行政垄断。深圳是国内最早提供手提电话服务的城市,当时买一部手机要几万元。那么,顾客是受害了还是得益了?得益了。虽然我们大可以指责行政垄断阻碍了其他服务商的进入,但就那些购买了手机的顾客而言,价格再高,也还是比无可选择的要好。这是所谓"卖家并不和买家竞争"的道理。

价格从来不是随意定的。造物主慷慨大方,大自然一草一木,定价一概为零。那么,为什么享受阳光和空气的消费者,总要付出迥然不同的价格?因为商品的价格,总是由消费者之间的竞争决定的,而与商品的提供商(如造物主)是否要收费无关。这是说,即使是天上掉下来的馅饼,也会因为饿汉的争抢而涨价。

学经济学的后果,就是时刻都清楚意识到,万事万物,其真实价格一概不是某人或某机构可以随意制定的。有人认为,政府不仅有义务、而且有能力制定价格,所以他们理所当然地认为,政府应该提供免费交通、应该提供免费教育、应该提供免费医疗;而经济学的教育,却教我们反问两个问题:为什么"应该"?究竟是否"可行"?

首先是"为什么应该"的问题。既然人人都有权免费获得某些福利,那么谁有义务免费提供服务呢?美国前总统胡佛(H. Hoover),在1928年曾提出竞选口号,要实现"顿顿有鸡,户户有车"。愿望美好，无人反对。问题是：由谁来负责养鸡？由谁来负责造车？如果说有人有权低价或免费得到，那就是说有人必须低价或免费提供。他们分别是谁？

还有"究竟是否可行"的问题。政府一旦提供低价车票，便出现了黄牛党；提供低价医疗，便有人收受红包；一旦打压学费，便出现乱收费现象——这全是价格受到人为扭曲后，被竞争规律"逼"出来的现象。作为有同情心的人，我们说这些绝不是好现象；但作为经济学人，我们不得不说，这些全是必然现象、是不能通过呼吁、舆论、曝光或行政规定消除的现象。

求知欲强的读者会追问：既然人为压低价格不可行，那为什么世界各地的政府，总是不断地提出这样或那样的价格管制措施，让许多重要商品的价格，包括粮食、能源、教育、交通和住房等，都处于过低的水平？为了解答这个问题，20世纪60年代兴起了"公共选择"学派，衍生了著名的"寻租"理论。篇幅所限，以后再谈。

谁的谈判力更强

2005 年 9 月 20 日

谈判力（bargaining power）指在讨价还价过程中对成交价的决定能力。这个概念暗示，市场中交易双方的地位是不平等的，有一方可以压制另一方，有一方可以比另一方更有话语权。但真是这么回事吗？市场中的价格究竟是由谁决定的？

设想有位业主，宣布要把房子以 20 万卖掉。房子是他的，房价也就由他定吗？不是。这位业主确实"宣布"了房子要卖 20 万，可要是没人承接，他这"宣布"就啥也不是。假如业主确实希望把房子卖掉，那么与其说他"宣布"或"决定"了价格，还不如说他经过一番调查后，向潜在的买家们"汇报"了市场价格。

世界上其他商品或服务，其价格也不是由卖主或买主单方面"决定"的。没错，总有人先把最终得以成交的价格说了出来，但在"时间上首先"说出价格，并不意味着在"因果上决定"了价格。若没有买卖双方的赞成，任何先提出来的价格都不可能作数。

有朋友会问，垄断产品的价格是由垄断者决定的吗？也不是。垄断者有个更贴切的名字，叫觅价者（price-searcher），意思是他与受价者（price-taker）不同：由于垄断产品别具一格，所以其价格不能随行就市，得由垄断者寻找合适的售价。

那垄断者会随意定价吗？先要解释，"产生垄断"与"坐享垄断"是不同的两个阶段，不可以混淆。"产生垄断"是指如何在市场中制造或占有别人不能替代的产品的过程，而"坐享垄断"则是指如何将垄断地位中隐含的经济利益兑现的过程。

产生垄断的途径有几种：石油输出国组织因造物主而赢得了垄断，微软因在竞争中胜出而赢得了垄断，国营的邮政服务因行政命令赢得了垄断，米奇老鼠则因知识产权获得了垄断。一旦产生了垄断，垄断者就坐享垄断包含的价值，它也称为"租"（rent）。垄断者做买卖，是将他拥有的"租"兑现。不管他是否兑现，不管他如何兑现，垄断地位包含的"租"不变。

石油输出国组织可以贱卖石油，但随之而来的哄抢，会把贱卖的石油价格推回应有的水平。中国铁路是垄断的，可以"决定"把火车票价压到一个不够高的位置。但黄牛党会马上冒出来分占国营铁路的"租"，并使得乘客支付的票价"总值"不变。

经济是一张蔓延到世界每个角落的大网，每个人都只是一个结，无时无刻不接受着其他结点的牵制。单纯的概念，诸如"贪婪""阴谋"和"强权"，不可能解释价格现象。市场上并没有

"为所欲为"这回事。垄断者似乎可以刻意"决定"一个不符合实际的价格并付诸实行,但市场马上会出现纠正的力量把价格调整到应有的水平。

这里的要点是:商品的价格并非由某个买主或卖主,而是由无数买主和卖主"共同决定",并由每个买主或卖主"陆续汇报"出来的。时间上,这样的"汇报"有早有晚;但因果上,这些"汇报"一概是市场力量的结果,而不是市场力量的原因。

那在讨价还价中,究竟什么人的谈判力更强?很简单,出价太低的卖家或出价过高的买家,其谈判力强;出价太高的卖家或还价过低的买家,其谈判力弱。走进香港的金铺,我觉得自己的谈判力很强;工会工人常常抱怨他们缺乏谈判力,那是因为他们的工资已经很高。

从经济学原理看"投机倒把"

1998 年 8 月 31 日

在很多人眼里,"炒家"就是投机倒把分子。他们自己并不从事具体的生产劳动,只是看准不同的时机,靠买入和卖出货物,赚取其中的差价;这些人囤积居奇、不劳而获、操纵价格、扰乱秩序,因而十分可恶。

然而,经济学却所见不同。

过去我们习惯认为,只有生产物质财富,才是对社会的贡献,才是对生产力的促进。千百年来,这个根深蒂固的观念,忽视了"炒家"们对经济发展所作出的贡献,加深了人们对"炒家"的憎恶。每当危机来临,炒家就成了替罪羔羊。

现代经济学指出,我们无法通过观察人们在市场中的行为来正确区分到底谁是投机倒把的"炒家",谁又是诚实忠厚的"投资者"。投资者和炒家的行为并没有本质的区别。同时,"投机倒把"的行为,在经济生活中起着采集、甄别和传递信息的作用,并不是不劳而获、可有可无的环节。

是的，劳动生产很重要，但是由于生产资料非常有限，一吨煤一旦用来炼钢，就无法再用来取暖，所以必须预先知道"生产什么"和"生产多少"。在这个问题上判断错误，就会造成劳动力和生产资料的浪费。因此，关于"生产什么"以及"生产多少"的信息，与劳动力和生产资料同样重要。

我们怎样才能得到正确的信息呢？夸夸其谈、自诩见解独到的人到处都是，到底谁是正确的呢？必须设计一个最省事的机制，以便将判断力较准确的人挑选出来。这个机制就是人类不断发明和完善的各种资产转让市场。这些市场赏罚分明，谁使用了准确的信息就受奖，谁使用了错误的信息就受罚。一夜暴富是有的，但血本无归也屡见不鲜。

"投机者"或者"炒家"的工作是采集、甄别和传递信息，市场对他们的决策作出无情的判决。假如一个炒家在饥荒前囤积了很多粮食，或者在熊市前抛掉了很多股票而大赚其钱，我们完全没理由批评他。那是他应得的报酬。饥荒不是他造成的，他只是预见了饥荒；熊市也不是他造成的，他只是预见了熊市。他只是一个诚实的信使。没错，是他送来了坏消息，但不要枪毙他，枪毙他也并不能够把坏消息变成好消息。

半个世纪以前，国民党政府在中国造成了恶性通货膨胀。金圆券急速贬值，纸币已经不可信赖，货物变成了坚挺的通货，人人都尽量囤积居奇。这其实是正常的市场反应。但国民党政府不仅不能认清真正的症结，从金融体系入手解决问题，反而严厉地责罚和惩处囤积居奇的人，阻止人们对未来作理性的反应。这是一个活生生的"枪毙信使"的例子。半个世纪过去了，我们的经济学知识又有多少提高呢？

今天，还有很多人憎恶炒作，对引发东南亚金融风暴的国际基金深恶痛绝，称之为"国际恐怖分子"，这也是"枪毙信使"的表现。我们必须承认，金融风暴的根源是东南亚经济内在的畸形结构。某些国际基金只是识破了这些弱点，靠正确的信息和判断赚了钱，为他们的股东创造了利润。他们的做法是自然而且合理的。将金融风暴的责任归咎于索罗斯（George Soros），甚至将索罗斯抓起来，并无助于这些国家和地区认清并纠正其经济制度的内在缺陷。

第三节　贸易与互惠

愈让步，愈进步！

1999 年 11 月 16 日

中国正式加入 WTO，是以国际协议的形式，为中国的经济改革设立明确的标准和时间表，这与过去"摸着石头过河"的酌情式、随意式改革，效果迥然不同。

有人说，即使不加入 WTO，中国也照样改革。这是没有认识到"事前规则"与"酌情处理"的差别了。

当我们泛泛地提问"中国搞自由贸易好不好"时，大家都不难正确地回答："好！"——这叫"事前规则"。但是，如果我们就逐个具体问题提问："中国开放农产品好不好？开放电信市场好不好？开放汽车工业好不好？"那样，答案就往往会五花八门，辩论就会无穷无尽、不胜其烦。——这是"酌情处理"了。

用一句话总结世界各国的经济改革的进程，就是"知易而行难"。要知道计划经济的症结所在，容易。除了活生生的现实，还有源自米塞斯（L. von Mises）和哈耶克（F. Hayek）的尖锐批评。要了解市场经济如何运转，也不难。除了活生生的现实，还有从斯密（Adam Smith）到弗里德曼（Milton Friedman）的透彻讲解。

知道此岸，也了解彼岸，改革的困难，都是过渡的困难。过渡期内，各种既得利益团体，会用冠冕堂皇、似是而非的理由，阻碍产权的分配，阻碍现代企业制度的建立。经济改革如果不定下"事前规则"，而靠"酌情处理"来推进，就必然阻力重重，越改越难，越改越慢。

因此，中国加入WTO，一大好处就是避免了大量无休止的酌情争论。这在对自由贸易认识尚浅的中国，意义非同寻常。

其实，成功的经济制度，并不在于改造人们的思想，而在于激励人们的行动。你跑到自由经济的典范之地香港，问贩夫走卒"自由经济"的含义，他们是不知道的；但是，"看不见的手"自然会引导他们的行动，在不知不觉之中推动公益。

一旦"开放"成为中国对国际社会的法律承诺，小团体利益、政治变动、经济学谬误、义和团式的民族激情，就会大失它们往日干扰改革开放的影响力。中国的改革，将会更加有章可循、有法可依，中国人的生活将彻底改变。

有人支持中国加入WTO，理由是WTO可以刺激出口。这种人不是自由贸易的可靠支持者——因出口而支持WTO的人，同样会因进口而反对WTO。很多人以为出口总比进口好，赚美元总比花掉外汇好。其实，出口我们的廉价商品，与进口国外的廉价商品，对于改善中国人的生活，同样重要，缺一不可。

也有人说,中国为了加入 WTO,作出了很多让步。但这是无法自圆其说的谬论!我没有见过谁可以解释:既然由于开放对中国有利,中国才试图加入 WTO,那为什么中国加速开放,就反而是一种让步?

不知道需要多少岁月,才能通过传媒让大众明白:"贸易对等"原则完全错误。如果别人对我们施加贸易制裁,那么改善我们生活的最佳途径只能是:口头上扬言报复,行动上则进一步开放,绝不报复!

不知道需要多少岁月,才能通过传媒让大众明白:中国加入 WTO,的确会对落后产业造成冲击,产生失业,而失业人员需要救济;但是,仅仅为了补贴一群人,为什么非要撑起一间厂、撑起一个行业呢?让亏损的企业及时关停并转,国家的负担就肯定会减轻,而工人可能拿到的生活费就只会更多,不会更少。

不知道需要多少岁月,才能通过传媒让大众明白:尽快改造我们受保护的落后产业,是我们自己的最大改善!让老百姓享受几毛钱的国际长途、让老百姓乘坐 5 万公里行程后才出毛病的轿车、让中国农民放下锄头走进城市、让戏迷多看几部美国电影,这难道是让步?

在双边贸易争执中,政治家口头上的"让步",就是老百姓切身的"实惠",就是中国的进步。愈让步,就愈进步!

你毁你的独木桥，我修我的阳关道

1998年8月2日

假如附近的村子为了妨碍我们去做买卖，故意捣毁了他们自己村口的道路，那么作为报复，我们是否应该毁坏自己村口的道路呢？很多人会说"不"。这是对的。然而，到了另外某些非常类似的场合，仍然坚持说"不"的人就大大减少了。

最近美国国会又决定延续对中国的"最惠国待遇"。其实"最惠"是夸大其辞的，因为美国并没有在贸易方面给予中国什么额外的"优惠"，中国所受到的待遇和世界上几乎所有其他国家所受到的并无二致。所谓"最惠待遇"，充其量只不过是"不刁难待遇"而已。目前只有古巴、伊朗、伊拉克、利比亚、朝鲜、叙利亚和苏丹等7个国家得不到这个待遇。即使这样，美国对这些少数国家实施经济制裁，对中国年复一年地议决"刁难"或"不刁难"，仍然是损人害己的做法。

在经济学理论的研究中，有一个课题已经不再盛行，那就是自由贸易理论。但是，这个课题被冷落的原因并非因为它荒谬，而是因为经过几代经济学大师的雕琢，它已经变得足够稳固和清晰了。自由贸易理论是说，由于生产资料在不同国家的分布不同，而每一种产品都需要消耗不同比例的生产资料，所以同样的产品，在不同的国家相对生产成本就不一样。如果每个国家都集中精力生产其相对成本比较低的产品，然后与别国进行贸易，那么所有这些国家的生活就都会比各自自力更生时好得多。一个更容易理解的例子是，比尔·盖茨（Bill Gates）即使在编写程序和烧饭洗碗两方面都干得比他的保姆出色，他也还是应该集中精力写程序，而把烧饭洗碗的工作让给比他逊色的保姆完成。这样，两人的处境都会得到改善。

完全不同意自由贸易理论的人是罕见的，但持种种特殊理由推断自由贸易应该缓行的却大有人在。"报复论"是其中一个颇得人心的理由，它声称："自由贸易虽好，但不切实际。你想公平交易，可人家不干。我们只好如法炮制，以便自卫。"

实际上，以为制裁可以给对方造成伤害的想法是不够全面的。制裁确实造成了伤害，但所造成的伤害不是单方面的，而是双方面的。制裁在伤害了别人的同时，也伤害了自己。永远不要忘记，交易能够使双方、而不是单方受益；同样，禁止交易也必定使双方、而不是单方受损。例如，那些歧视黑人的白人雇主，无疑剥夺了黑人工作的机会，但他们自己也必须为此付出代价——他们的选择范围窄了，劳动力成本高了，本企业的竞争力弱了。美国禁止本国的企业跟别国做贸易，同样是既损人又害己的。

问题是那些受到美国刁难的国家应该采取什么对策。禁止贸易好像捣毁道路。别人既然愚蠢地捣毁了贸易道路，对双方都已经造成了损害，那么我们就不应该靠进一步捣毁贸易道路来报复对方，因为这样只会加重双方所遭受的损害，而且往往还会诱使对方变本加厉。我们可以在某些特定的场合扬言报复，那是希望靠虚张声势来逼迫对方改弦更张。但是，我们假如没能把对方吓住，就不应该真的实施任何损人害己的报复行动。明智的对策是：你毁你的独木桥，我修我的阳关道。

为什么有贸易争端

2006 年 3 月 19 日

人民币汇率之争的一个重要根源是贸易争端。

普遍认为,调整人民币汇率,对减少所谓的"贸易赤字"和"贸易摩擦"有立竿见影的功效。这实际上是一个貌似理所当然的问题。那究竟为什么会有贸易争端?调整汇率真有助于消除贸易争端吗?要对问题建立一个清晰的观念,必须从最基本的例子入手。

首先,世界上没有不公平的买卖。任何买卖,都是自愿的,否则就不是买卖,而是掠夺或者偷窃了。我们考察任何一宗买卖,不能主观地说是哪一方赚了还是亏了,而是应该一般化地认为他们取得了双赢。买卖双方发生交易,是因为他们对用来交易的物品的"估价"不同,从而取长补短、各得所需。

中国人之所以用八亿件衬衫跟欧洲人换一架大型客机,根本原因是中国人认为合算,欧洲人也同样认为合算。让中国那些制造八亿件衬衫的工人改行造飞机,他们造不出这么好的飞机;而让欧洲那些造飞机的工人改行制造衬衫，他们也造不出那么多的衬衫。

接着我们问：既然每一宗贸易都是自愿的，也就是平等交换的，那么为什么出现所谓的"贸易赤字"问题呢？这是因为虽然每宗交易的"货币价值"是相等的，但"物品数量"并不相等。这跟乘客与出租车司机，以及出租车司机与加油站的关系是一样的。

我们每个乘客和出租车司机的关系，都存在所谓的"贸易逆差"的问题，即我们总是购买出租车的服务，他们总是赚我们的钱，而我们从来不赚出租车司机的钱；出租车司机也从来不向乘客购买任何服务或商品。所以，交易虽然是"等值"的，但并不"等质"。

可这要紧吗？不要紧。从乘客的角度讲，乘客不可能只消费不生产。乘客都有自己的工作和收入来源，向社会提供各种各样的服务；而司机也不可能只赚钱不消费，他至少总是不断地到加油站加油，才能维持他对乘客提供的服务。

这是说，整个经济体中，虽然任何两个人或两个国家之间往往会出现"贸易逆差"，但从全局而言，每个人或每个国家的贸易往来都是平衡的。没有只赚不花的，也没有只花不赚的，问题只是跟谁发生交易，以及发生交易的迟早而已。

这几年，美国人的确买了很多中国货。这值得大惊小怪吗？完全不必。美国不可能只消费不生产。美国必定向其他国家出口了货物和服务，才得以支撑对中国货物的消费；同样，中国也向其他国家购买了物品和服务，而且将来也会向美国索取物品或服务。退一万步讲，要是美国人确实可以做到只消费、不生产，那美国人何必恐慌？

要知道，经济学家常说交易双方是自愿的，是双赢的。这没错，但他们还说了第三句话，即交易往往会使得第三方受损。经济学上所说的"帕雷托最优"状态——交易后双方得益，且没有任何第三方受损的状态——是几乎不会出现的。也就是说，任何自愿的交易背后，几乎总是能够找到一些不同程度受损害的人。

以中美贸易为例，当中国向美国出口价廉物美的货物时，在中国的劳动者和美国消费者都得益的同时，原来向美国消费者提供商品的生产者受损了。关于"贸易赤字"的抱怨正是来自这些受损的第三方，而不断制造"贸易不公"借口的人也是他们，逼迫其政府来跟中国政府谈判的还是他们。

任何国际贸易，都不仅使得交易双方双赢，还导致生产效率较低的第三方受损。这是理解国际贸易争端的基础。不管经济学的术语多么复杂，这个基本关系不变。受损的第三方，会使用什么借口来阻止国际贸易呢？通常采用"国际贸易收支"失衡、"血汗工厂"泛滥，以及"市场竞争秩序"受到破坏三个理由。

谁是贸易争端的主角

2003年12月1日

中美因为配额问题发生贸易摩擦，原因是美方要重新启动某些已经取消的纺织品配额，以限制来自中国的进口。找出贸易协议的具体条款来看，中文版本与英文版本的含义明显不同，得靠法律专家才能解决。

这里能谈的，是对贸易争端的理解。任何限制贸易的规定，都会造成净经济损失。那为什么到处都能见到限制贸易的规定？因为受损的人分散，而受益的人集中，所以受益人往往可以成功怂恿政府，实施限制贸易的规定。有见及此，推动自由贸易的国际协议，总是要囊括性地签，囊括性地签才能减少阻力。若是逐个行业签，阻力会大得不得了。

有经济学者指出，美国对外国入口的纺织品实施配额，间接提高了这些国家纺织品的生产质量。有道理。这是因为：质优和质劣的两件商品，同时加上一个固定成本后，质优商品的价格就相对下降，质优商品于是变得相对合算了。

例如：既然反正都要付一笔固定的运费，那么寄好苹果比寄劣苹果合算；既然反正都要付一笔固定的旅费，那么派专业队到外国比赛比派业余队合算；如果横竖要交纳高额的营业税，那么把办公室装修得豪华一点更合算。

同样，若出口到美国的纺织品数量受到配额的限制，这配额就有价。这价是因为限制而来的，挥之不去。就算禁止明码实价地买卖配额，这价还是存在，只不过没有通过明码实价，而是通过走后门、拉关系、私相授受等其他形式反映出来而已。这"配额价"越高，就像运费越高一样，出口商品的质量要越高才合算。

要说清楚的是，配额制度并非只是笼统的限制，而是有品种繁多的细分。从地毯、套装，到袍服、童装，再到手套、毛巾、内衣裤，都各有各的配额。所以，并不是说有了配额，厂商就只会生产价格昂贵的纺织品；而是说，即使是价格低廉的品种，如抹布，厂商都会因为配额有价的缘故，把那抹布织得好一点。

然而，这并不是说配额政策是可取的。虽然美国对进口纺织品实施配额，确实迫使出口商提高了产品质量，但配额制度仍然是一种坏的经济政策。提高质量还不好？为什么？

答案简单：因为人们本来不需要那么高的质量。要是没有配额，劣质的进口商品会多很多，价格也会便宜很多，而人们乐于购买质劣而便宜的商品，为的是降低生活成本。省下来的钱，自然会用在别处。但实施了配额，这笔钱就省不下来了。

设想某国政府对美国小说实施配额，规定每个人一辈子只能看一本美国小说。结果会怎样？是的，结果是大多数人都会选读一本质量最高的美国小说。但这好吗？不好！要是没有限制，大多数人宁愿多看一些不那么好的小说。

消费者的选择行为，是与贸易保护主义者的口号背道而驰的。贸易保护主义者总是声称，消费者需要质量更高的产品，而进口的大米有虫、进口的西红柿太小、进口的香蕉改了基因、进口的面条缺乏韧性。问题不在于他们说的是不是事实，而是他们假借消费者的名义，限制了消费者选择劣质产品的自由。

这几个星期，有不少关于"反自由贸易大示威"的新闻。这些示威者来自发达国家，情绪激昂，成群结队，坐着飞机，到举行国际贸易会议的城市示威，呼吁提高发展中国家工人（不是他们自己）的工作条件和福利。这是为什么？因为他们要提高雇主雇佣廉价劳动力的成本，削弱发展中国家工人的竞争力。

20 世纪 20 年代，汽车运输在美国刚开始普及。生意受到威胁的美国铁路运输联合会，就跑到美国国会，游说他们通过了法案，要那些营运卡车安装一种特别的刹车闸，说是要保障卡车司机的安全。后来，美国公路运输联合会也不示弱，也去游说国会通过法案，要营运火车一概安装灭火器，说是要保障火车司机的安全。无他，要提高对方的成本而已。

不论是国内的还是国际的贸易争端,背后的主角都是那些在竞争中失利的商人。只要他们利用政府的力量,平添了竞争对手的生产和贸易成本,那么不论他们宣称的目的如何高尚,付出代价的总是他们的对手和广大消费者。

谴责西雅图暴乱

1999 年 12 月 3 日

西雅图的世界贸易组织部长会议，因为数万名示威者的扰乱，不得不实施了宵禁。人权分子、环保主义者、贸易保护主义者以及狭隘民族主义者，爬上屋顶、阻断交通，对以"自由贸易"为宗旨的世界贸易组织发起了攻击。

类似的示威不一而足。一个名为"转折点计划"的环保组织，在《纽约时报》刊登整整两版以"全球单调文化"为题的广告，指责世界贸易组织所倡导的自由贸易，破坏了世界各地原有的风土，令开罗变成了洛杉矶，新德里变成了伦敦。

上星期，激进青年学生占据了位于日内瓦的世界贸易组织总部，摇旗呐喊："WTO 杀人：摧毁 WTO！"他们声称，实施贸易自由化，会迫使第三世界国家的贫苦人民成为发达国家的廉价劳工，使他们过着辛劳而卑微的生活。他们主张关闭发展中国家的"血汗工厂"。

然而，正当记者的镜头瞄准煽情的场面的时候，美国传统基金与《华尔街日报》联合评选的"2000年全球经济自由指数"(www.heritage.org/index/)公布了:中国香港、新加坡、美国、澳大利亚、英国名列前茅,而海地、缅甸、越南、古巴、利比亚、朝鲜则照例在结尾处聚首。

这是一份无声的反驳。试问,当朝鲜的树皮都被吃光,电台教人选择无毒的野草进食的时候,谁还能奢谈什么环保?试问,当看到一名企图偷渡的海地男孩在怒海中沉浮的新闻片段时,人权分子难道还会认为"血汗工厂"是不能容忍的选择吗?是的,第三世界的加工厂里,工人们工作辛劳,生活环境恶劣,出现童工,工业安全没有保障。然而,这是他们目前最好的选择。如果他们不选择在那里工作,他们面对的,就很可能是饥饿和死亡。

有人争辩说,发达国家的人民在享受来自发展中国家的廉价加工品的时候,应该于心有愧,应该给这些工人提供更为优厚的待遇。但是,资本家到这些地区开设工厂,就是看中了那里的廉价劳动力,如果以行政手段提高他们的待遇,就只会出现两个结局,一是造就一个生活格外优异的小圈子,而其他大多数人则得不到雇佣;二是根本上赶走了资本家。理论上的高工资,实际上的零工资,难道是示威者愿意看到的结局吗?

再谈环境污染和环境破坏。是的,这是经济发展不可避免的副作用。但我们不能忘记,这首先跟发展中国家资源的产权界定不够严格有关。森林、河流往往都是公共财产,如果代理这些公共财产的当地政府缺乏明确的责任,他们就会对环境污染听之任之,无心采取适当的补救措施。

同时,我们也要看到,经济发展的好处往往大于环境污染带来的坏处,两害相权取其轻,是社会发展的必然选择。没有人否认,在公路上塞车等待是很讨厌的事情,但绝大多数人还是渴望拥有自己的小车。毕竟,没有人强迫你要买小车,也没有人强迫你吃麦当劳。的确,新德里变得像伦敦了,开罗变得像洛杉矶了,这会令游客大失所望。游客当然希望别人保持文明前的特色,但是,难道游客的满足比当地居民脱贫更重要吗?

西雅图示威者是各式各样的,但无论是人权分子、还是环保分子,都有其共同之处,那就是:他们自己享受现代化成果的同时,呼吁别人选择落后。

反倾销是怎么一回事

2004 年 3 月 22 日

最近有报道称,中国已成为国际反倾销的最大受害国,远远超过第二位的韩国,更超过了在 20 世纪 80 年代遭到反倾销最多的日本。我国横跨五矿、化工、轻工、纺织、土畜、机械电子等行业的四千多种商品,在三十多个国家遇到"反倾销"的麻烦。

欧美许多国家,也就是那些工会和行会林立的国家,声称"为了抵制国际贸易中的不公平价格歧视,以推进国际贸易的健康发展",订立了密密麻麻的"反倾销"法。现在他们用这些法律来对付中国企业,言下之意是中国企业破坏了公平竞争。

国内一些财经记者,在报道这些新闻时,有意无意地受到这些法律条文影响,听信了那些"反倾销"法的高调,觉得中国企业做错了,在行文中对中国企业颇多责备。这是我不同意的。

干女儿今年六岁,懂事了,两个月前特意跑来问我这个"契爷"。她说:"契契,有什么事情,是既违法,但又做得对的?"

我听了大笑,知道这是她爸爸怂恿来问的。是的,我便用六岁小孩能听懂的语言,举了自由贸易和关税作例子。

看来现在还可以再加一个例子:中国企业在欧美国家的销售行为,就是既做得对,但又可能触犯了法律的。随着出口数量的激增,中国企业遭遇"反倾销"法的案例越来越多,这恐怕是不可避免的。但好像成功人士很难避免别人妒忌一样,错绝不在中国。

让我先反问:谁知道什么叫倾销吗?真有倾销这回事吗?要是真的有,它为什么不是好事而是坏事?如果它是坏事,它坏在哪里?如果它是好事,为什么有人要那么激烈地反对?

毫无疑问,"倾销"字面上意思是低于成本价的销售。姑且假定有这么一回事,姑且不去辩论什么才是成本价,如果市场上确实有商人在倾销,那么损失的是商人自己,得益的是广大顾客。这跟慈善家行善一样。有何不妥?如果连商人自己都不在乎损失,外人为什么要千方百计阻止他?我们看到慈善家行善,难道也会极力阻止他,说他扰乱了市场价格吗?

其实没那回事。经商不是行善,更不是出血。商人以较低的价格在海外市场出售商品,第一个合理的原因是价格歧视。是因为两地市场对产品价格的敏感程度不同,商人便在两地拟订不同的价格,以争取较大的利润。

这没有什么不对的。机票价格在周末较高,平时较低,就是同样的道理。周末旅行的商人和平时旅行的游人,对票价的敏感程度不同。如果强迫航空公司在周末和平时收取划一价，那么对游人来说可能太贵，而对商人来说可能太拥挤，结果不是双赢而是双输。国际贸易也一样，可能欧美的顾客选择多，弹性大，所以中国商人必须进一步降价才能多赚，如此而已。

中国商人低价销售商品，另一个可能的原因，是为了减少损失。的确，中国各地政府引入的电视机流水线可能太多了，导致了国内电视机市场的价格战。之所以要展开价格战，而不索性停产，就是因为停产的代价更高，而价格战却可以减少当初错误决策造成的损失。

流水线是固定成本，引入流水线已是既成事实。假如这是个错误的决定，那么一切损失，都是早在决定引入流水线的那一刻就已经造成了的。在一定的范围内，继续生产并廉价卖出，不仅不会进一步加重当初错误决定所造成的亏损，而且还很有可能挽回部分损失。这就是国内搞价格战，甚至把价格战扩张到国外市场的原因。那是在挽回损失，而不是在扩大损失。

如果是这样，那么欧美的顾客就无异于发了一笔横财。亏损的是中国商人，因为他们引入了太多生产线；得益的是欧美顾客，因为他们以低于市价买到了商品。有什么可抱怨的呢？抱怨的永远不是欧美的顾客，而是欧美的厂商和工会，因为他们被击垮了。被击垮了就说游戏不公平，如此而已。

倾销最常见的原因，就是低成本、大规模和高效率，也就是竞争力的提高。当年福特汽车的经典 T 型轿车，价格从 1911 年的

850美元,在短短15年间下降到260美元,而销量则从7万台增长到200万台,靠的就是规模经济和生产力提高,而不是什么反竞争的倾销伎俩。今天中国制造业雄踞全球,根本原因也是这个。

这样的分析,并不是说中国企业无需认真对待欧美的"反倾销"调查。商场如战场,就算人家是"欲加之罪",我们也不能掉以轻心。中国商人必须认真和他们较量,必须奉陪到底,这是中华崛起所伴随的问题。当年日本如此,后来韩国也如此。我要说的只是,中国商人在跟他们周旋的时候,不必有任何内疚。

美国积木式创新与中国机会

2015年6月8日

我们印象中的发明家,就是爱迪生那样的,不仅想象力丰富,动手能力还挺强,为了制造亮度适中的灯泡,他一种一种材料去尝试,试验成功以后,就自己找合作伙伴,自己办发电厂,还花了大半辈子,跟那些抄袭自己发明创造的人打官司。

但今天可不是这样了。我们知道最具有戏剧性的例子,就是奥地利美女 Hedy Lamarr。她先是世界上第一个全裸出镜的艳星,随后她又与作曲家 George Antheil 共同发明了今天普遍运用在移动设备上的 CDMA、WIFI 和蓝牙的核心技术。遗憾的是,由于没有办法把技术转化为实用,她就只能选择继续做艳星。美丽的女人都是一样的,有智慧的女人却各不相同。世界上少了一位居里夫人,多了一位玛丽莲·梦露。

事实上,躺在美国专利局里的专利,数以百万计,而真正能转化为实用的,不到几个百分点。这说明商业转化才是困难中的大头。而现实中的分成比例,也恰恰印证了商业转化的重要性。

在用专利制成的产品中,专利发明人的分成占比,一般也只是几个百分点,剩下的贡献都归下游。在整个科技创新的领域,发明家包办的时代已经过去,企业家必须发挥极大的转化作用。

对创新的另外一种误解,是认为发明创造都是随机出现的,事前不可预测,全凭科学家和发明家的兴趣。创见和发明,顾名思义,就是不可预测的。每当科学家被问到为什么要从事科学研究时,他们都说是因为好奇和兴趣。科学家的好奇和兴趣,就应该是自发的、不可预测的、在任何领域都以同样的机会出现的,以及不可操控的,而科学家不该为五斗米折腰。

现实也不是这样。一只经过特殊处理的供实验室专用的白鼠价格约为3500美元。有些实验室一年养老鼠的成本就可以高达几十万美元,而一所由一名教授和6—7名学生组成的普通实验室,没有60—70万美元是撑不了一年的。科学家当然是出于好奇和兴趣才从事科研活动,但这并不意味着他们的选择不受成本的约束和金钱的牵引。恰恰相反,今天任何像样的科研活动,都好像好莱坞大片一样,是经过精心筛选和受到严格监控的过程。兴趣主导的时代也已经过去,现在是市场和资本主导的时代。

美国今天的创新产业,是由两个互动环节构成的。一方面,是科研机构的研究者具备了自发的强烈动力,把发明创造推向商业应用,而不是让它沉睡在专利局里。这种内在动力的主因之一,是在1980年通过的拜杜法案(*Bayh-Dole Act*)。在此以前,在联邦政府资助下产生专利,都是归联邦政府所有的。只有大企业，看准了目标以后，才能花大价钱购买和转化这些专利。在拜杜法案之后，科研机构可以拥有这些专利的商业开发权，即商业使用权，而购买这些专利的企业，可以按实现的收益分期付款。

这样，转化专利的财务门槛和信息门槛一下子降低了，许多比较小的企业，也具备了参与商业转化的资格，科研和商业的接触面一下子就以倍数扩大了。在一些为人津津乐道的例子中，有些大学的教授能从科研项目中拿到上亿美元的分红。科研机构已经成了美国经济的强大的引擎。

另外一方面，资本家和企业家主导了技术转化活动，完成了识别、融资、制造和销售等重要的转化环节。很多科研人员到企业里兼职，既替企业解决问题，又把问题带回到科研机构，变成了研究的主题，结果是资本反过来也重新塑造了大学和研究机构。

今天，在美国出现了井喷式的创新活动，全面覆盖了能源、航天、机器人、电子、医疗和教育等领域。我们用"积木式创新"来形容这些创新过程，包含了两层含义。

一是横向的，是按创新活动所需要素的组合。一项创新产品，比如航天飞机，需要动力设计、外形设计、仪表盘设计、材质设计、融资模式设计等等。这些元素构成的甚至不是一件产品，而是一个生态，其中每一项都是最好的，但又是非常窄的，把它们结合起来，成为一个世界顶尖的产品，这是"积木式创新"的横向层面。

二是纵向的，是创新活动中各个发展阶段的决策权的组合。从概念、到技术、融资、制造和销售等一系列环节中，不同的角色，提供不同的专业知识，并拥有不同分量的裁量权。最早是科学家有较大裁量权，接着是风险投资家有较大的裁量权，再接下来是制造商和销售商。在这个层层递进的过程中，利润规模逐渐变得明朗，不同角色的分配比例也逐渐确定。不是风险投资家老占着位置不走，也不是发明家辞职去当企业家，而是各司其职、和谐交替。这种"积木式创新"的纵向层面，即企业控制权的有效而有序的组合，尤其是它们背后的公司治理模式和法律规制，非常值得我们学习。

今天"发明创造→专利确权→资本筛选→生产制造→全球营销"的完整链条已经打通，这一链条上的立体的精细分工和无缝对接，形成了"积木式创新"的新型格局。在这条链条上，中国人站在哪里，应该从哪里突破，本来就是个战略问题，而在当前一窝蜂搞创新创业的时刻，就更值得我们冷静地思考。

依次看来，引入人才未必等于引入技术，因为他们的发明很可能由其原所在机构持有。我国科研的投入与美国相比也只能用杯水车薪来形容，而发明创造出来后的法律保障和资本识别能力，也仍然处于初级的阶段。美国人怎么干，我们就怎么干，想迎头赶上硬碰硬，是有困难的。但另一方面，中国制造业——尤其是开放的 OEM（Original Equipment Manufacturer）制造业业态和经验——已经独步天下，其纵向的品种覆盖面广，深度的垂直整合度高，产业链的完备、集中和灵活，还有劳动力价格的比较优势，都为中国在积木式创新中以制造业称王提供了坚实的基础。

显然，优势互补才是正道。"美国发明 + 中国制造 + 全球市场"，是否能成为未来全球积木式创新的基本趋势，而我们应该做些什么才能来顺应和促成这种趋势，才能增加美国发明家和中国制造商的接触面，减少合作过程中信息不对称和合作不信任，是目前亟待企业家、专家学者和政府官员共同探讨的命题。

第四节　反垄断的罪与罚

谁在危及自由竞争
1998 年 5 月 20 日

1991 年,美国联邦贸易委员会开始着手调查微软公司对"操作系统"市场的垄断,从此,美国政府与微软间的司法冲突就此起彼伏。7 年后的今天,司法部、20 个州和哥伦比亚特区的检察官,联合向微软提出近百年来最大宗的反垄断诉讼,而微软则理直气壮,要为企业自主权抗争到底。

诉讼的焦点,集中在微软的新产品 Windows98 上。它包含了一个原先独立包装销售的互联网浏览器 IE。普遍预计,这个 IE 势必乘借 Windows 系列产品在市场上的压倒优势,成为计算机用户浏览互联网的首选,从此用户不必再安装其他浏览器。这样的话,微软竞争对手网景公司的浏览器 Navigator,销量就难免江河日下。

在法庭上,司法部指责微软"捆绑"产品。司法部声言这既剥夺了消费者选择的权利,又排挤了竞争对手;而微软则辩解说那不是简单的"捆绑",而是有机的"整合"。整合后的产品提供了原先两个产品加起来也提供不了的新功能,因此用户增加了而不是减少了选择机会。

值得注意的是,无论法庭最后如何判决,另外一场更大规模的争论——政府干预主义者和经济自由主义者间围绕反垄断法合理性而展开的争论——早已在法庭外激烈地展开了。

1890年的《谢尔曼反垄断法》(*Sherman Act*)、1914年的《克莱顿反垄断法》(*Clayton Antitrust Act*)以及其他相关法规,自始至终都受到经济学家的猛烈抨击。20世纪70年代以芝加哥大学为中心掀起了一场声势浩大的"法和经济学"思想运动。这场运动不仅认为政府应该对优胜劣汰听之任之,应该对自然垄断袖手旁观,更证明真正的垄断恰恰来自政府。历史表明,自然垄断总是很快被新形势摧毁,但由政府造成的垄断,则总是根深蒂固,积重难返。

他们重申,政府无权指导厂商如何设计产品,至少因为政府肯定缺乏必要的知识;政府应该放手让厂商和顾客缔结自愿的、互利的契约,因为即使顾客经常犯错误,但只有顾客才会真正关心自己。让政府替顾客作主,即使出于好意,效果也往往适得其反。还有,"不正当竞争"的概念从来都是难以捕捉的:厂商如果涨价,就涉嫌"抢掠";如果降价,就涉嫌"倾销";如果稳住价格,就涉嫌"勾结"。企业面临的法律困惑危害了自由竞争的根基。

是的,既缺乏经济科学支持,又含混不清的反垄断法条文应该废除。面对蓬勃发展、日新月异的信息产业,政府应该克制地充当守夜人的角色,努力拆除政府自己在行业入口设置的种种障碍。不仅减少对信息行业内部事务的管制,还要减少对某些企业的扶持和偏袒,给企业和顾客更大的自由空间,让企业在市场上而不是在政府部门里拼个胜负。只有这样,才能保持信息产业的活力和长久的发展。

谁创造了暴利

2002 年 1 月 14 日

微软公司在美国是公认的英雄,历年都被权威媒体评为"最受尊重的企业",因为股民拿到丰厚回报,员工找到用武之地,用户享受价廉物美服务(使用 Windows,每天成本约一口"星巴克"咖啡)。尤其令人佩服的是,微软公司从来没有占用矿山、森林、牧场或油田,一切价值都是由"无中生有"的智慧创造的。

但在中国,人们对待微软的态度很复杂。从行为的层面看,没有人不在使用微软的产品,不论正版还是盗版;但从舆论的层面看,倒是大喊"反微软霸权""盗版有理"和"反微软暴利"的人占了上风。这些人甚至被视作"民族英雄",招摇过市。

这个现象,原因有三:一是微软的竞争对手,在自由市场上斗不过微软,于是另辟战场,想通过舆论造势,争取行政和法律支持,在自由市场以外战胜微软;二是盗版用户数量庞大,大家本来于心有愧,一听到有人把微软说成恶魔,就正中下怀;三是经济知识缺乏,绝大多数人对"垄断"和"暴利"抱有严重的误解,在这些误解的支配下,微软就成了首当其冲的靶子。

关于微软产品的定价和它赚取的利润,这里解释两个观点:一,暴利是由微软公司创造,并由软件用户、微软的股东和员工三方共同瓜分的;二,微软即使出于自私自利的目的,也应该实行价格歧视策略,对部分用户大幅降价,从而达到软件厂商和用户的双赢。

世界上本来没有"Windows"这种软件,它首先是微软公司编制出来的,接着用户才对它产生了"个人估值",也就是说,用户愿意付钱购买 Windows。微软当然也愿意卖。在软件不可能盗版的情况下(如把软件做成硬卡),微软本来愿意以"很低"的价格卖出,而用户本来愿意以"很高"的价格买入,而"最低价"与"最高价"的差距,就是微软创造的"全部利益"。

这一"全部利益",经济学上叫"消费者剩余"。这个名字起得不好,因为它让人以为这部分利益应该归消费者所有。其实经济学上并没有什么原理,指出它"应该"归谁所有。实际上,"消费者剩余"首先由厂商创造,然后往往由生产者、经销者和消费者共同瓜分。

认清这一点,我们就再不要说"微软从用户身上攫取了暴利"了。不符合事实。应该坚持说:微软赚取的"暴利"是它自己创造的,而且那只是它创造的"全部利益"的一部分,其他部分则被用户分占了。整块大饼都是微软自己造的,它不仅养肥了微软,还养肥了用户。最妙不过的是,认为微软赚了暴利的人,在中国解除外汇管制后,大可以多买一点微软公司的股票。

从经济分析的角度看,微软是一个面对众多用户的觅价者(price-searcher)。不同的用户,对同一套 Windows 的"个人估值"不一样:富翁可能最高愿意付 1000 美元,部门经理最高愿意付 500 美元,穷学生最高愿意付 20 美元。不同的需求者愿意付出的最高价不一样,这是觅价者的普遍处境。

觅价者如何定价?应该设法实行"价格歧视",对不同的用户收取不同的费用:对穷学生的定价不超过 20 美元,对部门经理不超过 500 美元,对富翁不超过 1000 美元。只有实行"价格歧视",才能把潜在的交易进行到底,不仅让三种人都用上软件,而且让销售收入达到最大。

要实行"价格歧视",其困难在于不容易区分用户。必须做得巧妙,做得不动声色,否则个个用户都会佯装自己属于最穷阶层,从而破坏"价格歧视"的预谋。市场上很多营销策略,看上去稀奇古怪,实际上都是为了暗中区分用户而设计的。

对软件用户实行"价格歧视",第一种办法是"对不同版本暗中打折"。软件商可以发行多种版本,包括企业版、家庭版、专业版、豪华版、经济版和升级版等等。这些版本的功能差异比较小,而价格的差异比较大。不是那些附加功能特别值钱,而是要利用这些附加功能,把顾客的"支付底线"暴露出来,然后对实在不愿意出高价的用户让利。

第二种是"对批发打折"。政府部门、企业、学校或银行，如果大批量购买软件，就可以得到优惠。如果没有优惠，它们本来不会购买那么多。那些在优惠下多买的软件，就是"价格歧视"所促进的交易。实际上，微软也通过发放"许可证"的形式，作"多买多送"的营销。

第三种是"对硬件捆绑打折"。用户如果购买"品牌电脑"，就会一同购买了正版软件。这样购买的正版软件是便宜很多的。微软和其他软件厂商一样，都鼓励这种"软硬捆绑"的销售策略，因为这种做法有效降低了监督盗版的成本。

认清这一点，我们就再不要说"微软产品的高价损害了用户"了。应该说：厂商不会漫天要价，不是因为它们仁慈，而是因为它们自己会遭殃。包括微软在内的软件厂商，应该逐步摸索出巧妙的价格歧视策略，尽量让有钱人和穷人都能用上软件——不是为了尽量仁慈，而是为了尽量多赚。

荒谬的制裁

2006年3月6日

欧盟以高姿态对付微软，以微软违反"反垄断法"为名，将对微软课以重罚，罚金约每天200万欧元，而罚款开始日期将追溯至2005年12月15日。裁决一旦下来，微软可能不仅要付出几亿美元的钞票，还要被迫按欧盟的要求，在欧洲地区推出功能较弱的操作系统。

说来可笑，欧盟仗着反垄断法，扛着"保护消费者利益"的大旗，花着纳税人数以万计的银两，几经调查、听证、磋商、研究，最后得出的反垄断措施，竟然是让所谓的"垄断者"微软提供功能较差而价格不变的软件。

几年前，美国也对微软进行过以"反垄断"为名的控告。该案的论据，是微软在新版的操作系统中，整合了文件浏览器和互联网浏览器两者的功能。那怎么惩罚呢？大致是三点：微软不仅不能再开放整合了两种浏览器的操作系统，还要在新的操作系统中加入其他公司的相同产品以供用户选择；再有，微软公司要一分为二,变成专门开放操作系统的公司,以及专门开发其他应用系统的公司。

那场糊涂的官司,最后因两个因素了结。一是小布什上台,意识形态上对自由市场竞争的态度更亲和,明白针对微软的官司是其竞争对手搞的小动作,与什么破坏自由竞争环境根本搭不上边,司法部于是低调处理;二是上诉法院的法官也更同情微软的做法,所以推翻了地区法院的判决,把案子发还给地区法院,让另外一位法官审理。

以现在计算机用户的标准看,缺乏互联网浏览功能的文件管理器,是无法满足需求的。用户要在一个界面下,同时看到自己的硬盘有什么、局域网上的打印机是否空闲,以及远在异国的文件服务器上的网页是否已经更新。如果当年惩罚微软的措施落实,受损的正是今天的消费者。

今天欧盟步当年美国司法部后尘,要微软拆除操作系统中预装的媒体播放器。结果如何?据报道,这种功能较差的版本无人问津。毕竟,顾客为什么要以同样的价钱,购买功能较差的产品呢?无用的功能,用户大可以不运行;别的产品更好,用户大可以买来安装。可硬要微软提供功能较差的软件,不是为了偏袒其竞争对手,难道是为了保护顾客利益吗?

经济学家艾辛格(K. G. Elzinga)和布莱特(W. Breit)在1976年出版了一本小书《反垄断的惩罚》(*The Antitrust Penalties*),里面记载了自从1890年美国实施反垄断法以来,美国的立法者和法庭上曾经出现过的针对垄断者的各种稀奇古怪的惩罚措施，读来令人捧腹。

最早的惩罚措施，是禁止被定罪的垄断者使用公共设施，包括邮政服务和铁路运输服务。后来又有人提出禁止垄断者使用联邦法庭，结果这些做法被发现行不通，便开始要垄断者发配充军，参与在欧洲爆发的战事。实施一段时间后，有议员又建议让涉嫌垄断者多交税，但这无异于认同了垄断行为，还是行不通；后来才逐渐出现强行分拆公司和干预产品内部设计等措施。

荒谬的惩罚措施层出不穷、至今不止，令人不禁要问：惩罚垄断者究竟为什么这么难？答案是具有讽刺意味的：因为这些垄断者的行为，其实往往对消费者和社会有极大的好处。政府或跨国组织要惩罚对社会有益的垄断者，结果显然会损害消费者的利益。

更具讽刺意味的是，行政垄断才是消费者的大敌。众所周知，行政垄断是靠行业准入来维持的，政府一旦取消行业准入，行政垄断就会失去保护，变成竞争海洋中的孤舟。政府若真要恢复自由竞争，要保护消费者利益，则只需要一道行政命令，就可以结束行政垄断。可是，这么简单而致命的"惩罚"，在世界各国反而很罕见。

打车软件倒贴用户是良性竞争

2014 年 5 月 26 日

打车软件是撮合出租车司机和乘客间交易的应用程序。国内许多城市出租车的车资定价长期普遍偏低，造成了出租车服务的持续短缺，催生了打车软件的研制和应用。为了抢占市场，两家打车软件公司"快的打车"与"嘀嘀打车"从 2013 年 12 月起，分别开始在司机端和乘客端进行双重补贴，耗费资金以十亿元计，使其覆盖城市从十多个迅速扩展到数百个。本月 17 日，两家公司又同时停止了这场被人口口相传的"倒贴战"。有人说，两家公司联手动用巨资争夺用户，排斥了其他打车软件开发商的进入，涉嫌进行了不正当的竞争。我要向读者解释的是，倒贴用户的做法恰恰是有效的良性竞争。

常听到人们说"小的是美的"。姑勿论其对错，但至少"大的也可以是美的"，而典型的例子就是具有"网络效应"的标准或平台。语言，越多人说的，就越值得说；电话，越多人装的，就越值得装；电脑操作系统，越多人用的，就越值得用。这是说，具有"网络效应"的标准或平台，其对单个用户而言的价值，是随着其用户总数的增加而提高的。

对"小而美"的偏好，使许多人对美国政府当年强行分拆美国电话电报公司（AT&T）给予了不恰当的褒奖。AT&T公司的历史与电话的历史一样悠久。1875年，发明家贝尔（A. Bell）在两位投资家贺巴德（G. Hubbard）和山德尔斯（T. Sanders）的帮助下，制造了第一台能传递语音的电话。在取得专利后，他们开始以出售专利使用许可的方式推广电话。电话交换机于1878年首次在纽黑文建成后，三年内就普及到了美国的各大城镇。到了1894年和1904年间，在美国开业的电话公司累计达到六千多家，电话用户超过三百万，但最大的问题是，这些电话公司的用户之间不能互联！直到1913年，AT&T陆续收购这些公司，并建成全国的统一网络，这个问题才开始得到解决。

由于官员和法庭对"竞争"含义的误解——他们以为一定要把大公司分拆才算竞争——AT&T公司在1982年遭到分拆，形成只许经营长途电话业务的AT&T公司，以及7个分区经营本地电话业务的"区域性贝尔营运公司"（Regional Bell Operating Companies），俗称小贝尔公司。分拆后，"本地"的范围划得越小，每通电话驳入长话网络的机会就越大，母公司AT&T的收益就越大，而小贝尔公司的经营成本就越高。于是，怎样算是本地电话、怎样算长途电话，便成了这些分拆后的公司互相扯皮和抬杠等问题的源泉，而这种问题在过去统一的平台上是不存在的。

竞争的真正含义，不应该是强行拆开一个公司，让其内部以牺牲效率为代价来竞争，而应该是让各家公司根据自主确定的规模和范式展开竞争。比如，后来兴起的卫星通信和光纤网络与有线电话之间的竞争，就属于这种"范式与范式"之间的竞争。这是说，武断地肢解网络（而不是鼓励网络之间竞争），往往会损害网络的价值递增效应。

问题是，网络越大，其价值也越高，参与其中的用户就越不愿意离开；那么，当一个新的、更先进的、将会带来更高增值的标准或平台出现时，用户就会由于被旧的落后系统所锁定，而无法一齐迁移到新的标准或平台上，从而造成了效率损失。持有这种担心的学者认为，这是由于"路径依赖"而形成的"市场失败"。

我们今天仍普遍使用的QWERTY键盘布局，就经常被用作证据。事实是，QWERTY布局最初是舒尔斯（C. Sholes）在1874年设计并投产的；据传说，为了防止老式打字机的连动杆挤压，这种布局刻意降低了打字效率。又据传说，德沃夏克（A. Dvorak）在1932年发明了效率高得多的德沃夏克布局，但由于QWERTY已经变成人们的习惯，所以即使在今天键盘已经完全与连动杆无关的情况下，德沃夏克布局也仍然无法形成规模而得到普及。

针对这种传说，经济学家莱博维茨（S. Liebowitz）和马高雷斯（S. Margolis）作了详细考证，并于1990年在《法律经济学期刊》(*The Journal of Law and Economics*) 上发表文章《键盘的寓言》(The Fable of the Keys),其结论是这根本不是什么市场失败的例子——当年各种键盘布局的竞赛此起彼伏,QWERTY 布局并不落后,而德沃夏克布局也没那么神,否则人们早就弃劣从优了。

假设市场上存在两个互相竞争的标准或平台,分别称为方案甲和方案乙,两者都具有正的网络效应,即参与的用户越多就越具价值,其中方案甲的价值,能从 2 人参与时的 10 元上升到 10 人参与时的 20 元,而方案乙的价值,则能从 2 人参与时的 4 元上升到 10 人参与时的 34 元。尽管当参与者增加到 10 人时,方案乙优于方案甲,但人们是否会由于方案甲的初期价值较高,而在路径依赖的作用下,被方案甲锁住而无法选择当用户数量增加后价值后来居上的方案乙呢?

两位经济学家的回答是:取决于方案乙是否"有主"。如果方案乙是无主的,那它就会得不到推广而被废弃,而这不是"市场所造成的失败",而是"缺乏市场所造成的失败"。反之,如果方案乙是有主的,那么其主就会设法先垫支部分未来收入,补贴方案乙的早期用户,从而推动方案乙尽快到达超越方案甲的盈利规模。在这个过程中,拥有标准或平台的产权、从而形成动力、努力预测未来收益、筹资补贴先到用户、从而扩大网络规模、提高网络增值速度等环节,恰恰是市场挣脱"路径依赖陷阱"的关键步骤。

由此来看,"快的打车"和"嘀嘀打车"两家公司补贴用户的行为就是完全合理的。不论出租车司机还是乘客,都不希望出现几十家打车软件在市场上并存、用户不得不在它们之间频繁切换的局面。只有书呆子才会向往那种只存在于经济学教科书里的"理想竞争状态"。打车软件公司在短期内出资引诱顾客加入的做法,不仅体现了这个新兴产业内部的激烈竞争,而且激励了市场提前正确选择较优的打车平台。不论孰胜孰负,两家公司的策略,都应该得到充分阐释、理解和支持。

反垄断法拓宽寻租之门

2007 年 9 月 10 日

传说中的"市场经济宪法"——反垄断法——的中国版经过 13 年的酝酿，今天（2007 年 8 月 31 日）正式由立法机关表决通过，并定于 2008 年 8 月 1 日正式实施。过去多年，我对反垄断法（主要是对美国一百多年的司法实践）不遗余力地介绍和批评，认为若在中国引入该法，无论怎样雕琢条文的枝节，它带来的负面影响都要比正面影响大得多。之所以格外关注，是因为它特别容易引起人们不切实际的期待，特别容易赢得本该反对它的经济学者的支持，也特别容易产生种种与其支持者的愿望背道而驰的结果。今天反垄断法在中国正式落地，我认为不是国人"学习和反思反垄断法"到了尾声，也不是即将进入尾声，而只是刚刚拉开了序幕。

在这篇文章中，让我连贯地叙述以下密切联系的主题：一，国内学者（尤其是经济学者）普遍低估了反垄断法的微妙，自负地以为经济学可以正确地指导反垄断实践；二，就刚刚通过的

《反垄断法》的核心内容而言，经济学均未提供可靠和可操作的理论依据；三，就《反垄断法》的限定条件而言，每条规定都留下了宽松而模糊的赦免条款，给反垄断执行机构留下了极大的酌情权；四，就《反垄断法》对行政垄断的规定而言，行政垄断反而得到了法律形式的豁免和确认；五，就《反垄断法》对执法机构的设置而言，司法机构的职能重叠，进一步增加了司法结局的不确定性；六，非行政垄断的市场领域将涌现寻租活动。

一、学者普遍自负

九年前，我开始在专栏文章中批评美国的反垄断法。八年前，央视《经济半小时》邀请我上京，与当时"挑战微软霸权"的方兴东对话。因为其中涉及反垄断法问题，编辑要我推荐几位支持我观点的中国经济学者。事前没有任何沟通，我只能凭感觉。假如我推荐的人，到头来反对我，那是双料尴尬。

找谁呢？我最有信心的是周其仁和张维迎两位老师。可是，央视告诉我，他俩都不在。我于是去拜访茅于轼老师。谈到微软和垄断，茅老师给我介绍如何用市场份额的平方和的平方根来确定垄断程度，然后根据成本计算合理利润，从而让政府来管制垄断。在座的老同学尹忠东回答："要是这样来处理垄断，垄断者还会有积极性去控制成本吗？"

后来，央视找了盛洪老师。他的原话是："我们如果放弃建立反垄断法的权利，微软就会哈哈大笑。"电视播出来，还印在

《南方周末》上。茅于轼被公认是市场经济的旗手，而盛洪因为翻译了科斯的著作还被科斯邀请到芝加哥大学呆过半年。恰恰因为这样，他们对反垄断法的观点才深深刺痛了我。我跟一位熟悉科斯思想的经济学家谈起此事，他打趣说："跟科斯握过手的人都不应该赞成反垄断法。"

去年，我到哥伦比亚大学旁听一场演讲。演讲者王晓晔教授，是来自中国社会科学院的反垄断法起草委员会的顾问。我问王教授："中国的反垄断法，将通过什么机制来确保'反垄断执行机构'具备充分知识，以裁决哪一种商业行为有利或不利于市场竞争？"王教授略显惊讶："知识？你是说知识？我们在反垄断法问题上已经掌握了大量知识。在场很多人都是法律专家。我们有知识，但我们还要去训练。我们需要训练出大量法律人才，来进行反垄断法的执法。"

我不怀疑上述三位学者对市场经济的支持。一年多前，我请朋友将国内市面销售的反垄断书籍搜集起来。这批书籍中，虽然什么"反垄断法是市场经济的根本大法"，什么"反垄断法可以维护竞争秩序"之类的空话抄来抄去、此起彼伏，而真正深入美国卷帙浩繁的案例，了解究竟反垄断法干了些什么的作者凤毛麟角，但我也不怀疑这批书籍的每个作者，都是锐意维护竞争秩序和提高经济效益的。问题是，大部分人低估了反垄断政策的微妙，不知道经济学对大量商业行为仍然处于无知的状态，而在无知的状态中大刀阔斧地搞反垄断，必将造成事与愿违的后果。

到了大众媒体那里，反垄断法简直就成了许愿树。人们不仅一厢情愿地想用反垄断法来撼动行政垄断，还想用它来对付外国企业势力的经济渗透，用它来压抑因需求增加而导致的春运车票涨价，用它来抑制因时局变幻而导致的能源涨价，还要用它来抑制因通货膨胀而导致的房价、肉价、菜价和面价的上涨。在他们看来，任何"价高量少质低"的经济问题，根源都在于黑心商人狼狈为奸；而实施反垄断法，就能把坏人抓出来，把问题解决好。

二、经济学未对反垄断法提供支持

产业经济大师德姆塞茨（H. Demsetz）在纪念谢尔曼法颁布100周年的会议上致辞时，曾经一针见血地指出："在我们对竞争的理解中，还没有出现与反托拉斯有关系的内容"（We do not yet possess an antitrust-relevant understanding of competition.）。这不是说经济学还未曾去观察和解释竞争过程，也不是说经济学者还根本不理解反托拉斯法或反垄断法的立法原意，而是说，随着经济学对市场、产业组织和竞争过程的深入研究，经济学家仍然不能对过去一百多年反垄断政策的所作所为，找到确凿的理论支持。

拿着刚颁布的《反垄断法》，让我们先看粗枝大叶，然后再看细节末梢。整部法律要处理的核心课题有三个：（一）界定"市场支配地位"，即说清楚什么是垄断；（二）界定"滥用市场支配地位的行为"，即规定禁止垄断者从事何种行为；（三）界定

"垄断协议",即规定禁止垄断者或非垄断者从事何种行为。让我逐一说明,为什么经济学对这三个课题均不提供理论支持。

关于市场支配地位,《反垄断法》不加限定地规定:

> 有下列情形之一的,可以推定经营者具有市场支配地位:(一)一个经营者在相关市场的市场份额达到二分之一的;(二)两个经营者在相关市场的市场份额合计达到三分之二的;(三)三个经营者在相关市场的市场份额合计达到四分之三的。

这样的规定,从表面上看是极其生硬的,但实质上是授予了执法者无限的酌情权,让他们随意认定被调查企业的"市场支配地位"。这是因为"市场份额"直接取决于"相关市场"的划定,而什么才是"相关市场",根本就没有标准可言。退一万步说,即使一个企业确实具有"市场支配地位",经济学上也无法推断这是反竞争或损害效率的。在无数的场合,由于约束条件和产业结构的特点,恰恰是激烈竞争才导致成功企业的规模,而企业必须具备规模才可能带来效率。

关于滥用市场支配地位,《反垄断法》规定的"滥用市场支配地位"的行为包括:"(一)以不公平的高价销售商品或者以不公平的低价购买商品;(二)没有正当理由,以低于成本的价格销售商品;(三)没有正当理由,拒绝与交易相对人进行交易;(四)没有正当理由,限定交易相对人只能与其进行交易或者只能与其指定的经营者进行交易;(五)没有正当理由搭售商品,或者在交易时附加其他不合理的交易条件；（六）没有正当理由，对条件相同的交易相对人在交易价格等交易条件上实行差别待遇"等。

将上述行为视作反竞争和损害效率、并试图以反垄断法来进行规制的想法，是缺乏经济学基础的支持的。理由是：任何企业，包括处于市场支配地位的企业，都无法仅仅通过从事上述行为来达到损人利己的目的。成交价格总是通过供求关系互相作用自发形成的，而从来不是根据某些人的一厢情愿设定的。即使是垄断者，也只存在一个价格能令其利润达到最大，过高或过低的定价都会使他自己受损，更不用说拒绝交易了。更何况，由于顾客的需求强弱总是参差不齐的，所以企业在交易上实施"差别待遇"，就几乎总是能够促进竞争和效率。这是说，当反垄断法执行者认为自己看到了价格过高、过低、不公平、拒绝交易、搭售商品和差别待遇等市场现象时，经济学能够做的，是向他解释为什么企业和消费者都自愿在那样的条件下行事并互惠互利，而不是向他提供指南，让他去修理别人的行为。

关于垄断协议，《反垄断法》规定："禁止具有竞争关系的经营者达成下列垄断协议：（一）固定或者变更商品价格；（二）限制商品的生产数量或者销售数量；（三）分割销售市场或者原材料采购市场；（四）限制购买新技术、新设备或者限制开发新技术、新产品；（五）联合抵制交易"等。《反垄断法》还规定："禁止经营者与交易相对人达成下列垄断协议：（一）固定向第三人转售商品的价格;(二)限定向第三人转售商品的最低价格"等。

的确,在美国反垄断法实施的初期,即20世纪60年代前,上述大部分商业行为都是以"本身原则"被法庭判定为违法的。所谓"本身原则",就是像"闯红灯"一样,法庭一旦认定了行为事实,那么不管当事人持什么理由违规,都算违规。采用"本身原则",立法者和执法者必须有充分理据在事前就断定,要管制的行为肯定有害,或在概率上肯定弊大于利。如果缺乏这样的确定性,就应该舍弃"本身原则",转而采用"理性原则",即一种行为是否被裁定为违法,不仅取决于当事人是否做了,还得酌情考虑其行为的原因、动机和后果。

然而,随着经济学对企业行为的深入解释,那些一度被肯定地认为是反竞争和损害效率的商业行为,逐渐被人们看清其促进竞争和提高效率的一面。结果,"本身原则"逐渐被"理性原则"取代。具体地说,企业协同固定或变更价格,可能是由于它们的产品规格接近,每家企业都是"受价者"而导致的。例如,最近方便面厂商的集体提价,显然是它们共同受到通胀压力影响的结果,而不是出于贪婪而进行勾结使然。另外,分割市场和限定转售价格,也可能是厂商为了刺激它们在价格以外进行竞争的制度安排。今年6月28日,美国最高法院罕有地推翻自己在1911年对"迈尔斯博士医药公司案"(*Dr. Miles*)的判决,其理由恰恰就是大量经济学研究表明,价格上的锁定有利于促进服务上的竞争。

综上所述,对于《反垄断法》要处理的三大课题,即界定"市场支配地位"、界定"滥用市场支配地位的行为"和界定"垄断协议",经济学要么不能提供理论支持,要么提供了截然相反的观点。例如,经济学显然不提供如何界定"市场支配地位"的知识,而至于禁止"协同调整价格""搭售""分割市场""区别待遇"和"规定最低零售价"等做法,经济学的见解恰恰是与反垄断政策背道而驰的。在一般的情况下,面对各种较不寻常的制度安排,经济学家是不理解,而不是看懂了而且知道更优胜的方案在哪里。

三、 反垄断双语贯穿条文

必须马上指出,《反垄断法》为其规定的每一项违法行为,都随即附加了赦免条款。这样做的原因有两个。原因之一,是立法者认为被提及的商业行为,既有促进竞争的时候,也有抑制竞争的时候,所以故意留下斟酌余地。换句话说,它是在有关规定中明确,司法过程将按"理性原则"进行。

例如,在确定"市场支配地位"的条文中,虽然没有限定性的词语,但由于"相关市场"的划定的酌情权完全在执法者手上,所以这个规定也就留下了斟酌余地。再例如,在第13条和第14条禁止了一系列垄断协议形式后,第15条就随即列明了对应的赦免条款:只要能证明是为了改进技术,或开发新产品,或提高产品质量，或提高竞争效率，或节约能源，或保障对外贸易中的正当利益，就能赦免。又例如，第 17 条在禁止一连串的滥用市场支配地位的行为前，都一概加上了"不公平的"或"没有正当理由"的限定，所以只要执法者认为"公平"或"有正当理由"，该条款涉及的商业行为也可以得到赦免。

这种结构上诸如"本法禁止某某垄断行为，但若它确实有助提高效率，便不属垄断行为"式的条文和论断，在美国和其他各国反垄断的百年实践中其实随处可见，常被称为"反垄断双语"（double-talk）。这不仅说明反垄断法还拿不准究竟要反什么，更说明咬文嚼字是反垄断司法的特征。毕竟，是不是"为了改进技术"或"为了提高竞争效率"，难有明确标准。由于《反垄断法》中存在大量反垄断双语，将来政府和企业可能要付出数以亿计的金钱，来让经济学家、律师、媒体从业者和政府官员进行咬文嚼字。

四、行政垄断享受豁免

目前《反垄断法》为其规定的每一项违法行为都立刻附加了赦免条款，其第二个原因，是要以法律形式保护大部分现行的行政垄断。我曾经一再强调，唯一应该反对的垄断，就是政府设置的准入障碍和经营特许。如果解除了政府保护，市场上出现的一切似乎是垄断的竞争形态，其实就都是自由竞争的结果。然而，要拆除政府设置的准入障碍和经营特许，并不能寄望于反垄断法。反垄断法只不过是一个部门法，无论法律地位还是执法力度，都是微不足道的。不幸而言中。细看《反垄断法》，期待靠反垄断法来对付行政垄断的人会大失所望。

第4条定下政府干预的基调：

> 国家制定和实施与社会主义市场经济相适应的竞争规则，完善宏观调控，健全统一、开放、竞争、有序的市场体系。

第7条对行政垄断作出豁免：

> 国有经济占控制地位的关系国民经济命脉和国家安全的行业以及依法实行专营专卖的行业，国家对其经营者的合法经营活动予以保护。

这样，电信、航空、邮政、烟草、能源、电力等行业就都有可能完全解脱。不少人一直以为，推出反垄断法这样的庞然大物，至少能替他们争取一点诸如"免双向收费"这样的蝇头小利。看过这条规定，他们作何感想？

此外，《反垄断法》对"市场垄断"和"行政垄断"两者给予了明显的区别对待。对于"市场垄断"，即在市场竞争下形成的垄断者，《反垄断法》明确规定了禁止其从事的行为，如第13、14和17条。但是，对于"行政垄断"，《反垄断法》并不明确规定禁止其从事的行为，而是先默许其行为，然后对其行为的效果提出了要求。例如，第7条在确立了行政垄断的合法合理性后，

《反垄断法》提出："前款规定行业的经营者……不得利用其控制地位或者专营专卖地位损害消费者利益。"这里,"控制地位"和"专卖专营"本身显然是不视作损害消费者的利益的。

只是在一些不涉及行政垄断结构的领域,《反垄断法》对地方政府的行为作出了规制。第 33 条规定,行政机关和具有管理公共事务职能的组织不得妨碍商品在地区之间的自由流通,包括不得"对外地商品设定歧视性收费项目"、不得"对外地商品规定与本地同类商品不同的技术要求"、不得"限制外地商品进入本地市场"等。这些规定本身都是积极的,一般有利于促进竞争和增进社会福利。问题在于第 33 条与前述第 4 条如何协调,反垄断法执法机构与地方政府行政力量如何抗衡。

五、 执法机构职能重叠

第 9 条规定:"国务院设立反垄断委员会,负责组织、协调、指导反垄断工作。"这些工作包括:"(一)研究拟订有关竞争政策;(二)组织调查、评估市场总体竞争状况,发布评估报告;(三)制定、发布反垄断指南;(四)协调反垄断行政执法工作"等。第 10 条规定:国务院规定的承担反垄断执法职责的机构负责反垄断执法工作。

值得注意的地方是,反垄断委员会不仅负责《反垄断法》的细节完善工作,还负责协调和指导反垄断的工作。这与负责执法工作的反垄断执法机构产生了职能重叠。这种设置,将给反垄断法司法结果带来更大的不可预测性。

撇开具体条文的优劣对错，不论反垄断法如何规制企业行为，它的司法结果越是容易被有关当事人预测，司法成本就越低，对经济运行的行政干扰就越少。相反，要是即使当事人愿意依法办事，但读完法律后仍然不知道自己将要进行的商业活动是否违法，其结果不仅涉及至少两个执法部门，而且也与自己的公关效果有关，那么整个反垄断法的司法成本就会变得相当高昂。不怕明确规定，就怕没有明确规定，这是许多企业的忧虑。

例如，《反垄断法》对企业集中规定了报批程序。我们知道，企业间的收购和合并计划，往往要经过精心的论证、艰苦的谈判、时机的配合以及严格的保密过程。无论成败，都要花费巨额的成本，而相关消息也往往会引发金融市场的波动。因此，立法者有必要帮助当事人在事前尽可能准确地预测其计划被批准的可能性。国际上常见的做法，是在实施反垄断法的同时，制定、颁布和定期修订各门类的《反垄断法执行指南》，其中当然包括"合并指南"，从而让企业衡量难易，避免企业和执法者双方都付出不必要的代价。目前，美国、欧盟、加拿大、澳大利亚和新西兰等地都有类似的指南。我认为，在实施包含大量反垄断双语的《反垄断法》前，应该配备内容较详尽且标准较清楚的《执行指南》，才能缓解司法结局难以预测带来的副作用。

六、寻租活动将大增

反垄断法历来含糊，原因是多重的。首先，是因为人们对产业安排的认识肤浅，同时又对自己的知识过分自信。对此，科斯（R. H. Coase）说过两段精彩的评论。一是："我被反垄断法烦透了。假如价格涨了，它就说是'垄断性定价'；价格跌了，它就说是'掠夺性定价'；价格不变，它就说是'合谋性定价'"。二是："每当经济学家看到他无法解释的现象——这样或那样的商业行为——他就在垄断上找理由。而由于我们在这个领域是非常无知的，所以也就有着大量无法解释的现象，于是在垄断上找理由也就成了家常便饭。"

其次，由于反垄断法摆在那里，法庭和政府执法部门的要求摆在那里，原告和被告的巨大经济利益摆在那里，于是在一些明明不可能有答案的地方，人们也不得不假装存在答案，并热衷于提供答案。科斯说："经济学家被吸引到经济运行的真实问题上来，无疑是好事。但另一方面，很不幸的是，要是你提供不了答案，就无法影响经济政策。结果，人们就被迫成为经济学政客，即那些明明在没有答案的情况下还在提供答案的人。"

再有，为了不触及现有行政垄断主体，《反垄断法》正式免除了行政垄断结构的责任。几乎每项规定都有相应的非常宽泛的赦免条款，使得反垄断执行机构的酌情空间非常巨大。功能有所重叠的反垄断执行机构进一步加大了反垄断司法结局的不可预测性。巨大的灰色地带将迫使企业间的竞争,从力争满足消费者的方式,转为力争说服反垄断官员的竞争方式,即从致力于创造利润,转为致力于寻租。用一句话概括我对《反垄断法》的评论:在行政垄断得到豁免的同时,《反垄断法》将给竞争的市场领域引入一个权力将迅速膨胀的行政机构,非行政垄断的企业和政府之间的寻租活动将大大增加。

反垄断只要一招

2001年6月11日

最近《南方周末》等媒体，邀请国内的经济学家，就如何拆除行业垄断发表看法和建议。常见的内容，第一是说垄断的特征，说垄断如何使社会利益受损；第二是建议如何分拆现有的垄断企业；第三是建议如何对现有的垄断企业作出某种管制，尤其是价格管制和建立反垄断法。

这些言论大部分有谬误，这些建议基本上成事不足，败事有余。要拆除国内的垄断，最有效的办法只要一招，易如反掌，就是什么也不管，那就够了。

垄断本身是正常现象

首先，国内的传播媒体和经济学界普遍认为，垄断本身是罪恶的，它会带来社会的损失；而理想的状况，永远是完全竞争的状态。

这种看法错了。垄断是普遍存在的正常现象，它是指供应商有能力左右"价格"和"产量"。举目所见,所有分散在不同地点的零售商,所有提供有差异产品的厂商,都具备这种能力。他们全都是"觅价者",即"垄断者"。这两个词,一个好听点,另一个难听点,但所指完全相同。学完基础经济学的人,是不应该认为它们有什么差别的。

任何反对"垄断"("觅价")本身的人,其实质,就是主张产品不能有任何差异,或主张产品必须在集中的市场进行买卖。只有那样,即只有当任何产品都像股票市场上无差异的同种股票那样,才有可能消灭"垄断"("觅价")现象。可是,任何产品都没有差别,那是多么乏味的世界啊。

记住,要反对的并不是"垄断"("觅价")本身,因为它是普遍存在的、合理的经济现象。"垄断"("觅价")的成因有多种,包括天赋、产品差异、知识产权保护、交易场所分散、人为准入障碍等等。在众多的成因中,我们只反对一种成因,那就是"人为准入障碍",换言之,我们只反对通过行政手段设置的行业壁垒。

分拆和管制适得其反

症状要看得准,措施才有效。很多学者对垄断现象看不准。例如,有人说,判断一家厂商是否垄断,要看它占市场的份额,看这一份额是否超过某个百分比。这种观点错在两个地方。第一,市场的范围总是无法清楚界定的,既然如此,你怎么算份额呢？第二，就算市场上只有一家"可见"的厂商，但暗中仍然可能有无数潜在的厂商伺机进入，那仍然是竞争的市场。竞争与否，是不能光看"可见"的厂商个数的。

犯这种错误的人，提出了错误的措施，那就是"凑数"——用强制的办法，凑足市场上厂商的数目。而数目多少才算"理想"，那要看他们的喜好，尽管他们声称那个数目是"科学地论证"出来的。他们的具体做法，就是分拆，或由政府操办另外几家对抗的企业。但问题在于，这些分拆后的企业，或新建的企业，也仍然是得到行政手段保护的垄断企业。

另一类学者认为，衡量垄断与否的标准，要看一个企业有没有攫取"垄断利润"或"过高利润"。而到底利润多少才算"过高"，其实也只是看这些学者的喜好，尽管他们会煞有介事地论证一番。问题是他们完全不明白，今天的"利润"会转化为明天的"成本"。如果以成本的高低来界定利润的合理性，那么企业只要把成本打高，把员工的亲戚朋友都送去度假，就能使利润变得"合理"了。

犯这种错误的人，提出了错误措施，就是价格管制。对垄断企业实施价格管制（如对电信或医药服务的资费作硬性规定），只能使问题变得更糟。没错，资费可以强制，但服务质量和数量不可以强制啊。你只管住了价格这一头，却无法管住垄断企业供应的那一头。由"政府"来管"垄断企业"，从来没有好结果。美国的加州，说是搞改革对付垄断企业，其实是在搞政府的电力价格管制，结果是大范围、长时间的停电。

还有些学者，上述两种错误一起犯。他们提出了错误的"一揽子"措施——建立"反垄断法"。这是非常糟糕的建议，因为提这样建议的人没有意识到，"反垄断法"会极大地强化政府干预市场的能力。美国的例子表明，"反垄断法"所针对的大部分垄断，往往都是合理的垄断，而恰恰该反对的那些垄断，即由政府行政保护所孕育的垄断，则逍遥法外，得到豁免。

反垄断的独步单方

要死死咬紧一点，就是"人为准入障碍"，那才是"垄断问题"的唯一症结。其他都是似是而非的。"垄断"（即"觅价"）是正常的、普遍的经济现象，我们不反对。垄断有很多成因。我们反对且只反对其中一种成因，那就是政府的行政保护和进入壁垒。

既然是反对行业入口的行政障碍，就根本不需要设立复杂的反垄断法，也不需要主管部门连同各路经济学家张罗"分拆"或"价格管制"事宜（尽管这些工作看起来蛮有使命感）。什么都不需要，只需要一纸文件，上面写着"任何企业都可以经营某某业务"，那就可以高枕无忧了。

第二章
生命有限

第一章
东西不够

第三章
互相依赖

第五章
经济学随想

第四章
需要协调

第一节　利率的原理和应用

股价不可预测

2015 年 4 月 14 日

股价是否可以预测？研究股价的历史变化，是否有助于推测其未来变化？这是耐人寻味的问题。如果说研究历史对预测未来一点帮助都没有，那我们为什么还要研究学问？我们之所以研究学问，归根结蒂是相信现象背后存在规律的缘故。但是，如果说研究了股票价格的历史就有助于预测股票的未来价格，那经济学家早就成为亿万富豪了，怎么还会在学校里教书？

商品或资源分为易耗品和耐用品两大类。鸡蛋一口就吃了，算易耗品；油画不能一口吃了，得花时间才能欣赏，是耐用品。以此类推，果树、房屋、汽车、外语能力乃至家长养育的子女，由于一概须在时间流逝中发挥功能，所以都是耐用品。

耐用品的现值，取决于人们对其未来效用的预期。一棵果树，如果将来每年都能结果子，那么人们认为这些果子有多大现值，果树就有多大的现值。请注意，不是能结多少果子，果树就有多大现值；而是人们认为将来结出的果子有多大价值，果树就有多大现值。而且,也不是果树的真实产量决定果树的现值,而是人们预期的产量的现值,决定了果树的现值。简而言之,耐用品的现值完全建立在人们对未来的主观估计上,主观估计发生变化,耐用品的现值就发生变化。

这是两个并行而独立的世界:一个是现实世界,在这里,一切都按照自然规律,有条不紊地进行着;另一个是观念世界,人们时刻在形成、比较、交换和修正对未来的预期,这些预期的变化直接决定着资源现值的变化。价格不属于前者,而只属于后者。不是"事物的发展变化"影响了价格的变动,而是"人们对事物发展变化的认识的变化"决定了价格的变动;不是说事物发展是没有规律的,而是说认识的变化是没有规律的。

事物发展有规律,我们也能逐渐认识一些规律,但我们无法预知新的知识。可以预知的知识,就不再是新知识。哲学家波普尔爵士(Sir Karl Popper)在其名著《历史决定论的贫困》(*The Poverty of Historicism*)中有过经典的推断:只要知识是增长的,那就必定有部分知识是我们明天才知道而今天不知道的,那既然社会发展是受我们的知识影响的,那么社会的发展(而不是自然界的发展)就是不可预测的。同样道理,既然总有部分知识是不可以预知的,那么由知识所决定的资产的未来价格也就不可预知。

观念一变,价格就变。从事物变化,到观念变化,再到价格变化,间隔可以是极短的。如果人们忽然相信果子能治病,那么果树的现值也就马上上升,用不着等到果子长成;如果果树被台风吹倒，那么果树的现值也就会立即下跌，而不会等到收成的时候才下跌。

2013年9月18日下午2点整，位于华盛顿的美国联邦公开市场委员会，决定继续通过购买债券的方式向市场注入货币。这一决定引起了黄金价格的上涨。有意思的是，但凡华盛顿传出的消息，要经2毫秒才能到达较近的纽约，而要经过7毫秒才能到达较远的芝加哥。但这一次，在芝加哥有价值8亿美元的期货合同，比纽约提前了5—7毫秒率先入场。联邦储备金因此成立了特别小组调查消息泄露的可能。

人们对信息的攫取是不遗余力的。阿尔钦在20世纪50年代曾经是兰德公司（RAND）雇用的第一位经济学家。当时兰德公司内部，人们好奇氢弹是用哪种金属制造的，而锂、铍、钍和其他金属都有可能。这可是军事秘密！阿尔钦于是跑去看了一下生产这几种金属的企业的股价，发现只有一家工厂的股价在短短几个月内就从2—3美元暴涨到了13美元。阿尔钦写了篇叫《股市露天机》（The Stock Market Speaks）的文章，在兰德公司内部传阅。上级旋即要求他收回。隔了几个月，氢弹试爆成功，那家工厂的股价也稳了下来。

逐利的动机，驱使人们咀嚼所有信息。经济学家法马（Eugene Fama）就因为提出了"有效市场假说"（Efficient Market Hypotheses），获得了2013年诺贝尔经济学奖。法马认为，资产的价格已经反映了关于该资产的内在价值的所有可得信息，所以

(1)去研究价格的历史对预测股价没有帮助,(2)去研究公开信息对预测股价可能也没有帮助,而(3)即使寻找内幕信息对预测股价也还是没有帮助。有效市场假说的含义是,所有的消息其实都早被泄露和消化了。

同年共享该奖的另外一位经济学家席勒(Robert Shiller)的研究结论似乎相反:他指出资产的价格波动存在着大量非理性现象;也就是说,价格并非总是反映资产价值的客观而准确的指标。有些人开玩笑说,诺奖评审委员会由于无法分辨两人的观点孰对孰错,所以就把诺奖同时颁给他们。但实际上,只要仔细考虑,就能看出两人的观点并无对立之处。

应该这样理解:人常常不理性,但不理性行为一旦被识别,这种识别就成了新的知识,就会被其他人理性地运用。席勒说股市里人会"过度反应"或"惯性行动"。当然如此。问题是,惯性行动止于何处,而过度反应又从何开始,在现实中是很难提前预测的;而只要它们变得可以预测,这种预测就会马上成为"可得的信息"并为人所用。如果大跌之后会出现过度下跌是一种可重复观察的现象,那马上就有人以此知识来牟利,而资产价格也就能马上反映这种新的认识。

除非你总能在新消息出现后的几毫秒内就抢先收悉并恰如其分地作出评估,否则你不可能准确预测任何一种资产——包括股票——的未来价格。

利率由谁制定

2005 年 10 月 11 日

为了解释利率的形成,就先要重温价格究竟是谁制定的:价格是由无数人的供求共同决定的。供求是支配着每宗交易的强大经济力量;与其说有谁"决定"了价格,不如说买卖双方"汇报"了被那股强大经济力量决定了的价格。

利率呢?利率也是价格中的一种,它是由无数人的"不耐"(impatience)共同决定的。由于不耐,也就是急躁,人们总想早点享受,于是出现了"现货"与"期货"的交换;也正是由于不耐,离今天越远的"期货",其价值就越低。因此,若要达成"现货"与"期货"的交易,"期货"的数量就必须比"现货"的数量大,其中的差额便决定了利率的高低。

有人认为利率现象存在,是因为社会在进步,投资会有回报。这种理解不对。一个社会即使没有进步,投资即使没有回报,资源即使日见贫乏,利率也仍然存在。在兵荒马乱的年代,前景黯淡,朝不保夕,"有酒今朝醉"的生活方式盛行,真实利率就因此上升，而不是下降。

反过来，投资回报即使提高，也不会推高利率。设想有人发明了一种新技术，能让每斤饲料增产十倍猪肉。回报率高了十倍，试问利率会因此上升吗？不会。只要"不耐"程度不变，利率就不变。变的是"期望"与"现值"。新技术会改变人们对未来猪肉产量的"期望"，这改变了的"期望"，会以不变的利率折现为新的"现值"，加到新技术所有者的腰包里去。

只有"不耐"增加，才会提高利率。"不耐"增加，意味着社会上更多人需要"现货"，更少人愿意接受"期货"。一幢刚盖好的使用期为50年的房子，假如社会变得急躁了，那么这幢房子往后49年能提供的服务，其价值在今天看就下降了。使用期越长的物品，由于利率升高而产生的贬值就越严重，这是因为该物品大部分价值都分布在未来，而不是集中在现在。

有人说利率升高会打击买房子的热情，那是对的。但这不是因为按揭供楼得多交一点货币利息的缘故。要是货币利率上升是因为"通胀预期"而不是"不耐加剧"引起的，那就更应该买房才是。利率升高之所以会打击买房子的热情，是因为房子这种耐用品，其价值大部分分布在未来，其现值会因利率升高而跌得厉害。

不耐程度决定了期货的现价，从而决定了真实利率。美国短期国库券（treasury bill）就是一个典型例子。它生动地表明，正是市场的不耐程度——而不是某个人或组织的意愿——决定了期货的现价，从而决定了真实利率的高低。

美国国库券的到期日和届时能兑现的金额是事先确定的。一张半年期的 1000 元国库券，表示持有者 26 周后能从美国政府手上换回 1000 美元。那它今天值多少钱？答案是：低于 1000 美元，具体数目由市场套利行为决定。

市场越急躁，这份"期货"——26 周后的 1000 元美钞——的现价就越低，较大的差价反映了较高的利率；反之，市场越耐心，其现价就越高，即越接近 1000 美元，较小的差价反映了较低的利率。不管怎样，正是市场的炒买炒卖决定了债券的现价，从而决定了市场利率。一般地说，利率是无数人在买卖他们的"现在"和"未来"所共同产生的结果。

我们比照一下"汇率"和"利率"。各国中央银行可以主宰货币发行量，结果是各国汇率参差不齐。例如，英镑兑人民币是以一当十，兑日元则是以一当百的水平。但利率是比率，它不受货币量水平的影响。事实上，市场上各种借贷的利率非常接近。若把条款和风险考虑进去，全球利率时刻都趋于相等！

向费雪致敬

2005年11月8日

在这里谈利息理论,感觉特别过瘾。正是知道有很多不同意见,才有必要直陈自己的心得。认为联储不能操纵经济走势的经济学者数之不尽,而在对利息的精准理解上,与我相同的则至少包括阿尔钦(A. A. Alchian)和拉发(A. B. Laffer)。我更相信,这知识的源头来自20世纪初奥地利经济学派(Austrian School of Economics)对资本理论的研究,尤其是费雪(I. Fisher)的贡献。

我同意,有些经济学原理和应用,只要听别人三言两语地说上几句,然后回家简练揣摩,就可以得出八九不离十的共识。当年我刚学得一点价格理论,就觉得自己锤子在手,目光所及都是钉。得知弗里德曼(D. Friedman)认为连警察和法庭都可以由市场提供,我便想两个小时,想其论证的细节,等他的书寄到,看看果然不出意料。

但是,有些经济学原理,自己琢磨几乎难免浑浑噩噩,终须要高人指点，才能豁然开朗。读本科时，我选修第一门经济学，老师说需求曲线有时向上，因为"炫耀品"是越贵越好卖的，而这现象属于什么逻辑悖论，构成了对经济学的什么威胁。直到我读到阿尔钦的讲解，才如梦初醒，明白几乎每一本教科书教的都是以讹传讹。

还有一些经济学原理，是自己不仅始于浑浑噩噩、似懂非懂的状态，而且尽管高人在前，娓娓道来，也还要一年半载才逐渐明白过来的。这时就非五体投地不可了。对我来说，费雪的利息理论就是例子之一。

费雪的不朽贡献，是坚实地奠定了利息理论，并澄清了一些流传甚广的谬误。例如，很多人把货币的价格看成是利息，这是错的。金钱的价格不是利息，而是购买力。换言之，一块美金能买一瓶汽水，那么一块美金的价格就是一瓶汽水。用金钱来买汽水，也同样可以看作是用汽水来买金钱。买家和卖家地位相同，需求与供给没有根本区别，这才是扎实的价格分析框架。

又例如，很多人认为利息是货币世界里特有的现象，这也是错的。利息是人类社会最古老的现象之一。它起源于人的不耐，不依赖于货币的存在。有趣的问题是：在没有货币的社会，或在禁止收取利息的社会，如何观察利率的变化？答案是：观察耐用品与易耗品比价的变化。如果草寮相对瓦房升值，则利率上升；反之则利率下降。

同样的道理，假如牛奶相对干酪升值，则说明利率下降。因为干酪是未来商品，所以只有当利率下降时，干酪才会相对升值；而当人们把更多用于即时消费的牛奶用来生产未来才制成的干酪时，牛奶相对减少了，其价格也就相对上升了。那葡萄相对葡萄酒升值呢，读者可以照样画葫芦了。

很多人把一项资产的价值，看作是过去对这项资产的投入成本，这也是错的。当然，会计都是这么做账的。但经济学不这么看。一项资产的价值，总是它未来收入川流的折现，而过去投入的成本是沉没成本，不论大小都不影响资产的现值。将来我会应用这个观点，去解释为什么一些国有资产须要"贱卖"。

有人认为必须要有投资增值的机会，才会产生利率，这也是错的。赌徒输光了钱，把手表拿去典当，下个月发了工资再把手表赎回来，这过程并没有什么投资增值，因为一切收入和支出都是意料中事。只要赌徒和当铺在时间偏好上有差异，就可以产生交易。

有趣的例子多如牛毛。事实上，利率影响极其深远，只要与时间有关的现象，都涉及利息。在所谓"日常的经济学"中，利息概念与供求概念并重。然而，由于收入、回报、回报率、利润和亏损等一系列相关概念非常含糊，容易使人望文生义，以致利息理论一直不清楚，直到有了费雪才井然起来。所以，我们要向费雪致敬！

低碳之争

2011年3月14日

近年备受瞩目的"全球变暖"争议,可不仅限于气象领域。事实上,除了对统计和因果逻辑作评论外,经济学者还可以从产权和外部性、市场与政府、征税与配额、利息率选取以及造势者行为分析等角度,为争议作出贡献。让我挑选几项作解释。

有位私人老板,买了大片荒地,当中还有鱼塘。可他既不开发,也不养殖,只是闲置。那是为什么?答案有趣:他经营的采石场就在那片荒地旁边。他把荒地买下来,是为了防止别人建造住宅后诱发"噪音"的纠纷。当然,他购买荒地的费用,实际上是由购买石材的最终消费者支付的。

这是说,污染问题本身并非大不了。一方面,人类的生产活动肯定会对环境造成污染,而这种污染可能是无法逆转的;但另一方面,如果停止生产活动,那么人们的生活水平就会下降,而人的生命的流逝,本身也是不可逆转的。因此,恰当的问题不是"是否应该停止污染",而是"如何在保护环境和改善生活之间取得平衡"。

在这个采石场的例子中,只要周边资源的产权有清晰的界定,即法律规定了污染者要负上侵权责任,那么污染者就可以作选择:要么停止业务,要么改造设备以减少污染,要么对受损害者提供补偿,要么把周边的产权都买下来,从而"内化"生产过程产生的"外部负作用"。值得指出的是,在这个决策过程中,实际上是石材的消费者与潜在的住宅居民在通过竞价来定夺这块荒地的用途。换言之,如果当地房地产的价格足够高,那采石场就不得不减产甚至停工,而那块荒地就会用来盖房。

这种"产权界定兼内化外部作用"的对策非常漂亮,能解决诸如噪音污染、森林消失和物种灭绝等范围可控的环境和生态问题。问题是,随着污染的范围扩大,如受污染的河流从一个省流到另一个省,受污染的大气从一个国家飘到另一个国家,"产权加市场"的对策就会逐渐失效,这不仅是因为人们再也无法清晰地界定产权,而且是由于省际、国际、甚至洲际的纠纷也难以用一个价格来摆平的缘故。

"低碳减排"争议,恰恰就处于这样的情景。假如人类因生产和生活制造的二氧化碳排放,确实是全球变暖趋势的直接原因,那么某些法律经济学者提出的纯市场化的解决方案,就不可能解决这种涉及全球的污染问题。根本原因有二。其一,因为只有一个地球,不可能像"内化"噪音那样"内化"全球的污染,不可能让生产者把地球买下来,让人类搬到另外一个星球去居住。其二，我们的子孙后代还未出生，所以无法与我们进行谈判和竞价，我们也就无从知道适当的污染程度应该在哪里。

要马上补充，市场不能解决"低碳"问题，并不意味着政府管制就必定可以解决，因为管制者同样无法确定适当的"度"应该在哪里。所以，最终可能需要市场与政府联手对付。问题是，不论"低碳减排"和"保护环境"等远大的人类目标是否合理和能否实现，"低碳"已经变成个人和团体牟利的工具，变成竞争的企业之间提高对方生产成本的理由，变成国家与国家之间政治较量的筹码，这时连学术都容易沦为政治的工具。

一个明显的例子，是气候论者们由世界银行首席经济学家斯通（Nicholas Stern）所撰写的报告（常称"斯通报告"）。该报告故意采用了一个完全不切实际的贴现率（远远低于市场贴现率水平）来论证如何应对气候变化。这种"造数"行为，遭到了经济学界的严厉批评，其中包括诺德豪斯（William Nordhaus）和墨菲（Kevin Murphy）等经济学家。

懂得利息理论的朋友知道，在权衡今天的投资与未来的收益是否相称的过程中，利率的选取是举足轻重的。利率稍微变一下，结论就变了。若选取的利率过高，那就表示人们完全不顾未来，把明天当世界末日，这样投资就显得一钱不值；若选取的利率过低，那就表示人们长生不老，完全没有及时行乐的意愿，那要等海枯石烂才见效的投资也显得值得了。

这两个极端都不符合实际。事实上，市场的贴现率，恰恰是市场上无数人把自己的"眼前的享受和付出"与"未来的享受和付出"两者进行平衡而自发形成和汇总的结果，是最合理和准确的。在市场上，利率通常处于5%—15%的数量级，而"斯通报告"用以计算环保政策收益的利率，竟然低至0.1%，即接近为零。若改为采用市场利率，那么整个报告的论点和建议就都站不住脚了。

更重要的是，"低碳"问题即使在科学和事实层面，也同样不乏争议。首先，大气二氧化碳增加和全球变暖之间究竟有没有因果关系，有的话其方向是怎样的，究竟是升温导致二氧化碳增加，还是二氧化碳导致了升温，这些问题还缺乏共识。

其次，影响地球气温的因素成千上万，与其他大自然的作用力相比，人类因生产和生活方式改变而新增的碳排放，对"全球变暖"的边际推动作用，究竟绝对值有多大，它是否可以与斗转星移的作用力处于同一个数量级？恐怕还没有确定的答案。

再有，人类造成的污染不限于碳一种，而其中某些污染，如硫的排放，会造成气候的变冷而不是变暖，从而与二氧化碳的效果相抵消。众所周知，火山爆发也是硫排放的重要来源。两者相抵，地球究竟是变暖还是变冷，至今也没有取得共识。

最后，要严格证实"人类工业导致全球气温上升"这个命题，逻辑上需要一系列的论证要素的支持，包括"地球本身无冷暖周期和年间温差"，"工业前气温一直较低"，"工业后气温一直上升并超过以往任何水平"，"工业期占地球史显著份额故具统计意义",以及"停止工业气温就会下降"等。

然而,上述各个环节都存在重大争议。例如,学者 Fred Singer 和 Dennis Avery 所著的《每一千五百年不可抗拒的全球变暖》(*Unstoppable Global Warming: Every 1500 Years*)一书,就根据树木年轮、珊瑚、海沉积物和人类历史等,确定了六百个跨度约为一千五百年的变暖周期,尽管其原因未明,但显然都与 1940 年后才有的工业增排无关。地球史是以"亿"为单位的,而人类的工业污染历史则至多以"百"为单位,工业污染造成的对全球气温的边际影响的数据,并不具备统计上的显著意义。

我的观点是:假如碳排放导致全球变暖的威胁是真实的,那就不能仅仅依靠纯私有化和市场的方案来处理;但目前的状况是,在这一威胁尚未找到充分的科学证据支持以前,它就已经成为各派角逐一己利益的幌子了。

纯利率影响文化品位

2004 年 1 月 1 日

遇上元旦假期,重读弗里德曼夫妇的自传《两个幸运儿》(*Two Lucky People*)关于中国的部分。其中一个情节,令人掷卷而叹。

据说,一位到芝加哥大学跟弗里德曼念博士的中国学生,送过弗里德曼两幅不同时代的画。先是一幅古代中国画,后是一幅现代中国画。弗里德曼写道:"我们把两幅画都悬挂在公寓的墙上:古代中国画,精致、含蓄,是真美的作品;现代中国画,明亮、鲜艳,是不同的一类。"

我当然没有见过那两幅画,但明白弗里德曼在说什么,心里赞同他。不是我"照单全收"弗里德曼的艺术观点,我只知道他是个伟大的经济学家;也不是我对绘画有先入为主的偏好,而是因为,艺术家的品位深受其个人及其所处的社会的耐心的影响。孰优孰劣,虽是见仁见智的事情,但我自己珍视后者。

大家未必知道,经济学不直接谈论"品位",因为它看不见、摸不着。经济学者如果拿品位变化来解释人的行为,就永远只有一句空话,没有验证余地。为什么有人喜欢读书?你说因为喜欢。那为什么有人不喜欢音乐?你说因为不喜欢。这样说了等于没说。

经济学者不谈无踪无影的"品位",而是借助各种可以观测的"投资",来解释各种"瘾"。比如,接受音乐熏陶的时间,就是对音乐享受所作的投资。接受熏陶的时间越长,对音乐理解力的投资就越大,听音乐所带来的享受就越大。听古典音乐与听流行音乐的享受不同,前者需要听者作更大的投资,才能产生更大的愉悦。

读书"瘾"也是一样。没有人生来就喜欢读书。得先在"阅读理解力"上作投资。要识字、要懂文法、要自己写过、要学过天文地理,懂得人情世故,要读得多,享受才能油然而生。有些人酷爱读书,要读书才够过瘾,而有些人则只看杂志,有些人看报纸就满足了,有些人只能看懂漫画,有些人就只看电视。对"阅读理解力"的投资不同,追求享受的方式就不同。

话说回来。品位既然与投资有关,就必然受利率的影响。我说的利率,不是搭上了货币因素的名义利率,而是体现全社会"急不可耐"程度的纯利率。纯利率无所不在,深刻地影响着每个人的行为。

在纯利率高的地区,人们及时行乐,对未来不抱希望;他们宁愿马上就业,不愿继续深造;他们把抽烟看得比籀牙重要,大吃大喝比锻炼身体重要;他们没有陈酿美酒,不用石头砌房;他们把文物古董倒卖到利率低的地区,换来可以即时消费的金钱。

在文化艺术上,居高的纯利率,令文艺市场的品位变得低俗,令人们追求哗众取宠的效果,而不是谦和内秀的品质,因为要欣赏谦和内秀的作品,得付出悠长的时间和大量智力投资,对"急不可耐"的人来说,这么做显然不合算。

我藏有一些英文旧书,是学术上的经典,上个世纪初的版本,虽然旧了黄了,但装订依然扎实,纸质依然柔韧,版式依然落落大方。翻弄这样的书,使人感受到制作者对长远未来的自信——自信好书始终有人懂得欣赏。

我自己的文集就不同了。曾经遇到一位据说是颇有名气的设计师,他非要以吸引眼球为重,不是把书的尺寸做得格外古怪,就是要在封面上使用拼音,硬说没有英文字母点缀,汉字就无法摆得顺眼。我却认为,我的读者不是只懂拼音不懂汉字的小学生,拼音再好看,也绝对不能用。僵持不下,双方都乐意毁约。

跟香港从事出版的朋友谈起,大家都疑惑不解。要知道,中国当今的印刷技术不差,而深圳更是名列世界前茅的印刷基地,格调再高的图书,都可以在深圳制作。不过,那些精品,多是由外国设计师设计。问题是:中国的劳动力便宜,设计师为什么不愿意多花一点心思?

我现在的答案是:因为国内的纯利率还是居高不下,所以只有急功近利才是合理的选择。无论是读者还是设计师，在文化的鉴赏力上都缺乏充分投资，对文艺产品的长远价值也缺乏信心，所以整个文化市场充斥的，仍然是稍纵即逝的讨巧，而不是久经考验的推敲。文化品位的转变，取决于纯利率的下降，而那需要几代人对耐心的积累。

第二节　保险的机制与实践

灾难预报与保险公司

2005 年 1 月 6 日

圣诞节期间在印度洋沿岸出现海啸，吞噬了数十万人的生命，远近闻名的度假胜地，转瞬间成了被愁云惨雾笼罩的苦海。

这固然是天灾，但也是人祸。刚听到海啸和人命伤亡数字攀升的消息时，我是震惊；但听到多个国家的地震局官员至少两小时前就探测到了地震，只是由于官僚作风延误了通报，而要避免悲剧，许多人只需要十五分钟就可以逃到安全的地方时，我的第一反应是：灾难预报的工作，应该交给市场化的保险公司操办。

这次海啸四十年不遇，四十年不算短。大家想想，假设海啸波及的八个国家的地震局官员，持续四十年，每年都发出一次误报，直到今年才说中，那我问：一，对地震局官员而言，97.5%的误报率能让他们保住乌纱帽吗？二，对死难者而言，2.5%的准确率能说服他们听从警报，花十五分钟跑到高处，躲一躲灭顶之灾吗？

答案是显然的：一方面，地震局官员不愿意承担这么高的误报率。为了降低误报率,他们大事化小,三缄其口,互相推诿;一旦出事,他们却不可能负起他人生命的责任。另一方面,同样的误报率——准确率——却能拯救数十万人的生命!游客没有理由不接受准确率高达2.5%的救命警告。换言之,各国地震局官员与老百姓的"利益严重不对称",是这次海啸造成重大人命伤亡的重要原因。

有什么机制,能克服这种不对称?有!是市场化的保险公司。保险公司的职能,可以归结为三个环环相扣的部分,即准确评估风险的或然率,对投保者提出合理的行为约束,并分摊个别投保者遭遇的损失。这三合一的职能,完全适用于对自然灾害的预测和预警。

首先,保险公司有强烈的动机,对天气、地震和海啸等自然灾害,进行恰如其分的探索、分析、评估、公布和预警工作。如果某个保险公司高估了灾害发生的概率,它就会向投保人索取过高的保费;这样,它就会被其他索取较低保费的保险公司赶出市场。反过来,如果低估了灾害的概率,它就必然会遇到意想不到的索赔,最终被自然灾害打败。

结果是精算。这已经是保险业的基本事实。不同的人群,不同的险种,就有不同的赔率,背后都有大量的专业知识和统计数据支持着。竞争中的保险公司,时刻都在孜孜不倦地修正着精算的结果,追求着对各种或然事件的更准确把握。

据说海啸前夕,印尼的地震局官员以传真方式向其实已经退休的内政官员通报情况,而澳大利亚使馆向另外某国使馆传递的消息,被认为不合乎外交惯例而被搁置。要是让市场竞争中的保险公司负责预测和预警,延误了就得支付天文数字的赔偿,它们至于连电话都不会用吗?

当然,如果让保险公司从事灾难预报,它们为了减少灾害引起的索赔,很可能会增加误报的次数,从而增加直接或间接的经济损失。问题是,误报不可能毫无节制地增加,因为保险公司之间有竞争,而减少误报,从而减少经济损失,也是保险公司的竞争目标之一。

更重要的是,预防灾害是有代价的。五年前,强烈飓风"弗洛伊德"吹袭美国,当风向未明朗之际,东南沿岸二百多万居民,在官方的敦促下紧急疏散。数以万计的汽车造成大塞车,被佛罗里达州政府称为和平时期最大规模的疏散行动。后来虽然证实天气预报错了,但紧急疏散的决定,绝不应该受到责备。

道理很简单,为了避免无法确知的意外和灾害,我们不得不在事前多付一点代价。从事后看,因为飓风并没有吹到,紧急疏散的确造成了诸多不便和经济损失;但若飓风真的吹到了居民区,那么你事后无论再作多少次疏散,也无法挽回飓风所造成的人命和财物损失。

再有,让保险公司来从事天气、地震和海啸的预报,还能加强对投保人的行为约束。不守规矩的投保人,得不到赔偿。如果保险公司对游客发出了警报，游客就有义务疏散，否则灾害一旦发生，投保人就得不到赔偿。这种由保险合约赋予的约束力，也有助于减少高危地区和高危时期的潜在伤亡。

愿死者安息，也愿市场机制能帮助加强人类追求知识和传递消息的动机！

保险机制的演进

2005 年 1 月 16 日

印度洋沿岸多国遭遇海啸。惨重的伤亡,提升世人对预警和保险体系的关注。人们从天灾中获得启示:有人认为生命脆弱,应该珍惜和平;有人认为天灾无国界,国与国应该守望相助;而我从制度上看,强调保险机制在追求信息和分摊损失上的作用。

保险机制比保险公司的历史远为悠久、渗透更为广泛,是人类伟大的发明之一。在大部分时间里,它只是在自发地形成和延续,并没有经历有意的设计和执行。可能正因为这样,其运行机制和对社会冲突的协调作用,往往被低估了。

所谓保险机制,就是三个环环相扣的功能:准确评估风险的或然率,对投保者提出合理的行为约束,并分摊个别投保者遭遇的损失。任何同时具有上述三项功能的社会机制,都是有形或无形的保险机制。

家庭就是一种典型的保险机制。父母之所以担负起对子女的教育和监督责任,不仅是出于对子女的爱护,也是为了降低子女潜在的保险索赔，因为子女一旦遭遇意外损失，全体家庭成员将共同分担。为了降低风险，家庭成员倾向于互相关心、互相监督。

我的老师威廉斯（W. E. Williams）对保险机制有个经典的运用。他第一堂课总是跟学生约法三章，规定谁的手机在课间响铃，坐在他左右两边的同学将要蒙受学期成绩下降一档的惩罚。于是，互相提醒成了同学们上课前的习惯。

一群学生坐在一起，听到手机响起，要确定到底是谁的手机，需要花费时间成本。而因为不容易被认定，学生就有麻痹大意的意图，这意图增进了最终有手机响起的概率。想有效地抑制手机响铃的机会，而不花费大量的调查费用，办法就是"株连"——所谓有福同享，有难同当。

几年前，重庆有市民被高楼上坠落的花盆击伤。因无法确定花盆到底从哪一家坠落，这位受伤的市民便将整楼住户一齐推上法庭。法院后来作出判决，50家住户被判共同赔偿受害人14余万元。这件事曾经引起广泛争议，而我认为法官在判决中运用了"株连"的概念，不仅符合经济原则，其判例也有助于防患未然。

保险机制的实质，也是一种"株连"。一旦出现无人能事前准确预测的意外，那么意外的直接承受人可以得到预先约定的全额补偿，而意外造成的损失，将"株连"所有参加同种保险的投保人——是他们共同承担了某个个别人本来要独立承担的损失。

有趣的题目是："9·11事件"中，两幢世贸大楼倒塌，谁是损失的承担者？世贸大楼的业主肯定不是，因为他们买了保险。保险公司也不是损失的承担者，因为纽约曼哈顿区和其他地区高楼的保险费将增加，保险公司可以征收足够的保费来应付赔偿。即使保险公司入不敷出，其损失也将由其投保的"再保险公司"支付。

那么，是高楼的租户吗？也不是。世贸大楼的租户——如《华尔街日报》——给业主支付的租金，最终是由这些租户的客户支付的。那么，《华尔街日报》的订阅者（如我）是世贸大楼倒塌的承受者吗？也不是，我的订阅费是从稿费中支付的。我不写稿，也就不订报了。到底谁是损失的承受者？

是全世界。因为社会广泛采用了层层的保险机制，世贸大楼倒塌的损失，实际"株连"了全世界人民，是全世界人民共同分担了损失。每人承担的份额未必一样，但都小得微不足道。也正因为这个属性，保险机制又进一步得到了推广。

保险机制的另一项功能是规范行为。直观的例子是美国的驾车保险。在美国开车，司机普遍比我们国内小心得多。究其原因，是法律严格规定司机必须事先购买足够保险；而司机一旦违反交通规则，他要交纳的保费必定大增。虽然保险公司从不直接提醒司机要遵守交通规则，但它向投保人索取的歧视性保费，不折不扣表明了它的立场和分寸。

海啸发生后，我想到了保险机制。我的疑问是，为什么保险机制还停留在目前的规模，而没有得到更广泛的推广。大自然的灾害连年发生，当中涉及巨额的生命和财物价值。保险公司只要在预测灾害的准确率上有半个百分点的改进，就能带来丰厚的利润。欧美的天气预报，早在几年前就走上了商业化的道路；而灾难预报与保险机制的紧密结合，还要等多久？

中国医疗保险的特点和症结

2000 年 12 月 7 日

2000 年 12 月 1 日,《上海市城镇职工基本医疗保险办法》开始施行。该办法第一阶段涉及 10 万人,预计将会陆续适用到 200 万退休人员和 350 万名在职人员身上。其他大城市也将颁布和实施类似的管理办法。

看一次病,时常比病本身更难受。人人都有过切肤的经验,不堪回首。现在陆续有些大城市推出"医疗保险管理办法",读起来布局缜密、声势浩大,仿佛事情将会出现转机。不过,这恐怕只是"仿佛"而已。

这些"医疗保险管理办法",是用来具体安排医药费从哪里来、花到哪里去的事宜的。其中的规定惊人地复杂:哪种企业的职工,什么时候参加工作,什么时候参加保险,什么时候退休,工资总额是多少,处于哪个年龄段,这种险谁交多少,那种险谁又交多少,患的是哪种病,急门诊还是住院,在当地还是在外地就诊,哪种病用哪个账户的钱,花光哪个账户才能接着花哪个账户，上一年度全市职工年平均工资是多少……这些统统都是"交保"和"付保"的参照标准。管理成本之庞大，可想而知。每间医院的收费处，将来恐怕需要由读这套"管理办法"专业的大学毕业生坐镇，才应付得来。

此外，这些管理办法的漏洞和灰色地带也很多：怎样核实工资总额？如何申请在外地看病？"全市职工年平均工资"是怎样统计出来的？搬到其他城市后如何"等值转账"？职工下岗又怎么办？这些都为将来的争执埋下了伏笔。不过，这些还算是次要的。

重要的是，这些森严的管理办法，实质上是强迫潜在的病人，从早年参加工作开始，一直到退休为止，将漫长一生用于医疗服务的资金，不间断地预先缴纳给一个"独家"医疗组织；这个行政组织，不可能为这笔基金带来高于市场利息率的增长，所以病人不必指望它所提供的保险服务，优胜于私营保险公司所设计的险种；而且，病人从此别无选择，只能够前往这个行政组织所指定的医院就诊。

一言以蔽之，这种医疗保险改革的四大特点是：独家、强制性、提前付款、指定消费。

体味到医疗质量低劣的人很多，但根子挖得往往不够深。药品贵，就诉诸"有关部门"下个文件；医疗费贵，就主张搞更庞大的"独家"强制保险基金；医疗事故频繁，就拿起法律的武器来自卫。这些做法，往往于事无补。凭什么这么说？因为这些措施,均未触及医疗服务的供求本质。

行医资格的行政管制,才是问题的根本症结。可惜,人们往往想也不敢往这个方向想。诚然,经济规律在这里也是应验的。独家经营铁饭碗,医生就不思进取;门诊挂号费压得很低,排队的人龙就长得要命,预计只有三个月生命的癌症患者,可能要等两个月后才能看一次门诊;病人无需支付十足的医药费,处方就可以开出参茸燕窝电饭煲;医生的报酬过低,红包就自动矫正这个扭曲的市场。

"不过,"人们就此打住,认为:医疗服务毕竟人命关天,总不能放开供应的入口,让私人自由执业吧?这样生命岂不是更没有保障?市场竞争很好很好,能提供一流的产品和服务,但最关键的行业恰恰不能走这条路。医疗很关键,交通也很关键,还有电信、教育、电力、邮政……

非也。别的先不说,行医执业,是可以放开的。人们不敢赞成放开行医执业的独家控制,是因为不敢坚信"多家竞争"比"独家自律"更好。但是,事实已经表明,"独家自律"信不过。不是吗?药物由"独家"的卫生部门管辖,降价就打雷多于下雨;医疗事故的鉴定,由"独家"的上级卫生部门包办,成功控告的案例就少之又少,官司可以由黑头打到白头;医疗费来自"独家"的强制性基金,从国外的实践经验来看,将来入不敷出,然后就不断增加收费,这是显而易见的趋势。

可是,"多家竞争"就不同了。不要诋毁竞争者。竞争者即使略为逊色,也仍然是好的制衡和替代。有些病李时珍治不好,人们才去找巫婆要香炉灰;若能用上盘尼西林,人血馒头就自然无人问津。换言之,如果李时珍和巫婆都仍然并存,那么就证明,两者在消费者的心目中的价值,还可以相提并论,李时珍还没有完全占领市场。如果说私营诊所的价值低,那么它仍然存在的这一事实,就证明至少在某些病人的心目中,公营医院的价值也不高,否则私营诊所就不会存在了。

问题是,放开行医执业后,如何让病人更易鉴别医疗服务的质量?办法之一是品牌。届时,市场上不仅有小型诊所和家庭医生,同时也有大型的"医疗百货商店"。日常的百货商店,就是这样替顾客甄别商品质量的。不同品牌的"医疗百货商店",可以有它自己的行医标准和收费标准,以及相应的医疗保险机制。各种品牌的医院独立竞争,品牌的数目未必要多,但只要外人有另起炉灶的潜在机会,就算有竞争。

读者会说,好是好,但太想入非非了吧?是的,此等改革方案,不可能要求卫生部门自己提出。知易行难,何况知者还不多。40年前,美国的经济学者们就开始抨击"独家发牌行医"体制的弊端,提出自由行医和"医疗百货商店"的概念,但美国的"医师行会"根深蒂固,根本没有松动的余地。今天,我们的"独家、强制性、提前付款、指定消费"制度也即将施行,看来那条老路是走定了。

"医疗税"并非"医疗险"

2012年9月3日

美国奥巴马总统在2010年提出医改大计,洋洋洒洒两千多页,而整部机器的引擎,是"个人强制条款"(individual mandate),即在政府向全民提供免费医疗服务的同时,有条件购买而拒绝购买医疗保险的人将被罚款。这个条款引起激烈争议,有人认为它违反了美国宪法而将它告上法庭。美国最高法院受理了官司,举行了一连三天的庭审,并在6月28日以5∶4的比例裁决,认为"个人强制条款"的实质是征税,所以符合宪法。

按照奥巴马的计划,从2014年起,所有美国人都将享受医疗保险服务,而除去符合条件的赤贫者外,大部分人都得购买医疗保险。违者受罚。从2014年起,罚款金额为"95美元"或"个人收入的1%"中的数额较大者;而到2016年,罚款金额上升为"695美元"或"个人年收入的2.5%"中的数额较大者。

显然,假如政府只提供免费服务,而不强迫有条件付款的人付款,那逃避付款的人数就必定越来越多,整个计划将难以为继。对此,支持者认为,既然人们迟早都要购买医疗保险,那么政府强迫他们早点购买也没错。反对者则认为,迟早要购买并不等于现在要购买,政府无权强迫人们提前购买。最高法院大法官斯卡利亚(Antonin Scalia)对政府的律师代表质疑道:"每个人都迟早得购买食物……你于是就强迫人们买西兰花。"

问题在于,不管贴上什么标签,"商业保险"与"税收和补贴",从经济运作机制的角度看,是泾渭分明的两回事。理解两者的区别,不仅有助于理解政府推行的"医疗保险"和"养老保险"的实质,而且还有助于推断将来它的效率走势。

我们得明白什么是保险。保险是这样一种机制:它创造出若干可能的未来世界,不管投保人进入了哪个世界,他在这些世界里的财富状况都是一样的。换言之,成功设计的保险,可以让人们不在乎自己是否会遇到意外。购买保险的人,买到的是确定性,即不管他进入哪个可能世界,他的财富状况都是相同的;而他付出的代价是保费。不管他进入哪个可能世界,他的财富都比不购买保险时减少了,减少的就是他为了购买确定性而缴纳的保费。

值得注意的是,保险不是储蓄。储蓄是另一种机制:人们为不测之需作储蓄,如果遇到意外,他就得用掉储蓄,结果是净亏损;如果没有遇到意外,那他就保住了储蓄,结果是无亏损。换句话说,如果人们选择了储蓄而不是保险,那么他们将来的结局不同,即进入了不同的可能世界,他们的财富状态就有所不同。

保险公司要自给自足地维持下去，必须同时满足两个条件。第一是"风险细分"。保险公司要按意外风险概率的高低，尽量把投保人分到不同的组别里。组别分得越细，组内各投保人的风险相似度就越高，高风险者占低风险者便宜的可能性就越低，险种的吸引力就越大。第二是"人群聚集"。在按照风险程度细分的组别内，保险公司招揽到的投保人越多，对意外发生概率的预测就越准确，而这个组别内分摊到个人的保费也就越低。这两个标准的共同效果，是增加同类风险参与人的集聚度。商业保险公司，就是在这两个维度上展开持续的竞争，不仅使得投保人能以最低的代价换取最好的服务，而且能保证自身能够生存下去。

然而，政府所推行的保险，恰恰反其道而行：它一方面要打破风险细分，把各种不同风险的人尽量包罗在一起，同时又以强迫而非自愿的方式来筹措资金。这种运作模式，可能仍然被贴上"保险"的标签，但实际上并不是商业保险。前者是以强迫和管制为基础的收入再分配，后者是靠自愿参与和精打细算来维持的商业机制，两者有天壤之别。

美国最高法院的判决值得品味。首先，它直截了当地指出了奥巴马计划的征税本质："如果一个人没有买保险，那他就必须给税务局额外付钱。这相当于设立了一个缴税的条件。由此看来，'个人强制条款'并不是逼着人买东西，而是一项缴税的条件。而如果这一条款的实际效果，只是对不买健康保险的人的征税，那它的合法性就在国会享有的征税权力范围之内。"

但与此同时，最高法院否定了奥巴马医改计划的另一根法律支柱，即国会依据宪法中的"贸易条款"（The Commerce Clause）来管制州际商业的权力。首席大法官罗伯茨（John Roberts）在判决中写道："'贸易条款'并不是（政府）进行从摇篮到坟墓的管制的通行证，理由就在于人们将来肯定是要参与各种具体的交易的……'贸易条款'只能用于管制已有交易，不能用来逼迫人们进行交易。"罗伯茨又写道："政府认为'个人强制条款'是例外，理由是健康保险是一种特殊的产品。政府认为强制人们购买健康保险，与强制人们购买汽车或西兰花是有区别的，人们并非为了健康保险而购买健康保险，他们是为了健康和防止意外，才购买健康保险的。"罗伯茨就此反驳道，"但显然，人们要购买的也不是汽车或西兰花本身，而是为了运输和进食才这么做。"

更意味深长的是，最高法院的判决指出：既然强制令只是税，那么联邦政府就无权以切断现有的医疗资助为要挟，强迫各州都执行"个人强制条款"。这就打开了另外一条可能令奥巴马计划难以为继的道路：美国 26 个基本上由共和党人控制的州，可以以反对增加税收为旗帜，在州的层面对奥巴马计划作出实质性的抵制。何去何从，最终要听从选票投票的结果，如首席大法官罗伯茨在判决最后提醒的："把人们从其政治选择中拯救出来，并非我们法官的职责。"

弗里德曼（Milton Friedman）曾经列举过四种效率递减的花钱模式：一，花自己的钱替自己办事；二，花自己的钱替别人办事；三，花别人的钱替自己办事；四，花别人的钱替别人办事。奥巴马的医改计划，规模庞大，枝节甚繁，但性质很清楚：它并非基于自愿、精打细算、自给自足的商业保险，而只是通过政府的征税权来施行的又一种收入再分配，其效率属于"花别人的钱替别人办事"之类。

第三章
互相依赖

第二章
生命有限

第四章
需要协调

第一章
东西不够

第五章
经济学随想

第一节　信息不对称与市场的应对

医患之间的信任
2011 年 6 月 13 日

"信息不对称"是这么一种情境：有些事一方确知，而另一方不确知。这现象是人类社会的特征，不奇怪，奇怪的是市场如何克服，并建立互信机制来促成交易的。本文讨论的是：医疗服务是否例外？医疗领域有没有欺骗？医生是否天生就要欺骗？是什么妨碍了医生诚实地谋生？医患之间如何建立信任？

医疗也是商品，与其他商品无异，也服从经济规律。医疗服务必须耗费人财物。培养一个独当一面的医生要多年时间，而器材和药物也占用大量资源。正因如此，医疗服务的质量有优劣之分，而医疗服务也总是在进步过程之中。如果资源并不稀缺，或医疗不需要耗费任何资源，那么人们对医疗服务的需求就会无限扩张。

然而，坊间流传一套叫做"诱导性需求"的理论。该理论认为，有大量医疗服务，其实是病人不必要的。医生之所以诱导病人购买这些服务，只不过是在利用医患之间的信息不对称来赚钱。该理论推断,只有让国家来供养医生,让病人看病吃药全免费,从而割断医患之间的买卖关系,才能避开信息不对称的陷阱,消除医疗领域的欺诈现象。

那究竟医疗服务是不足还是过剩?要回答这个问题,必须分清"特定的医疗服务"与"抽象的医疗服务"之别。病人对前者的需求总是有限的,但对后者的需求则总是无限的。经济学要解释的是,在什么情形下,市场会过度供应"特定的医疗服务",而未能有效地提供"抽象的医疗服务"。

以饮食为例。人们对任何一种特定的食品——如馒头——的需求总是有限的。人们每顿顶多只能吃几个馒头,此外就是多余的了。然而,人们的食欲,却从不限于馒头。只要资源足够丰富,人们的胃口就会迅速从馒头扩展到肉类和酒类,而肉类和酒类势必消耗大量本可用来制造馒头的粮食。从这个角度看,人们对饮食的抽象需求——营养和美味——是无限的。

在医疗领域,情况相同。人们对某种药物或某种手术的需求总是有限的。病治好了就不需要再吃抗生素,婴儿生下来以后就不再需要剖腹产,确诊了是感冒就不需要验血。然而,尽管病人对特定的医疗服务的需求是有限的,但他们对抽象的医疗服务——增强体能、减少痛苦、延长寿命——的需求则是无限的。资源只要充分可得,那就可以转化为满足这些需求的医疗服务。因此,抽象的医疗需求从来是无限的。

问题是,为什么抽象的医疗需求往往得不到满足,而医生又同时故意向病人提供他们实际并不需要的特定的医疗服务呢？原因有二：一是因为医疗行业有太多管制，以致扭曲了医生正常的行医模式；二是因为这个行业缺乏自由竞争，以致前文所介绍的各种消弭信息不对称的市场安排，都无法在医疗领域发挥作用的缘故。

医生故意向病人提供不必要的服务，就是典型的"搭售"，或曰"捆绑销售"。其主要成因有两个：一是政府对诊金实行的价格管制，二是公费报销制度诱发的浪费。

法律经济学之父迪瑞特（A. Director），其开山之作就是关于捆绑销售的研究。他指出，一个能在市场上靠其产品获利的卖家，不可能通过搭售其他产品，来获取超额利润。换言之，任何卖家都能凭借其产品的优势赚钱，但不可能通过搭售来赚两次钱。因此，市场上常见的捆绑销售现象，都是出于其他的原因，而其一就是"规避价格管制"，即通过强行搭配其他商品或服务，把被价格管制压下去的差价补回来。

医生看病，卖的是"诊断"。诊断只是一段话，吃药或不吃药，开刀或不开刀，大事还是小事。医生出售诊断，本应得到充足报酬，并以诊金或挂号费的形式支付。问题是，现在挂号费受到严格的价格管制，挂号费严重偏低，这是诱使医生通过搭售来弥补收入的主因。不难想象，若政府对房租实施价格管制，将1000元的月租压至800元，那么房东就会设法搭售一把200元的钥匙。

要遏止医生在出售诊断的同时搭售不必要的检验、药物和治疗，关键是要解除对诊金的价格管制，让诊断的质量与其报酬相适应。更重要的是，医疗服务与其他商品并无本质区别，要消除医患之间的信息不对称现象，恰恰要借助市场，要尽量促进各种市场机制的自发形成。

历史上，弗里德曼（Milton Friedman）就提出过，用互相竞争的连锁医院品牌来取代垄断的行医执照的建议。众所周知，发放行医执照，是医师行会独揽的特权。这种卡特尔，通过限制医师的供给，提高了执业医师的收入，增加了病人的负担。弗里德曼主张，让不同品牌的连锁医院，自行承担品质检验、成本核算、售后服务等责任，让它们在市场上竞争，从而降低病人的负担，并产生持续提高行医质量的动力。

整个构想涉及许多细节，一篇文章无法穷举，但让我仅以抗生素为例。滥用抗生素，会提高病人的抗药性，为病人未来的治疗埋下隐患。然而，医生为了显示药到病除的本领，有不惜滥用抗生素的倾向。这是"今天的医生"对"明天的医生"所造成的外部负作用了。市场的解决之道，就是"内化"外部性，即要么让今天的医生同时也成为明天的医生，即形成长期专向服务的家庭医生制度；要么让今天的医生和明天的医生同属一个大的连锁医院，以品牌作为约束，以致医生们会主动地在今天和明天之间平衡边际损益，提出恰如其分的治疗方案。

医疗并无奇异之处，只是众多商品中的一种；医生假如能够通过诚实地出售诊断服务，而恰如其分地赚钱，他们就不仅用不着搭售，而且得承受搭售所带来的副作用和毁誉；是市场而非政府，才是衍生各种对付信息不对称的有效机制的场所；也只有医疗提供者之间的竞争——或病人的钞票投票——会逼着每个医生爱惜自己的声誉，站在其委托人即病人的立场来平衡每个治疗方案的边际成本和边际收益。

信息不对称，是人类社会的基本现象。在比较市场与管制、私营与国营的优劣时，讨论的要点，不是有没有信息不对称，而是哪种方案更充分地考虑了人性、考虑了边际成本与边际收益的自动均衡能力、考虑了自发衍生的市场机制的功能、考虑了管制所诱发的反作用以及考虑了官员的经济效率和国营的体制成本。

何谓优质

2011 年 7 月 11 日

日常语言中的"优质",意思就是"好"。然而,"好"没有定则,而随着知识和技术进步,今天的"好",到明天几乎肯定会变为"不够好"甚至"坏"。既然品质的标准总是在与时俱进,那么经济学是如何刻画"优质"的呢?

"优质"的第一层经济学含义,是指"匀质"。换言之,不是说厂商能把产品的品质做到"多好",而是他们能把同类产品之间的"差异控制到多小",就会被认为其品质有"多高"。麦当劳的汉堡,就是典型的例子。人们之所以乐于走进这家快餐店,既不是因为其食物的品质特别高,也不是因为特别低,而是他们自信能买到恰如期望的产品。不高不低,毫无意外,是衡量产品"品质"的准绳之一。

"优质"的第二层经济学含义,是指这么一种状态,即厂商改善产品品质所需投入的"边际成本",恰好等于它带来的"边际收益"。大白话是:不是"质量"越高越好,也不是"价格"

越低越好,而是"性价比"越高越好。

在 1976 年,经济学家弗里德曼在康奈尔大学发表演讲并与学生座谈,一位同学向他提及一个"厂商无良"的例子。那位同学说:"某汽车公司生产的汽车,在油箱旁边加一块挡板,只需要 16 美元,但如果每辆汽车都加这块挡板,那么新增的生产成本就数额惊人,以致超过了制造商在意外发生时所必须支付的赔偿,因此制造商就不会去添置那块挡板。然而,生命无价,所以这显然是厂商无良、导致市场失败的例子。"

弗里德曼回答:"驾驶坦克可以避免你说的事故。但显然你并不主张汽车公司停止生产汽车,而只向市场提供坦克。为什么?因为坦克太贵了。只要你承认这个事实,那么你就和汽车公司一样,是在'成本'和'生命'之间权衡和取舍。你们都在进行计算,而只是计算的结果未必相同而已,可见你也并不认可'生命无价'的说法。"

弗里德曼接着说:"汽车公司生产的这种车型,究竟是否加上挡板,表面上由制造商决定的,而实际上是由消费者决定的。显然,如果消费者不乐意增加这块挡板,那么消费者就会去选择较便宜的车型;而如果消费者乐意,那么制造商就不仅会添置那块挡板,而且会顺利地把成本转嫁给消费者。所以,当我们观察到汽车制造商没有为某款车型添加挡板时,其背后的原因可能就是消费者不愿意。"

读者会问:消费者买得起汽车,怎会不愿意多付 16 美元来增加汽车的安全？答案是：那块挡板只是众多增进安全的措施之一。如果把同类的措施都加上，那么整款汽车的制造成本就必定大幅提高，从而变成另外一款价位更高的车型了。

这恰恰是各种品牌、型号、档次的产品，在一个市场上共存的原因。例如，一个迫切希望买车代步的小康之家，或许就不乐意为沃尔沃所提供的安全付账。为了得到同等的安全程度，他觉得与其购买沃尔沃的独特设计和工艺，不如自己多加小心更合算。另外一种可能，是他觉得与其购买那么高标准的安全，不如把钱省下来用到别处去更合算。听上去有点不可理喻，但实际生活中，人们每时每刻都在作这样的权衡和取舍。

侵权法（tort law），是消费者用来对付厂商制造伪劣商品行为的主要法律工具。其重点是：以法律的力量，按揭发真相的难度，加倍地对厂商进行惩罚，从而把减少伪劣产品的责任，加到厂商的身上。然而，美国从上个世纪40年代开始大量使用侵权法，到了滥用的程度，结果令制造商如履薄冰，最后连保险公司都拒绝为合理范围内的意外担保，从而引发了上个世纪80年代的"保险业危机"。究其原因，就是没有分清，市场追求的究竟是"高质量"还是"高性价比"的缘故。

这个分析框架，也同样适用于中国目前的食品质量问题。要恰如其分地解决食品安全问题，不依靠法律，与过度依靠法律，都是极端的做法，都是要付出不值得付出的经济代价的。

一方面，犯有掺假重罪的制造商，被发现后没有得到倍数足够的惩罚，这令后来者仍然抱有侥幸的心理，以致同类事件屡禁不绝。但另一方面，监管部门不顾真实生活中的成本约束，拔高品质标准，也同样会诱使制造商造假，并破坏了法律的尊严。

最近我国修订生乳的质量标准，将每毫升细菌总数的上限，从 50 万个大幅度提高到 200 万个，并将蛋白质含量的下限，从每百克 2.95 克降低到 2.8 克。消息传出，骂声一片。但我认为，这恐怕是政府管治理念的进步。理由很简单：降低硬性的质量标准，既有助于降低厂商掺假的积极性，也不妨碍有能力的厂商去提高产品质量，而只要消费者能够识别质量差异，并乐于为提高的质量付账即可。

产品质量是复杂的问题，讨论的起点是弄清楚我们要的是什么：究竟是防止"伪造"（事关诚信），还是防止"劣质"（事关技术和生产条件的进步）；究竟是要"匀质"（事关预期），还是要"高质"（事关成本），还是要"高性价比"（事关边际收益与边际成本的均衡）。不从这个框架去看，结论难免偏颇。

缺奶、淡奶、浓奶和毒奶

2011 年 7 月 25 日

上文谈"何谓优质",我认为降低生乳收购的国家标准,"恐怕是政府管治理念的进步"。文章刊出,引起争议。人们习以为常的想法,是标准越高越好。说"降低标准是进步",自然令人感觉怪异。不过,读者能否再多想想,政府如果要拔高质量标准,则只需一纸空文;易如反掌的事情,何乐而不为?在去年毒奶事件爆发后,质检部门为什么还冒天下之大不韪,降低生奶的质量的标准?

我推断,那是由于政策制定者意识到问题的症结,不得不通过修订质量标准,以在"缺奶""淡奶"与"毒奶"之间作取舍的缘故。人们有许多美好愿望,但经济学分析有时很残酷,总不忘提醒大家"现实有约束,愿望得取舍"。这是经济学者理解世事的出发点。

让我谈谈"缺奶""淡奶""浓奶"和"毒奶"的情境吧。在 20 世纪的 90 年代以前,牛奶很稀缺,是需要靠走后门或凭医生证明才能得到的高级营养品,所以老百姓基本没有喝奶的习惯。牛奶送到家里,还要站在蜂窝煤炉前耐心地等着煮沸,稍不留心就会溢出洒掉,哭不回来。那个年代,奶质标准专为国营畜牧场而定,要求比较严苛,而散户供奶是不成规模的。简言之,那是"缺奶"的情境。

随着生活质量的改善和营养观念的普及,市场对奶制品的需求激增,而散户供奶的产业蓬勃兴起。据报道,今天全国奶制品消费量中,大约仍有七成来自于散户的供应。散户供奶,优点是供给者的进入门槛低,饲料便宜,农户家里有什么就给奶牛喂什么,千千万万散户汇集起来的总量大,能比较迅速地满足市场上不断上扬的需求;其缺点,则是饲料质量的差异导致生奶质量参差。简言之,那是"淡奶"的情境。

我们当然希望能尽快从"淡奶"过渡到"浓奶"。重要的一环,是产业链条的"垂直整合",即从散户供奶,转变为乳品加工厂自给自足,并进一步完全控制饲料来源。只有这样,才能降低生产环节中因"转手"而诱发的欺诈行为,才能充分发挥品牌的抵押作用,从而保障乳品的质量。理想的做法,是一块从未被污染的净土,种植出高品质的青草,喂养从美国或澳洲进口的良种奶牛,挤出的牛奶只需要经过轻加工,便可以空运到超市或诸位的家门。

然而,对广大消费者来说,那暂时只是理想,因为世上的良种奶牛还不够多不够便宜，产业链条整合需要时间，消费者是否愿意出价还是未知数，政府也暂时不允许乳品大量进口。这些因素不能一夜解决，从"淡奶"到"浓奶"的过渡就不可能一蹴而就，我们就必须思考质量标准来与生产和消费水平相适应的问题。

以针对专业畜牧场而制定的质量标准，来规范大量新兴的散户奶源，便出现了散户奶农"造假"与乳品加工厂"防假"的长期博弈。显然，如果大量散户提供的牛奶，其平均质量被恰好挡在过高的标准之外，而不得不倒掉的话，散户造假的积极性就会大增。散户奶农自己掏钱投毒，以伪造蛋白质含量的恶性事件，就是在这个背景下产生的。简言之，那是"毒奶"的情境。

让我们在这个背景下讨论修订国标带来的影响。首先要说明，并不是修订了国家标准，就可以杜绝造假，也不是说修订了国家标准，就能自动生产出足够多的优质牛奶，而是说国家标准的修订，会在边际上影响上述"缺奶""淡奶"和"毒奶"三种情境发生的概率。

同时要说明的是，国家标准并不等于企业标准。国家标准是以法律为后盾对整个市场划定的底线。如果人们实际能力，与这条底线之间存在很大的差距，那么造假的诱惑就很大，而政策制定者就必须以实事求是的态度处理这种诱惑。另一方面，单个企业不仅可以有很高的标准，而且可以有很多种标准。不同品牌和不同档次的产品，在消费者市场上互相竞争，优胜劣汰，那才是质量进步的根源。回望历史，生活水平的提高，是企业竞争出来的，而不是政府规定出来的。

显然，从"缺奶"到"淡奶"，是从无到有，是进步。进步往往是渐进的。不切实际地拔高标准，会适得其反。到底是要防伪防骗，还是要防劣防次，我们得作清楚的区分。

不难想见，如果政府规定所有食肆，都必须达到麦当劳餐厅的卫生标准，那么全国过半的白领就会遭遇早午饭难问题，而像北京簋街的一些廉价食肆也会大量倒闭；同样，如果政府规定所有家具必须达到哪怕只是"达芬奇"的标准，相信也有过半的市民将无床可卧；再到牛奶，如果标准适当放宽，并且鼓励厂商如实汇报其品质，并收取较便宜的价格，那么散户造假的诱惑就会大减。这样的牛奶喝下去，虽然营养较少，但还不至于中毒。

坊间还有一种说法，认为政府之所以降低质量标准，是由于质检部门被乳业大厂劫持的结果。我认为这不合逻辑。提高国家标准，对大厂商而言，恰恰是利大于弊的。这是因为一般工厂越大，自养奶牛就越多，奶质就越容易达标。若硬性拔高国标，并加上严格执法，首当其冲的是提供低质奶的散户奶农和购买廉价奶的穷人：前者要么倒奶，要么造假；后者要么喝不上奶，要么喝上毒奶。

那么，在新国标下，生乳的蛋白质含量每百克 2.95 克降低到 2.8 克，细菌总数从 50 万个大幅度提高到 200 万个，对成品奶究竟造成多大影响？根据央视新闻介绍，一个体重为 60 公斤的人，每天需要摄入60克蛋白质;而一盒250毫升的牛奶,在旧国标下应该含7.375克蛋白质,在新国标下则应该含7克,两者相差0.375克,仅占人体每日所需摄入量的0.625%;而生乳的细菌数,经杀菌处理后,完全可以达到接近无菌的状态,只是杀菌的力度大,牛奶的营养成分会打折扣而已。

从"缺奶"到"淡奶",是国人饮食结构改善的重要一环,其中散户模式功不可没;而从"淡奶"到"毒奶",则是悲剧,其中生乳收购国标不够切合实际,以及司法体系对造假者的惩罚缺乏应有的力度,都间接增加了产生悲剧的概率。适当放宽生乳国标,加重对造假者的惩罚,均有助于减少造假和投毒的悲剧;至于从"淡奶"到"浓奶"的过渡,最好还是交给企业,让它们在诚实的竞争中,按消费者投钞票的意愿,水到渠成式地进步为宜。

信息不对称与市场解决之道

2011 年 5 月 30 日

经济学家阿克罗夫（George A. Akerlof）在 1970 年发表了一篇关于美国旧车市场的文章，说"信息不对称"的现象，可以令市场萎缩甚至消亡。此后，"信息不对称"就不胫而走，成了经济学的热门概念，而阿克罗夫本人后来也因此获得诺奖。几周前我在课上讨论该文，引起同学热议，在此谈谈要点。

所谓"信息不对称"，指的是这么一种情景：卖方可以控制产品的质量，要么提供高质产品以求高价，要么提供低质产品以求低价；买方无法确知卖方究竟提交哪种产品，所以只愿出一个中间价；卖方见只能赚取中间价，便拒绝提交高质产品，而只提交低质产品；买方于是进一步将出价压低……买卖双方经过多次博弈，以无法成交、双输离场告终。

这篇文章的投稿过程并不顺利。最初那家杂志拒绝刊登，理由是"这个模型若真成立，那么真实世界里就不存在市场交易了"。我认为这个退稿理由虽然失之偏颇，但有启发性。阿克罗夫提出的困境,在人类社会中确实存在。信息不对称不是新闻,只要有两个人在,他们之间就必定有不为对方所知的信息。然而,世界每时每刻都发生着大量的交易。所以,一个引发大量研究成果的核心问题是:既然存在大量的市场交易,那么人们是通过哪些方式来克服阿克罗夫困境的呢?

显然,通过一次交易来建立互信,并不容易。茅于轼先生多年前就谈过,拿着钞票能到商店里买食物,对一个原始人而言是不可思议的:店主相信这钞票吗?他收了钞票然后说没收怎么办?顾客吃完以后拒绝付账又怎么办……但是,在具有人文背景的社会中,在交易重复进行的市场上,人们逐步建立了种种精妙的机制,克服了阿克罗夫困境,使大量交易成为可能。

第一类办法是他人担保。美国最大的二手车商叫"CarMax",中文音译跟那位共产主义运动大师相同。它创建于1993年,现在已是全美最大的二手车商。去年迁居北京前,我就是在那里将车卖掉的。业务经理让我坐下喝咖啡,工作人员在车间验车和定价,再让我到柜台签字结账,整个过程不过45分钟;而经过它转售出去的旧车,一概有质量保障,承接的买家根本不用担心。

第二类办法是签订"同舟共济"合约。例子很多:两个人组成合伙制公司、两家公司缔结战略合作关系、作者与出版社签订按销量来核算的版税合同、推销员与厂商之间按销量来核算的佣金合同等等。所有这些办法,都是鼓励人们披露信息、鼓励利人利己行为、惩罚损人利己行为的。

第三类办法是企业的垂直整合。当上游厂商与下游厂商进行生产交接时，会存在"信息不对称"和各种敲竹杠行为。解决之道，可以是它们合二为一，共同进退。例如，如果牛奶加工厂不相信奶农交送的牛奶质量，前者就可以通过自己养牛来保证牛奶质量；如果牧场不相信奶牛吃的饲料的质量，那么牧场可以自己种草来保障饲料质量。

第四类办法，是卖主替自己担保。卖主把大笔抵押先放在台面。这些预支的抵押，只有在卖主始终保持诚信时，才可能通过长期经营来收回成本。这种抵押的潜台词是："如果你们发现我骗人，那我就血本无归"。从这个角度看，办公楼的专用装修、广告、品牌，乃至商人之间在饭桌上喝酒买醉，或朋友之间互通隐私，都能在不同程度上起作用。

加州大学的经济学家克莱因（B. Klein）和莱佛勒（K. Leffler）曾经写过一篇名文，解释企业为什么要斥巨资请明星做广告。他们论证，企业这么做是为了预支抵押，以起自我担保的作用，而不是一些政府官员以为的，要让明星来鉴定产品的质量。因此，政府不必立法，要求这类广告中的明星真的使用其代言的产品，或要求他们替产品作品质鉴定。这是说，假如某天皇巨星为生发水作代言，他自己既无须是秃子，也无须懂得医学。

第五类办法，是请保险公司替商人担保。一方面，社会不能容忍商人生产过分便宜而质量过低的产品，因为那样对消费者而言是得不偿失；但另一方面，消费者也不能承受商人生产过分昂贵而质量太好的产品。例如,一个能在飞机爆炸时还完好无损的咖啡壶,是没有任何实用意义的,尽管美国军方由于对公款毫不在乎,就曾经购置过这种厨具。

这是说,在市场竞争下,商人只能提供恰如其分的安全产品。这么做的结果,是仍然留有发生安全事故的隐患。这部分隐患,属于不可抗力,可以而且应该通过保险机制来承担。更重要的是,在这个机制之内,保险公司与投保的企业,形成了利益共存的关系。投保企业为了享受较低的保费,会主动遵守适当的安全生产准则,从而有效地提高产品的质量。这与司机主动佩戴安全带,以换取性价比更高的保险服务,是同样的道理。

上述种种制度设计,都是市场衍生而成,用以对付阿克罗夫困境或曰"信息不对称"现象的。关于"信息不对称"的大量研究,其综合的结论,恰恰不是市场如何失败,而是市场如何成功地解决了无处不在的"信息不对称"的局限的。

共享经济不可挡

2015 年 3 月 18 日

我们对出行服务有迫切的需求。根据罗兰贝格的估计，我国全国日均轿车出行需求约为 6000 万次，其中有一半可由出租车满足，400 万次由注册租赁车满足，而 2600 万次的缺口则只能由各种黑车、专车、不明不白的车或者我们称之为法外的车来满足。我们经济学人知道，需求量不是一个固定的数字，而是随着价格变动而变动的。如果出行的价格进一步下降，那么出行的需求量还有很大的增长空间。所以，目前这个数字，也只是一个参考。

不管怎样，要满足大约日均 2600 万次的需求缺口，就必须突破双重限制：一是城市车辆增加的实体限制；二是出租车牌照数量的政策限制。首先，就是必须解决物理上车的来源问题。车从哪儿来？如果"永远"不准私车进入市场满足部分出行需求，那就得添加大量新出租车。但是，我国汽车保有量已经达到 1.54 亿辆，增长率开始逐渐下降，显然增加新出租车并不是现实和有效率的做法。既然需求很迫切，供给受到限制，就要允许市场开发私车存量。

其次,是牌照的政策限制。出租车市场的管制和牌照由来已久。历史上最早出现的出租车就是马车,英国早在1635年就开始立法管制出租马车(*Hackney Carriage Act*),1654年就开始发放出租马车的牌照。许多专家说,不论古今中外,出租车都是需要管制的。确实如此。我们得问问,为什么出租车需要管制?

我认为最根本的原因是信息不对称。出租车跟饭馆不一样。饭馆的经营场所是固定的,顾客消费之后还能回来找到它。但出租车到处游荡。比如北京有6万辆出租车,如果遇到一个不好的司机,基本上这辈子你不会再碰到他。所以政府就得来管,管了以后就往往会实行牌照数量管制。这是古往今来出租车都需要管制的根本原因,是不可阻挡的。台湾曾经试过出租车个人注册登记制度,后来发生很多问题,最终又回到公司制度,原因还是人与人之间的信息不对称。

不得不进行管制的一个后果就是份子钱。只要管制了数量,就产生了垄断,就产生了垄断租,也就是份子钱。份子钱是数量管制的结果,而不是原因。如果不放开数量管制,份子钱是减不下去的。不管怎么用行政命令取消,最后份子钱还是会以这样或那样的方式冒出来。份子钱会涨到多高呢?在美国纽约,出租车牌照卖到60万、70万、80万甚至100万美元一个。

信息不对称导致了管制,管制导致了份子钱,一环扣一环。那么有解决方案吗?答案是有!它来自一个我们意想不到的技术突破——移动互联网。2015年,中国智能手机保有量将达到6.3亿台,全面取代功能手机。这些年来,人们自动自觉地给互联网基础设施作投资,每隔一年半到两年就换一部手机,重新作一次投资。在此基础之上,涌现出了互联网约车服务,以及这些公司之间白热化的竞争。

当我们讨论互联网约车服务遇到的各种政策限制的时候,首先要看到经济发展的大势是谁都挡不住的,因为几百年来信息不对称的问题得到了革命性的解决。在约车平台上,司机可以被评分,乘客可以被评分,路线和价格都是透明的。上海的一位学者傅蔚冈认为,最关键的是支付手段发生了根本变化,从现金支付转为网上支付。过去出租车是游兵散勇,将在外君命有所不受,所以才需要那么多监管。今天,互联网约车平台可以非常精确地把控司机的路线、收入、车资以及其他所有服务细节,可以根据天气、地段、线路、供需、时段来灵活调整资费,而且车资直接转到公司账上。互联网约车平台使得传统的出租车转变成跟餐厅一样的商业模式。

这时候,古今中外对出租车进行管制的根本理由,即信息不对称问题,已经荡然无存了。互联网约车平台能够做得比传统管制好得多。许多人都看到了这个趋势,特别是投资人看到潜在收益非常大,所以才愿意进行大量投资。

未来会怎么样?未来是"共享经济"。过去也是因为信息不对称,许多资源难以共享,只能闲置,所以闲置不算是成本。今天所有的资源都可以在互联网实现共享。不是说所有权不重要，而是使用权变得碎片化了，资源的使用效率提高了。既然有这个选择，能增加效益，能提高收入，那么闲置的成本就变得很高，而共享经济就会变成无法阻挡的潮流。

共享经济面临很多阻力。就以互联网约车而言，它在世界各地都受到各种指责，比如说没有交税、服务质量、安全问题等等。其实这些都是可以解决的问题。最关键的是所有这些反对声音其实并不来自于消费者，而来自于他们的竞争对手。这才是问题的本质。

未来的共享经济是挡不住的。问题是通过什么办法顺应这个变化。我提供两点意见。

第一，我们不能完全以欧美市场为参考，对欧美的做法亦步亦趋。欧美有许多做法是落后的甚至是错误的。今天中国的信息产业发展很快，已经走在世界的前面。中国的互联网和信息经济的问题，就是世界的问题，就是世界的难题。我们不要向比我们落后的国家看齐，我们要看的是未来。

第二，我们可以实现多方共赢。科斯定律说，如果产权明确界定，且交易成本足够低——我加一句，只要收益足够大，饼足够大——那么不管产权如何分配，资源的使用方式将是相同的。今天各方利益冲突的根本就是出租车现有的牌照管制。解决问题的思路，就是约车公司不仅要互相并购，还要去入股和并购现有的出租车公司。可以在现有的出租车上，打上联营共管的标志，比如"Powered by Didi"或"Uber Inside"之类，共享收益。可以把出租车公司的员工收编过来，跟我们国企改革一样，老职工到一个新的环境也能释放出巨大的能量。这是实现多方共赢的一个途径。

第二节 劳动力的权利与福利

失业不是浪费

2001年1月8日

失业都是自愿的

工作不是不够,而是太多了。因为世界上的商品和服务总是不够,所以可做的工作总是太多。那为什么还有那么多人失业?因为人们计较报酬。

人人都计较报酬。当报酬太低时,人们就宁愿失业,因为失业更合算。当然,怎样才算"报酬太低",各人有各人的标准。对于美国前副总统戈尔来说,离职后若找不到哈佛校长之类的职位,报酬就算是太低了。但不管是谁,失业都是个人"计较"的结果,都是主观的选择,而不是被动的接受。所有失业都是自愿的。

失业是果不是因

失业只是结果,而不是原因。失业的原因,是市场对劳动力的需求发生了改变。原来有需要的一些工种,后来不需要了,找不到买家了,这才是失业的原因。比如网站的频道编辑,去年这个时候很吃香,但现在不需要那么多了,所以很多频道编辑失业了。

这边是空置的电脑和办公桌,那边是待业的频道编辑,实在是浪费。是的,的确是浪费,但这浪费,不是现在裁员造成的,而是过去决定兴办网站公司时就已经造成的。是那时候估计错了。其实市场并不支持网站的这种商业模式。所以,现在频道编辑失业,矫正了过去的决策错误。

是"过去的决策"造成了损失,所以现在才会裁员。"现在的裁员",只是在矫正"过去的决策"。如果现在不准裁员,那么损失就会更大。是跌断了腿,所以才打石膏;而不是先打了石膏,才跌断了腿。是劳动力资源先出现了错配,才需要靠"失业"来调节;而不是先出现了"失业",才导致了劳动力资源的错配。

国企为什么要关停并转?国企职工为什么要下岗?道理是一样的:是社会无法承受国企的浪费,国企才不得不退出市场,职工才不得不下岗;而不是反过来。不是国企停业和职工下岗造成了社会的浪费。要禁止亏损企业停业,或禁止国企职工下岗,很容易做到,但是,谁来付账呢?

失业是一种矫正过程

失业不是浪费,而是一种矫正过程。无论是寻找新的工作,还是重新培训自己,都需要时间和费用。如果硬要消灭失业现象,那么一遇到工作就干好了。但这样就很难碰上合适的工作,大家的潜质就很可能被埋没。一遇到工作就干,那才是浪费。

有位市长曾经许诺"48小时内为求职者提供就业机会"。我们知道,这完全可以做到。因为这个世界的商品和服务都是稀缺的,所以工作总是充分的。那位市长的做法并不成功,否则早就在全世界推广开来了。为什么?因为谁都不愿意"一遇到工作就干",尽管这样可以完全消灭失业。

同样,医生不会许诺"48小时内让病人出院"。生病是不好的,但住院是为了治病;我们要防止生病,而不是防止住院。要病人48小时内出院,一定做得到,但那没有意义,病人不接受。大家想一想,要消灭"失业现象",就跟要消灭"住院现象"一样荒谬。

"失业救济"有别于"创造就业"

每个失业的人,都需要一段重新求职的时间。较富裕的人,可以动用储蓄来维持;而较穷困的人,则需要救济。人人都希望自己"失得起业"。"失不起业"才可怜,那意味着必须"一遇到工作就干",没有喘息机会。

政府对失业者发放救济,有助于人们"失得起业"。但是,"政府失业救济"有别于"政府创造就业"。政府的失业救济,是把钱财直接交给失业者,让他们生活下去,并寻找报酬得当的工作。失业救济是一种投资,失业者可以靠这笔投资来寻找更好的工作,并靠这份好工作来偿还失业救济的成本。

政府创造就业,则是政府为了消灭失业现象,开办本来不需要的项目,招聘本来不需要的劳动力,让他们从事本来不需要的工作。这一切只是为了"购买"一个发放救济的借口。大量的钱财消耗掉了,但只有一小部分落到了被救济者手上。要救济的是人,而不是厂房,何必为了救济一群人,而苦苦撑起一座厂房呢?为什么不干脆让他们失业,然后直接把救济金交给他们呢?

价格战减少了失业

有些经济学家反对价格战,理由是价格战会导致企业入不敷出和职工下岗。现在,您能否运用上面的原理,指出他们的错处呢?

企业入不敷出和职工下岗,不是价格战造成的,而是当初企业投产的决策造成的,或是市场需求的变化造成的。是当初不该引进这么多电视机生产线,不该买这么多飞机,不该盖这么多电影院。早在当初拍板和动工的时候,亏损就已经形成了,只是亏损暴露的时间滞后了而已。

我们知道，生产线一旦安装妥当，飞机一旦买回来，电影院一旦盖好，就全都成了"沉没成本"，追悔莫及了。到这个地步，企业便只能要求维持工人的工资，而不能要求连"沉没成本"也收回了。所以，"低于成本销售"的现象是存在的，也是合理的。

这种价格战，实属不得已而为之。如果彩电、机票、电影票还不降价，那么顾客就更少，企业的收入就更低！如果投资过剩，要收回"沉没成本"就没有指望，那是泼出去的水。但幸好还可以打价格战，企业还能增加一点收入，多养活一些工人。不要责怪价格战。价格战不仅不是职工下岗的原因，反而是减少失业的合理措施。

出卖劳动是基本权利

2012 年 3 月 5 日

本着双方自愿的原则,诚实地出卖自己的劳动,换取酬劳来养家糊口,是不是基本的人权?读者或许认为,这是理所当然的。我也这么认为。然而,这项天经地义的权利,今天已经被严重扭曲和限制了。

说来话长,美国在立国以前,就已经有上百年的英国殖民地历史。由于沿用了英国的司法系统,所以普通公民(黑人除外)已经享有了相当程度的自由(liberty),即独立的司法系统对人身和财产权利的保护。于是,到美国立国之时,美国的立宪者们便产生过一场激烈而持久的争论,即要不要把当时公民所享有的各种基本权利,逐一列举出来,汇成一部《权利法案》(*Bill of Rights*)。

一部分人认为,只要在《宪法》中列明政府的权力就够了,因为只要不在列表内的,就自然不属于政府的权力范围,那也就必然属于个人的权利;而一旦列举个人权利,那就难免挂一漏万,使人们产生误解,以为被遗漏的权利失去了保护。但另外一部分人则认为,还是要把个人权利尽量用明文的方式列举出来更妥当,即使难免有遗漏,也总比完全没有列举好。

这场争论中,赞成列举权利的人逐渐占据上风,结果继《宪法》后,立法者陆续通过一系列的修正案,来列举和说明各种个人权利。然而,随着时间的推移,立法者又感到有必要强调那些尽管未被言明但显然已经存在的个人权利,于是便有了全文只有一句话的第九修正案(1791年):"本宪法对某些权利的列举,不得被解释为否定或轻视由人民保有的其他权利。"

毫无疑问,本文开头所提到的,"本着双方自愿的原则,诚实地出卖自己的劳动,换取酬劳来养家糊口"的行为,就是当时社会所默认的、人民所普遍保有的基本权利。不幸的是,这项权利始终没有被后来的修正案所明文列举,以致到1905年,便遭遇了第一次有惊无险的挑战,而到后来则受到了实质性的破坏。

在1905年的 *Lochner v. New York* 案中,小面包作坊的工人,由于自愿加班工作,而违反了纽约州政府颁布的"关于工作时间限制"的管制政策。工人和政府之间的冲突,最后呈上了美国最高法院的审判庭。案件要点是:政府通过颁布经济政策的方式,对工人的劳动权作出限制,究竟是否合法?

当时的美国最高法院,明确否定了这种经济政策的合法性。大部分法官认为:"强行破坏雇主与雇员之间缔结合约的自由,是一种缺乏合理理由的做法,是对个人权利的不合理、不必要和武断的干预。"基于这个判决,美国法院在随后的二十多年里,否决了大量侵犯个人劳动权的政府管制政策。

不幸的是,到了 20 世纪 30 年代,最高法院的意识形态发生了重大的转变。在 1934 年的 *Nebbia v. New York* 案的裁决中,最高法院抛弃了自 *Lochner* 案以来对个人谋生权利进行保护的传统,转而对政府的经济政策作无条件的偏袒。在 *Nebbia* 案中,一位商人违反奶制品最低保护价的规定,以低价出售牛奶。争议的要点是:政府是否有权干预私人买卖的定价?最高法院的判决是:"州政府拥有充分的自由来选择任何被合理地视为有助于促进公共福利的经济政策。"自此以后,大量政府出台经济管制和政策(如最低工资法),便假"公共福利"之名,排挤甚至取代了私人自由缔结劳动契约的权利。

与此同时,另外一些并行发生的事件,也在威胁着工人和雇主自由缔约的基本权利,其中相当有代表性的,是"黄犬合同"(yellow-dog contract)的消失。

我们知道,工人组织工会,在生产的节骨眼上罢工,会对生产和投资造成极大的损害。例如,如果在葡萄收割季节罢工,那么只消两个礼拜,就足以让全年的种植泡汤。为了避免损失,雇主让雇员在两种合约之间作出选择,一是可以罢工但工资较低的合约,二是放弃罢工但工资较高的合约。后一种契约,俗称"黄犬合同"。优胜劣汰,黄犬合同能够帮助雇主和雇员达到双赢,所以在当时相当流行。

然而，到了1932年，美国通过了《诺里斯—拉瓜迪亚法案》（*Norris-La Guardia Act*），宣布所有法庭不得保护"黄犬合同"。这样，那些愿意先收取较高工资，同时保证如约劳动的工人，便被剥夺了基本的选择权，而不得不顺从工会的意旨来行事。随后，国会还推出了《瓦格纳法》（*The Wagner Act*）等一系列国家劳工关系法案（*National Labor Relations Acts*），其中规定企业一旦建立工会，那么工会就自动代表所有工人，不论他们是否愿意加入。这些法案，进一步伤害了美国工人基本而独立的劳动权。

重提旧事，是想引起讨论：雇主和雇员之间诚实相待、谋求双赢、自由缔约、履行合同的权利和义务，究竟应该受到何种程度的法律保护？交易者之间的买卖，是否得听从非交易者们的闲言碎语？更具体地说，中国工人的工资和待遇，是否得取决于美国工会所施加的舆论压力？

最低工资法不可取

2001年4月2日

很多人不假思索地认为,我们的福利来自完善的规定和法律。每当想到要提高生活水平,他们的直觉就是要让政府下个规定,甚至立个法。这样,"起码"的生活水平就有了保障。如果有人违反法规,就予以追究和严惩。他们似乎不知道,好生活从来不是"规定"出来的。

工资是由什么确定的

收入怎样才合理,众说纷纭。常常有人认为工资应该根据人的素质来定。如果考古学博士去教小学,红楼梦专家去扫地,那么工资似乎就应该高一点。反过来,如果连中专都没有毕业,倒是赚了高收入,似乎就不正常。有些暴富的明星,靠的只是搔首弄姿,并没有下过苦功,于是大家就觉得不合理。

这种想法是错的。说得深奥一点,错误的根源就在于,他们以为原材料的"成本"决定了最终产品的"价格"。但经济分析的观点则正好相反:"供求"先决定最终产品的"价格",而最终产品的"价格"再决定原材料的"成本"。哪个是因,哪个是果,顺序完全颠倒过来了。

那个搔首弄姿的明星,之所以赚大钱,是因为市场对她有需求。您可以讨厌她,但得承认,别的很多人喜欢她,所以她的劳动力才值钱;而不是反过来,因为她投入的成本低,所以她的表演就不值钱。培养博士和专家的成本确实很大,但他们如果去扫地,那就只能接受扫地的工资,而他们过去钻研学问的成本与此无关。如果我搬到总统套房里写专栏,那么应该提高我的稿酬吗?不。

归根结底,市场的"供需"是劳动力价格的唯一决定因素。

最低工资法的恶果

既然工资是由劳动力的供需决定的,那么用命令或法律来规定工资和福利的高低,就是枉费心机。理由再简单不过:我们既不能"规定"劳动力的供应,也不能"规定"劳动力的需求,否则我们早就干脆"规定"自己是个富翁了。

"最低工资法"是世界上最典型的法定福利。工人收入低吗?规定它高一点好了——人们往往这么想。但大家没有料到,这种硬性规定的后果,是低薪工人失业,是低薪求职者再也找不到工作。其实,低薪工人自己本来不想漫天要价,漫天要价会伤害他们。

我们知道,"最低工资法"规定的只是货币工资,而货币工资仅仅是"全部报酬"的一部分,此外还有劳动保障、医疗费、有薪假期、工作环境、职业培训等等,那才是"全部报酬"。如果用法律来硬性规定其中的货币工资,那么雇主就会在长期内调整其他报酬,使"全部报酬"回落到本来的水平,使法律失效。

我们也知道,很多人出于好心赞成"最低工资法",那是因为他们没有意识到它的害处。但有些人则是别有用心的,因为强制性地提高工资,会产生极为微妙的后果。

例如,美国北部的工资比较高,南部的比较低,但北部的工会却极力呼吁,要提高南部的工资。那是为什么?那是没安好心。因为北部的工资本来就高,而且劳动力不密集,所以提高最低工资对成本的影响小;但南部劳动力密集,一旦提高法定最低工资,成本就会大增,竞争力就会削弱。

美国的制衣工会,也一直强烈要求提高最低工资,声称那是为了保护新移民和年轻人,不让他们受低工资的"剥削"。但实际上,如果真的提高了最低工资,大部分的新移民和年轻人就会失业,最终得益的是工资本来就比较高的白人和中年人。

苦难不是因为规定不力

万一我沦落到要讨饭,请您不要禁止我讨饭,那只会进一步伤害我。您或许会说我该去学点会计或英语,但"应该"不等于"可以"。如果我给人擦鞋,请不要规定我力所不及的最低工资。

如果您爱护我，就请保护我追求最好生活的权利——擦鞋，以及保护我的顾客用最便宜的价格购买服务的权利——被擦鞋。

狄更斯（Charles Dickens）笔下的苦难，与其说是因为福利规定不足或资本家贪婪引起的，不如说那是因为低下的生产力水平造成的。是的，当时利物浦的工人平均寿命只有36岁，但他们如果不做苦力，就只会更早死亡。

我们周围也有很多阴暗面：到工业区看看打工者，到铁路沿线看看流浪儿童，到卡拉OK看看陪酒的小姐，到街头看看拉车的下岗工人。看看还可以，如果细听他们的故事，会心痛的。不妨尽量掏些钱给他们，当是做善事。但不要因为自己看不惯，就阻止他们以不体面的方式谋生。

我们不仅要用心去爱，也要用脑去想。有些人通过不切实际的呼吁，为自己赢得了"有良心"的称誉；而那些呼吁，却变为进一步损害穷人的实际政策。经济学人不喊"让低薪工人拿到最低工资"之类的口号，因为不懂的人这么说，是善于"终极关怀"；但懂的人这么说，就是"伪善"和"造作"。

工资是如何被决定的

2011年8月29日

出租车司机的收入,最近成了城中议论的话题。由于出租车收入的大部分,落到出租车牌所有者的手上,而只剩小部分归司机支配,所以公众普遍同情司机,认为他们受了剥削。许多人呼吁对出租车牌所有者施压,逼他们向出租车司机多让出一点"暴利"。

巧的是,我写这篇文章的当晚,看到《财经》也有一篇针对同种现象的报道:"ZARA在巴西的血汗工厂环境被指为是一种现代的奴隶制度,一条售价为126美元的ZARA牛仔裤的劳动力成本只要1.14美元,该成本由参与生产过程的7个人平分,工人们每天要在危险和不健康的环境下工作16—18个小时,每个月的工资仅为156至290美元。"

假如你习惯从"善恶"的角度来理解世事,那或许会得出结论,认为"出租车牌持有人"和"ZARA的老板"都比较贪婪,而那些高薪打工族的老板则比较慷慨。如果真是这样,那么改进世界的办法，要么就是团结抗争，要么就是道德教化。由此观点出发，不少人甚至还会主张政府规定工人的最低收入水平，或者主张拒买血汗工厂的产品。

我完全不同意这些观点和主张。我的解释如下。

首先，让我们考虑一个并不容易回答的问题，即"团队的成员之间，是如何分配共同创造的收入的？"比如，两个篮球队比赛，要比逐个队员轮流上场投篮要好看得多，能带来多得多的收入。那么，一场无法分割的表演所带来的收入，是如何在那些水平参差的队员之间分配的呢？

抽象地看，一个养猪场也是一个团队——它由场地、资金、劳动、管理和技术等要素共同构成，并产出混合的产品——猪肉。那么，市场是根据何种原则，将不可追溯来源的猪肉，分别归功于各种要素，并恰如其分地支付租金、利息、工资、分红和各种费用的呢？再设想，如果有位营养学教授，发明了一种"肥猪丸"，在其他条件不变的情况下，每头猪只要吃一粒，就能增一百斤猪肉，那新增的猪肉收入将如何分配？养猪业的回报率是否会提高？

答案是：在竞争之下，那位营养学教授会把他的"肥猪丸"卖给出价最高的养猪场，而每粒"肥猪丸"所能得到的报酬，最终将等于它带来的增值，即那一百斤的猪肉。教授发明"肥猪丸"的结局是：消费者多吃了一百斤肉，教授得到了一百斤猪肉的报酬，而其他要素提供者并不会多占教授的发明所得；而养猪业的"回报"和"成本"同步提高，故其回报率不是大幅上升，而是始终向市场上的一般资本回报率靠拢。换言之，在竞争之下，任何团队或企业，其内部各种要素所得的报酬，都将趋向于它们各自给团队或企业带来的边际贡献。

让我们回看出租车的收入分配问题。出租车服务是垄断行业，政府严格控制发牌数量，而没有牌照参与营运是违法行为，会受到国家暴力机关的制裁。因此，出租车的车资，是高额的垄断收入。问题是，高额垄断收入，究竟是"出租车服务"中的哪种要素带来的呢？显然，不是汽车、不是汽油，也不是司机的劳动，而是牌照。既然如此，那么超出市场竞争价格部分的垄断收入，就应该且只会归牌照的所有人所得。

肢解"出租车服务"的各项要素，能把问题看得分明。假如车主得不到购置汽车所应得到的资本收益，他就会将资金转为其他用途，那出租车司机就会无车可开；假如出租车司机改行能赚得更多，他就不会继续当出租车司机，那出租车就会无人来开；而假如出租车牌照能够赚取比其他投资更高的回报，人们就会哄抢出租车牌照，直到出租车牌的价格飙升，令其资金回报率跌到一般回报率水平为止。

由此可见，出租车司机缴纳的"份子钱"，只是司机代"出租车牌投资者"收取的投资回报而已。既然是代收的营业收入，那就不是司机的收入。这好比超市的收银员，主要是代别人收钱一样。份子钱源自特许经营，要消灭份子钱，就必须取消特许经营。最理想的方式,是把出租车营运从"发牌制"改为"登记制",不管是私人还是公司,都可以到政府那里登记,声称自己要加入营运;而政府只负责记录和核实来人提供的资料,以备乘客投诉和其他安全防备之用。

这种改革,得益的当然是消费者;问题是,哪些人会坚决反对这样的政策?出租车牌投资者首先反对。政府增发牌照,改变了他们的投资预期,损害了他们的投资收益。其次是出租车司机,因为他们原先享受到的"行业壁垒"消失了,他们不得不与过去的"黑车司机"同台共舞。要知道,出租车司机的竞争对手,是黑车司机;前者的工资水平,是由后者决定的。

再看 ZARA 的例子。一件 ZARA 时装的售价,由生产和销售环节中无数的要素瓜分,任何一种要素所占的分配比例,都是由它在别处的回报率决定的。具体而言,巴西"血汗工厂"中的工人的工资,不是由 ZARA 老板的贪婪或 ZARA 消费者的无良决定的,而是由千千万万和这些巴西工人的情况相近的越南工人、印度工人或墨西哥工人决定的。

可与《财经》的这篇报道相提并论的,是先前《中国企业家》杂志声称:"富可敌国的苹果背后,是不为人知的巨抠:苹果生产线上,每个工作桌上原本有两根灯管,要求关闭一根后,每条生产线每个月可以节约 101.46 美元;32G 容量 3G 版本的 iPad2,制造成本仅 287 美元,毛利率高达 60%。成本低,价格却不便宜,业界对苹果的'暴利'产生了疑问。"

我的评论是：（1）所谓"暴利"，其实是应归股东所得的"资本的市场回报"。若股东拿不到这"暴利"，就会把资金转投别处，苹果就无法顺利开展研发和再投资。（2）这些拿"暴利"的股东，与富士康工人之间，是合作而非竞争关系；越南工人才是富士康工人的竞争对手，前者的竞争力决定了后者的工资水平。

人人都有同情心，见到"血汗工厂"不免难过；但受过经济学训练后，我便知道之所以有"血汗工厂"，是因为有更血汗的农村的缘故。我不希望自己购买的衬衫和电子产品是由童工在恶劣的环境下生产的；但受过经济学训练后，我便知道如果我抵制这些产品，那些童工的处境只会变得更糟，而不会因此就去上学。的确，有人应该受到谴责，但那往往不是企业家和消费者。

争取福利不宜越俎代庖

2003 年 8 月 15 日

"社会责任 8000"（SA8000）是一种国际上新兴的企业认证体系，它就企业对雇员提供的福利待遇，作了一系列规定，范围涉及雇用童工、健康安全、差别待遇、惩罚措施、工作时间和报酬标准等方面。

最近有位来自美国的仁兄，在国内推广这个标准，在演说中提到了"公司的社会责任""美国对华血汗工厂的抵制""中国经济总体好于越南，但中国工人待遇明显低于越南"等问题。有朋友听了他的演讲后，来问我的意见。

关于争取福利的问题，我有两个基本观点。一，工人的福利高低，最终取决于生产力水平和劳动力供求状况，单靠良好愿望和高喊口号无济于事；二，工人向雇主争取福利，应该由工人自己量力而为，不宜由外人越俎代庖。

英国空想社会主义者欧文（Robert Owen，1771—1858），曾经出于人道主义的诉求，创办过一间"文明工厂"，与当时所谓的"血汗工厂"分庭抗礼。

欧文的工厂坐落于苏格兰山区，当地人最初连金币都没有见过，可见那地方多么偏僻。尽管如此，还是有成千上万的客人，沿着崎岖的山路，络绎不绝地前往参观。从1815年到1825年的十年间，签到簿上的名字竟达两万五千多个，其中包括了俄国沙皇尼古拉，英国王子约翰，奥地利大公马克西米连，还有数之不尽的教区代表团、作家、改革家和开明商人。

是什么吸引了这么多贵客？是厂区的景象：没有人乱扔垃圾，没有人酗酒，没有人被体罚。更令访客惊讶的是，这家工厂没有童工——这里干活的全是超过11岁的"成年人"！

可惜，欧文苦撑了十多年，工厂还是倒闭了。原因之一，是工厂的福利模式不切实际。知道这个故事的朋友都不免兴叹：当年不切实际的福利，在今天看来，是远远不及格的。

没有人会否认，短短两百年间，社会对福利标准的观念，发生了翻天覆地的变化；还有人会争论的倒是，这个变化是由热心人的推动造成的，还是社会进步自然而然带来的。

答案显然是后者。当年血汗工厂里的苦况，是极度低下的生产力水平造成的；而今天普遍的社会进步，则是生产力水平提高带来的。不难反证，要是回到欧文的年代，那么今天一切有关工人福利的法规和观念，不管多么"基本"，不管多么"必须"，也只会被视作天方夜谭。

要理解世界，就必须拨开"动机"和"良心"的迷雾，看到社会现象背后的经济因素。是的，资本家的确贪得无厌，慈善家的确古道热肠。但无论是资本家的动机，还是慈善家的良心，都既不能影响劳动力的供求关系，也不能影响劳动力买卖的成交水平；而无论是对资本家的谴责，还是对慈善家的歌颂，都只是社会真实进程的画外音而已。

不少人对 SA8000 持否定态度，就在于它的标准是一刀切的。要知道，劳动力的买卖条款，与别的任何商品买卖条款一样，都须因地制宜，与时俱进。有些工作就是要加班，有些就是不欢迎女性，有些就得找年轻的干，有些就得限制员工辞职。

用划一的标准去"认证"千差万别的劳动合同关系，不是多余吗？就像用一块停了的手表去对时一样，尽管它有时的确是准的，但它通常不是快了就是慢了。这样的手表不是多余是什么？

可为什么还有人大力推动 SA8000 之类的认证标准呢？嫌疑之一，是发达地区劳动力成本高的厂商，故意打着人道主义的旗帜，要让欠发达地区劳动力成本低的厂商提高成本，从而削弱他们的竞争力。

中国经济总体上当然比越南好，但说中国工人待遇明显低于越南，就要具体看哪些人跟哪些人比了。就算这是事实吧，也完全可以从劳动力供给充足等角度，得到言之成理的解释。倒是演讲者说什么"美国对华血汗工厂的抵制"，才令人不安。

人人都想争取福利，但这主要是由生产条件和劳动力市场条件决定的。工人和雇主间的劳动力买卖关系，始终是平等的，没有说一方必定就能欺负另一方的。而那位推广SA8000的朋友，言外之意分明是：强行提高你们中国的劳动力成本吧，否则有人就要被你们打垮了。

任何时候，任何地点，劳动力的买卖，都是雇主和雇员之间的自愿交易。中国工人始终应该争取自己的福利，好比同卖水果的小贩总得讲价。但争取到什么程度，既取决于生产力水平，又取决于劳动力的供应和需求，须量力而为。生搬硬套外来标准，即使不是别有用心，至少也是没有必要的。

从经济学角度看剥削

2007 年 11 月 12 日

剥削的意图人皆有之,但要让意图得逞,谈何容易!三十年前,某西方记者到苏联考察。问到工人的月薪,竟然只是几个美元,他大呼"剥削!"再到车间参观,看见工人没有一个不是吊儿郎当在磨洋工的,他才晓得大呼"不知道是工厂剥削工人、还是工人在剥削工厂!"

从经济学的角度去看人际关系,或具体地看劳资关系,我们永远不能忘记这个规律:每个人都是会形成对策的!劳动经济学,是一门根据经济规律考察劳资关系的经济学分支。其最核心的发现之一,是大规模地靠剥削来牟利并不可能。

首先,我们找不到"剥削的证据"。梅森大学经济学教授卡普兰(Bryan Caplan)在上本科生的"劳动经济学"课程时,经常布置的一道作业,就是让学生解释收入差异。无疑,各行各业都存在巨大的收入差距,但这差异本身并不能说明存在剥削。随便截取一段时期跨行业和跨地的收入数据,只要把教育、资历、生育、体能、行业风险等因素考虑进去，我们就能把收入差异解释清楚，而看不到哪些人是特别容易受剥削的。

其次，要"试行剥削"更困难。大约十年前，香港遭遇通货紧缩，市道不景，裁员减薪的风潮席卷餐饮业。一个工会领袖，在电视节目里大骂餐厅老板，说他们如何没有良心，说他们的利润如何丰厚。一个餐饮业雇主的代表，起而反击，对那工会领袖说："我给你本钱，你来经营，你来赚10%的利润看看？"

卡普兰教授指出，我们当中许多人至今仍相信一个古老的神话，即妇女、儿童、黑人、民工等"弱势群体"是最容易受剥削的。可是，假如确实如此，那么在世界上利润率最高的企业中，我们就至少应该找到一些是由清一色妇女、儿童、黑人和民工组成的。事实上找不到这样的企业。到处都有抓破头想争创利润的经理，可有谁会说"让我们改雇妇女、儿童、黑人和民工吧"？为什么？归根结底，"支付低薪"与"进行剥削"是两回事。

再有，"策略性剥削"是可能存在的。问题是，它们早就被各式各样的劳动合同有效地限制了。随着制度经济学的兴起，许多一度是扑朔迷离的劳动合同，都得到了合理的经济解释。

教会徒弟饿死师傅，就是一种可能的策略性剥削。那么，市场是如何抑制这种"徒弟对师傅的剥削"呢？办法是让师傅先取得补偿。做徒弟，其工资收入往往是负的——付出的比收入的多得多。当师傅取得足够的补偿后，徒弟才能满师从业，并从下一代徒弟那里收取未来被排挤的补偿。当年看《霸王别姬》，就想对那些红卫兵解释,师傅对徒弟苛刻不是没有道理的。

大学教授终身制,则是防止大学对教授进行策略性剥削的制度安排。学术研究的黄金阶段往往是在学者的壮年,但其学术贡献要被充分消化和合理评估,却需要滞后十多年甚至几十年。这样,教授就既会因为早年"虽能干但名声不大"而收取过低薪金,又因为晚年"虽名声较大但不太能干"而继续收取过低薪金。解决的办法是"批发"。大学通常必须在七年内完成对一个教授的考察,从而决定是否永远雇用这个教授。类似地,女性为了防止男性的剥削,也会选择结婚来保护自己。

然而,对于"工作"和"绩效"之间不存在长时间滞后的职业,终身制就不是上选。两个礼拜前,美国好莱坞编剧集体罢工,要求增加收入。外人恐怕不知道,这些编剧的人均年收入已经是20万美元,而洛杉矶的人均年收入只是2.5万美元。编剧的工资水平高,是因为他们写的剧本是否受欢迎,很快就有答案,几乎不需要等待;而他们的笔头一旦过时,也很快被炒。

深圳华为最近聪明地绕过了新颁《劳动法》对其用工安排造成的干扰。我完全理解立法者试图防止"策略性剥削"的好意,可他们似乎没有看到,市场其实早就形成了各种有效的预防机制,而一刀切的强制政策并不适用于各具特色的行业。IT从业人员,可能仅次于运动员和演员,是追逐短暂光芒的人群。对他们而言,迅速而充分的报酬模式,恐怕比缓慢而熨平的报酬模式更合理,而这种选择与剥削无关。

罢工的性质

2010 年 6 月 6 日

近日与陈志武教授在网上展开一场关于工会与罢工的讨论。分歧可以概括为三点：一，罢工是否具有敲竹杠或暴力特征；二，罢工能否提高工人的收入；三，是否应该通过罢工来消除剥削，以及世界上是否存在剥削。

一、罢工的行为特征

很多人并不了解罢工的真正含义。不工作是旷工，集体不工作是集体旷工，生病不工作是请假，雇主允许不工作是放假，要求加薪是劳资议价，集体要求加薪是集体议价，自己卷铺盖走人是辞工。都不是罢工。

只有通过（1）在关键时刻忽然停止工作、使得雇主临时无法找到别人替代，或（2）占着工作岗位不工作，并且设法阻止别人代替自己工作，来要挟雇主增加工资或福利的行为，才叫罢工。占着位置不干活并且不让别人代替自己干活，是罢工的基本特征。罢工就是集体敲竹杠,就是集体违约,而且必然包含暴力因素。

临时以停止工作为威胁来要求加薪,是罢工的雏形。在1902年美国的 *Alaska Packers' Association v. Domenico* 案中,雇主准备了渔船,雇用了渔民,从旧金山出发到阿拉斯加捕捞三文鱼。船到了目的地后,渔民们便宣布临时要求加薪,否则就停止工作,这叫罢工。同样,1965年在美国爆发了葡萄园罢工,大量的葡萄眼看就要烂掉,采摘工人集体停工并要求增加工资,这也是罢工。敲竹杠是罢工的首要特征。

老板遇到工人罢工,第一次会束手无策,但下次就懂得未雨绸缪。假如你是老板,吃过罢工的亏,你会怎么办?一种办法是准备好替代品,一旦再遇到罢工,就用上替代品。撒切尔夫人在担任英国首相期间,由于要关闭一些长期亏损的国营煤矿,引发了1984—1985年间的英国煤矿工人大罢工。铁娘子处事周密,事先存储了大量煤炭,结果成功地拖垮了罢工。

另一种办法,是在劳动合同中增加"不罢工"条款,从而增加合同的确定性。签署了合同的工人,如果再参与罢工,那就是违约;而只要法庭执行这种合同,契约精神就得以维护,契约所追求的双赢局面就得以保全。

附带"不罢工"条款的合同,被称为"黄犬合同",意指签署合同的工人向雇主示弱。然而,孰弱孰强,见仁见智。当然有人说参与集体违约和集体敲竹杠的人是勇者,但我倒认为恪守契约精神、以诚实和可靠的劳动换取收入的人才是真正的勇者。

不管怎样,只要法庭认可"黄犬合同",罢工的目的就难以实现。事实上,从雇主的角度看,寻找或储备替代品(或顶替的劳动力),同时签订"黄犬合同",加起来就是对罢工这种破坏行为的有效遏制;而从罢工者的角度看,只有采取出其不意、阻止"黄犬合同"的签订和执行,以及借助工人纠察队等暴力组织来阻挡其他工人填补自己的劳动岗位等办法,才能确保罢工达到加薪的目的。

对于罢工的敲竹杠和暴力特征,陈志武教授不以为然地写道:

> 认为"罢工=暴力"显然站不住脚,丰田等罢工有暴力?说工人行使罢工权就是敲竹杠、就是对别人(如消费者)权利的侵犯,说由工人通过罢工提高工资就是侵犯其他人的就业权——这显然离谱,是对权利的不理解。任何人行使任何权利一般都意味着其他人要作出某种牺牲,但不能因此就禁止你的权利,而是找平衡点。

我的回答是:"许多成功的打劫也是没有流血的,但不能说它没有用暴力作威胁。政府恰恰使用其暴力,禁止企业开除罢工工人并把他们列入黑名单。最近丰田汽车的罢工,造成整个生产销售链条停滞,为自己一块钱,威胁别人十块钱,这就叫敲竹杠。"

为了说明我们用不着害怕罢工,志武教授特意弄来一张耶鲁

校园内"午饭摊子"的照片,并写道:

> 这图是耶鲁管理学院门口街景,每天中午十几户午饭摊子卖饭菜,我也加入学生排队买这种午饭。城管不会因市容赶摊子,更不会打人!为何我们只能吃摊子饭?是因几年前食堂罢工几个月,结果引来这些摊子,慢慢地我们就吃惯了。食堂没人去了,逼食堂工人调整要求。罢工权和市场力量就如此博弈,不用怕罢工权。

耶鲁食堂罢工中究竟有没有暴力因素?当然有。假如诸位家里为了照顾老人请来了一位保姆,保姆安顿下来就说要罢工,那诸位会把保姆赶走并另请一位,而不会让罢工的保姆长住下来,然后另外再请别的保姆,改在屋外照顾老人。那为什么耶鲁大学不能把罢工的食堂工人赶走,而非得请来小贩,改在校园里招待师生,长达数月之久呢?因为基于法律,耶鲁拿这些"占着位置不干活"的人没办法。是美国法律禁止耶鲁大学把食堂工人赶出食堂并另请高明。也就是说,暴力这种罢工的特征并没有消失,而只不过是从过去的工人纠察队,改为现在的政府来提供罢了。

二、罢工的经济特征

志武教授认为工会和罢工对提高工人的待遇有重要作用。他写道:

> 三十年前中国人没饭吃,老百姓可以接受低人权,让经

济靠投资扩大产能、靠出口快发展，张五常的主张适合那时期。但今天产能严重过剩，如果还压低工人权利、把更多利润留给国企与政府和其他企业，只会让民间消费继续相对萎缩，只会再朝投资产能的路走！转变模式的必要改革之一是还给工人权利。

确实，从时间的先后看，改革开放使得人们的收入水平得到了极大的提高，但这恰恰说明是生产力的提高改善了收入，而不是罢工改善了收入。月嫂就是最好的例子。她们散落在不同家庭，没有组织起来进行罢工，但工资却拾级而上。雇主为什么那么笨，给月嫂这种弱势者那么高工资？不是笨，而是不得已，是雇主之间对月嫂的需求抬高了月嫂的工资。经济学家阿尔钦说得准确："竞争从来是在需求者和需求者之间展开的，或在供应者和供应者之间展开的。需求者和供应者之间不存在竞争。"

考察罢工的经济效率，不仅要看到局部，还要看到全部。罢工的经济后果，是虽然罢工者的工资提高了，但生产力较弱故要价本来就较低的工人，却被赶出了就业大军，其收入从较低变成了零。

世上没有免费午餐。既然加入了工会，就能享受更高的收入，那希望进入工会的人就会越来越多，罢工带来的额外利益就会被越摊越薄。其自然的结果，就是已经进入工会的外来人，会逐渐提高门槛，阻止外部人的进入。最早的门槛很简单，那就是肤色。美国最早的白人工会，为了标榜自己的品质，曾经在产品上印上"白人制造"(Made by White Hands)的标志。现在工会的门槛越来越隐蔽,主要通过一系列的吹毛求疵的资格和越来越难的考试,来减少外来人的加入。

与工会和罢工密切相关的是最低工资制度。经济学家威廉斯(Walter E. Williams)在1989年出版的《南非的反资本主义之战》(South Africa's War Against Capitalism)中指出,在南非由清一色白人组成的工会,其章程白纸黑字写明,工会要积极支持针对黑人的最低工资制度,因为那是保证白人不丢饭碗的重要手段。

在没有最低工资的约束下,雇主可能愿意以每小时10元的价格,雇佣一名能力较低的黑人。有了最低工资的约束,雇主无论如何都要支付每小时20元的工资了,那么能力较低的黑人就永远不被录用。人人都看得到的,是工会成员的收入提高了;很多人看不到的,是非会员连工作都没有了。经济学者经常给人以冷酷的错觉,其实不是他们没有良心,而只是他们看清了后果。

正因为如此,《简明经济学百科全书》(The Concise Encyclopedia of Economics)的"工会"条目开宗明义地写道:

> 尽管工会在民歌和小说中被广泛传颂,被当作了受压迫工人的大无畏的支持者,但经济学家们并不这样认为。研究工会的经济学家,包括其中公开支持工会的那一部分,通过分析得出的结论是:这些组织只不过是一种卡特尔,它们通过限制公司和企业的劳动力供给,来获得高于竞争市场的工资。

该词条进一步指出：

> 很多工会确实为他们的会员争取到了更高的工资和更好的工作条件。然而，在实现这一目的过程中，它们所在公司的工作岗位减少了。根据需求定律可以预测另一种影响：如果工会成功地提高了劳动力的价格，那么雇主就倾向于雇用更少的劳动力。因此，在劳动力市场，工会是一股最重要的反竞争的力量。他们的所得完全由消费者、非工会工人、失业者、纳税人和企业主买单。

这种观点，其实是大部分经济学家的共识。哈耶克在1960年的《自由宪章》中就已经明确解释了工会工人的局部收入暂时较高的原因："这种现象的原因是工人能把工资抬高到自由市场决定的水平之上，仅仅通过限制供给，即阻碍部分劳动力的进入。"

三、是否应该通过罢工来消除剥削，以及世界上是否存在剥削

陈志武教授认为不仅存在剥削，而且罢工也是消除剥削的途径。他写道：

> 关于户籍制度、城乡差别等限制选择权的东西为何导致剥削，你没理解我的意思，这涉及权利的影子价格。请允许我说得直接一点，就是你还该去补经济学课。当一个无特殊能力的北京人就因他有北京户口，可找到北京企业正式工

作，收入+各方面福利+子女上正式中学+上好大学=年收益6万元，而同样能力的湖南农民在北京只能做保姆，每年收益才1万，"户口"权利就是稀缺资源，影子价格=每年5万元收益流的贴现总值。

……

当选择权（如自由工会权）受限时，就可能存在剥削，因为那违背自由选择原则。如果企业给工人的价格低于边际生产率，工人靠什么将其纠正？当然可选另一家，但另一家也只给低于边际生产率的工资呢？再跑另家？如果所有企业都在缺乏结社自由下谈价，就可能出现普遍低工资。

……

靠户口制度、靠城乡差限制不同背景、不同身份人的选择空间，不仅违背自由原则，而且使农村人只能去工资低于边际生产率的企业打工，那是制度强制下的非自由选择、制度性剥削。从数理模型上能证明这点。富士康的条件比许多其他企业优越，所以，局部而言它没有剥削，但很难说那不是制度性剥削的体现。

我的回应是：户口制度不是富士康造成的，物价飞涨不是本田造成的；相反，是这些企业向农民提供了更多选择，帮助他们切实改善了待遇。如果说收入差距与"权利的影子价格"有关的话，那当然也跟"性别的影子价格""教育水平的影子价格"和"基因的影子价格"有关。试问企业主必须为"矫正"这些影子价格而承担义务吗？

富士康工人的工资，恰恰是反映了所有当前因素后的工资。富士康既没有义务，也不可能支付那些经济学家在黑板上演算出来的理想工资。如果我们硬要以黑板演算为据来支持罢工，那我们实际上就是在支持敲竹杠和暴力，而结果会适得其反，我们会损害经济的业绩和工人的福利。纵观世界，那些工会势力强大，罢工此起彼伏的地区和行业，都是走向萎靡和衰败的。

即使在不完备的市场条件下，企业给工人的价格，都不可能持久而普遍地低于工人的边际生产率。这个边际生产率不是谁用什么模型算出来的，而是市场结合所有因素后自然产生的。经济规律恰恰不是只在"完美市场"和"充分自由"状态下才起作用的，它在任何条件下都起作用。

剥削论难以自圆其说。如果某个群体——如农民工或妇女——是特别容易被剥削的，那唯利是图的资本家就会争相雇用他们，雇用得越多，劳动力成本就越低，利润就越高。有趣的是，资本家争夺容易被剥削的工人的结果，就是这种工人的工资收入上升到与其边际贡献相当的程度。换句话说，越是容易受剥削的工人，就越是应该期盼唯利是图的雇主，因为这些雇主之间对容易受剥削的工人的争夺，恰恰会使得所谓的剥削趋于消失。

维护自由和市场，不能只靠直觉，而需要专门的知识。如果对市场运行机制的致命威胁——包括工会罢工和最低工资等政策——缺乏否定性的认识，那么对自由和市场的支持就是名不副实的。

第三节 收入与公平

收入如何分配

2012年12月3日

最近"合理调节收入再分配"成了热门话题。不知道确切的原因,但我听来感觉不妥,因为言下之意,仿佛收入本来就是由某些人分配的,只是分配得不够合理,要调节得更加合理而已。从我所学看,收入的"分布"(distribution)由经济规律决定,若作硬性"分配"(allocation),则会违背经济规律,经济效率会打折扣,结果往往是穷者更穷,不该得益者更富。合理做法并非"调节"收入再分配,而是直接改变不符合市场经济规律的制度和政策安排。让我解释几个要点。

一、人为干扰分配会直接损害市场机制。我们知道,市场机制的核心在于价格自由浮动,而价格的作用就是(1)"传递"关于资源稀缺的信号,从而(2)"指导"人们以最有效的方式进行生产,并进一步(3)"影响"商品和财富的分配。问题是,假如这最后一点,即价格的"影响分配"功能,受到强力干扰,那么前两项,即"传递信号"和"指导生产"的功能,就不可能发挥作用。理由很简单:每个人都是自私自利的,只要奖惩不够分明,他们就会丧失对价格信号作反应的积极性,市场经济就变得有名无实。

事实上,重手调节收入会扭曲市场行为。不论是悬壶济世的医生,还是传道解惑的教师,或是审批项目的官员,其享有的收入都不是由其贪婪程度决定的,而是由社会对其掌握的人力资本或权力资本的需求决定的。以行政手段来限制他们的收入,比如压低挂号费、减少学杂费,或打击贪污腐化行为,都不能削弱他们获取更高收入的能力,而只会诱发更多不正常的现象,包括医生收取红包、教师增开补习班或官员增加管制寻租等。要真正调节医生、教师和官员的收入,只能增加医生和教师的供给,并削弱官员的权力,此外别无他法。

二,各种资本——包括劳动力资本——的收入水平,都是由市场力量决定的。这是一个协同生产的时代,任何最终产品都是通过团队作业来完成的。所谓团队,可以是一个球队、一个乐团或一个企业。每个队员应得的收入,取决于他对这个球队所带来的新增价值;一个指挥所应得的收入,取决于这个乐队有和没有他指挥之间的价值差距;而一个工人所应得的工资,则取决于他对企业产品的新增贡献。

举一个例子。据报道,中国大陆的劳工,只能从每台iPhone手机中拿到1.8%的利润。不管事实上准确的数字是多少,这里的要点是:这种分配不是由任何个人决定的,当然也不是由那些缺乏同情心的坏人决定的；相反，它是由全球市场上无数的人所共同决定的。具体而言，工人的工资水平总是由其边际贡献率来决定的。大陆劳工的要价如果超过这个水平，工作就会随时被同类的竞争者（如来自越南、印度、东南亚的工人）夺取。

恐怕有人会说，苹果公司赚取的超额利润，不妨多分一点给穷苦的工人。但这么说的人并没有意识到，那些超额利润并非无源之物，而是股东们筹集的资金的回报。如果不把这些利润用于酬谢金融市场上的集资者，那苹果公司就不可能进行研发，或者研发就不可能成功。毕竟，资金本身就是生产苹果手机的原材料之一。换言之，利润也是有主的，它属于承担风险的企业家和投资者。不将利润划拨给他们，那么企业就既不会冒险、也不会创新。为了调节而调节的人，基本上都忽视了这个普适的收入归属规律。

三，调节收入分配会堕入"戴瑞德定律"的陷阱。1960年代，法律经济学创始人戴瑞德（Aaron Director，1901—2004）曾经发现一个规律，即任何政府针对穷人的补贴措施，最终都会让中产阶级得益，而由极穷者和极富者付账。由于戴瑞德坚持"多述少著"的习惯，逼得后来的诺贝尔经济学奖得主斯蒂格勒（George Stigler，1911—1991）在1970年发表题为"关于公共收入再分配的戴瑞德定律"（Director's Law of Public Income Redistribution）的文章，越俎代庖地阐述了戴瑞德的思想。

该文检视了多个政府实施收入再分配或定向补贴的领域，包括教育、农业、住房和社保等,发现受益者都集中在中产阶级。以社会保障(social security)为例,要知道,它并不是什么个人退休金投资计划,而是政府主导的从正在工作的人向已经退休的人进行的收入转移,是一种"征税并补贴"的项目,所以一个人工作的时候交了多少,与退休后得多少,没有必然关系。由于所有有工作收入的人都要按其收入的固定比例缴纳社保,而退休后极富者由于社保福利上限而不能成比例地多得,所以以下各种人群就相对吃亏:(1)较早开始工作的(而非有机会待在学校深造的);(2)较早去世的(而非长寿的);(3)妻子也得工作的(而非丈夫的收入就够养活全家的);(4)年轻的(而非在政策实施时就已经有资格领取养老金的)。在这种收入再分配下,最大的受益人群并非最穷者或最富者。

此外,当时能上大学读书并享受政府资助的,往往是中产阶级家庭的子女;有资格购买政府的限价房的,是比较有钱和有办法的人,而政府为了建设这些质高价低的限价房,却往往要先清除那些真正穷人所栖息的贫民区,这样受损的恰恰是那些根本买不起限价房的穷人;农民长期以高于市场水平的"政府保护价"向政府出售粮食,他们无疑是富裕的既得利益者,而真正支付高价的是广大的纳税人。

这一系列现象的根源,按斯蒂格勒的解释,是中产阶级构成了选民的主体,他们是政客所要争取选票时的关键对象。与此相对,处于两极的穷人和富人,则要么缺乏能力、要么缺乏动力、要么缺乏足够的规模来表达自己的诉求，从而沦为在一系列"收入再分配"运动中的输家。

虽然中国的选举制度与美国有别，但戴瑞德定律有效的例子也比比皆是。例如，收入再分配政策的受益者，往往不是最穷的人；清华北大等一级高等学府，获得的政府资助巨大，而有资格享受的学生，大部分来自中等以上收入的家庭；国庆节的高速公路免费，得益的是自驾小车的中产阶级，而乘坐大巴的旅客则不受优惠。这些都是值得反思的现象。

四，扶贫不应该采用实物补贴或价格管制，而应该采用"负所得税"办法。早在半个世纪前，弗里德曼（Milton Friedman）就曾经提出过，应该以"负所得税"的形式来补贴真正的穷人，同时取消其他所有的收入再分配和补贴措施。具体而言，就是社会只对穷人发放货币补贴，而补贴的金额随着穷人自身的收入的递增而递减，收入超过贫困线就不再接受任何补贴，而整个社会的商品和服务，则均按市场化的方式分配，不再搞任何实物补贴。这种方法的好处，是既保证了最穷的人能够得到基本的货币收入，又维护了他们按自己偏好分配收入的权利，还消除了他们力争下游的动力，最重要的是保证了市场机制的正常运行。

调节收入再分配，是一种流行而含糊的说法。它可能指深化改革、保护产权、自由定价、解除行政垄断，以及减少政府干预，从而让各种资源（包括人力资源）所得的回报更合理。这种思路无疑是正确的。但持有这种思路的人，往往不喜欢用"调节收入再分配"来表达。事实上,它更可能指通过官员的意志和政府的命令,以税收、价格管制、实物分配、身份歧视等方式,来强行分配生产资源和商品。毋庸置疑,按这种思路来调节收入再分配,社会将重蹈计划经济的覆辙,而得益者,只可能是负责调节收入分配的官员及其裙带。

中国的基尼国际警戒线

2006 年 7 月 18 日

国内经济学家,经常把五花八门的"国际警戒线"挂在嘴边。房价高了,就说地产泡沫的国际警戒线已到;存款多了,就说内需不足的国际警戒线已到;部分人生活好起来,就说基尼指数的国际警戒线已到。事实上,这些都是中国人自己编造、用来吓唬自己人的"中国产的国际警戒线"。

就拿"基尼指数"来说,这个指数是有的,是个概念,是衡量贫富分化的概念。但是,它的核算方法,五花八门,没有定则;其次,中国国内的统计数字,可用乱七八糟来形容,不能反映真实情况;况且,即使这个指数可以合计出结果,其结果的现实含义,也是学者胡乱强加的。谁定的"国际警戒线"?到了"国际警戒线"又如何?就有暴动?

说得详细一点。目前各种基尼指数的计算方法,都是以人群的"即时收入"为基准的。但事实上,收入的差异应该从"终身收入"的基准去考察。

这跟体重的走势有几分相似。每个人小时候都很轻，慢慢才增重。从"即时体重"的角度看人群的体重分布，结果一定是：人群的体重极其悬殊——有人很轻，有人很重，往往相差几十公斤！而且，要是遇到生育的高峰期，一下子多了很多小朋友；或者营养条件开始逐步改善，发胖的人忽然增加，那么，统计出来的结果，就会显示"体重悬殊"问题激化。

然而，如果换个角度，以"终生体重"来衡量，即追踪记录每个人一生各个时期的体重，然后再比较他们的"终生平均体重"，那么"体重分化"的情况，就远不至于那么悬殊。换言之，您即使跟一个婴儿比较，也大概只有不超过 10 公斤的"终身体重"差距，而不至于有超过 60 公斤的"即时体重"差距，因为婴儿将来是要长大的。

对"贫富悬殊"的统计方法来说，道理是一样的。我们应该改用"终生"的角度，先统计每人"终生收入的现值"，然后再作比较。也就是说，如果我们选定任何一批同时代的人，追踪他们的终生收入，并根据他们的天资和投资等因素作出修正，那么贫富分化的情况，就不可能如此悬殊！

问题是，以"终身收入"为基准的核算方法，必须耗费数十年、甚至跨世纪的个案追踪，成本太大，不能为那些为政府政策鸣锣开道的所谓学者之用，所以他们才不得不采用蹩脚的"即时收入"基准。结果，这样计算出来的"基尼系数"没有说服力。

基尼系数除了计算模式的结构性缺陷，还有取值的问题。在计算基尼系数时，究竟应该取哪些数值、应该忽略哪些数字、如何量化一些非货币的指标，都是没有共识的经济难题。周其仁教授最近遇到一些"基尼系数专家"，便半开玩笑地问他们："三年经济困难的时候，有些人饿死了，有些人没饿死，基尼系数该怎么算？"

再有是"基尼系数"的现实含义。系数高一点，会怎样？低一点，又会怎样？故事是可以编的。你可以跑到世界任何地方，计算那里的基尼系数，把那里发生的事情与基尼系数联系起来。拿到科研经费，我恭喜你有机会跑一趟；但不要试图说服我，给你个基尼系数，你就有本事告诉我将会发生什么。

有了上述的经济学准备，再看最近 FT 中文网上"中国有没有中产阶级"之争，是非就更加清晰了：任何人群，一定有收入中位者；围绕这个中位者，一定可以按比例划出一个中产阶级。中国当然有中产阶级，这是顾名思义的有、顺理成章的有，by definition 的有，为什么这么多人试图否认它的存在？

我的回答是：其目的跟炮制"中国的基尼系数国际警戒线"一样，即危言耸听地制造事实上并不存在的危机感，给"劫富济贫"的再分配政策寻找理论依据。中国在发展，大部分人的处境都在改善，收入中位者的处境在改善，即使贫富更加悬殊，也比三十年前人人都穷当当强。

基尼系数信不过,劫富济贫有问题

2006 年 7 月 25 日

上篇文章《中国的基尼国际警戒线》的要点是:(1)基尼系数的计算角度有结构性缺陷;(2)许多隐性收入、福利或灾难根本无法量化;(3)中国的统计数据不可靠;(4)即使不管三七二十一,把基尼系数算出来,它本身缺乏清楚的现实含义,因为贫富差距拉大未必不好;(5)许多人硬要从不知反映何物的基尼系数中推出"必须立即劫富济贫"的结论,这现象值得警惕。

读者朋友,知道"数据",并不等于知道"情况"。死亡率高的医院,就一定表明医院的医疗水平低?一个人洗手的次数多,就一定表明他的手比别人干净?一个人打电话的次数多,就一定说明他很忙?常识告诉我们:不一定,可能相反。

只告诉你基尼系数增大,你能借此推断现实发生了什么情况吗?不能。我的一位朋友,四年前从月薪 1 万人民币的工作岗位辞职,到"非典"笼罩下的北京苦读新东方;三年前,向美国银行借款 10 万美元,攻读美国名校 MBA;两个月前,他回国工作,月薪5万人民币。

我这位朋友,四年前辞职,收入由"正"变"零",推高了基尼系数;三年前举债,收入再由"零"变"负",再推高了基尼系数;两个月前海归,收入跃过国内收入中位数,进一步推高了基尼系数。

朋友,要是只告诉你"基尼系数被三次推高",你能猜到背后发生的故事吗?你能判断是好是坏吗?假如你认为"只要基尼系数增大就得劫富济贫",那么在这过程中究竟应该"劫谁的富",又应该"济谁的贫"?

不要误会,我无意求证这MBA故事有多普遍,我只是说,光看基尼系数,谁也不知道背后发生了什么,更谈不上判断那是"好事"还是"坏事"。很多人只看数据,却不去分辨背后发生的错综复杂的情况,是科学的态度吗?基尼系数本身就经不起推敲,而那条"基尼国际警戒线"——"国际公认"超过了就会"如此这般"的"线"——则更是胡编乱造。

三十多年前,中国赤贫,搞的是"论权排辈"。以货币收入算,基尼系数低。但在"多一袋米活,少一袋米死"的年代,"特权"的货币价值是多少?"苟活"用多大的正数表示?"饿死"又用多小的负数表示?实质的基尼系数又是多少?我不知道,其仁教授不知道,基尼系数专家们,也不要站出来献丑,说他知道是多少,且远没超过"国际警戒线"。

今天,中国市场化,向"论资排辈"过渡。从货币收入计算,名义基尼系数变大。推高这一系数的动因,不仅有正面的(如我上述的 MBA 故事),也有负面的(如政府垄断和官商勾结等),更有中性的(如人口结构的变动)。我的观点是:我们必须首先去探究造成贫富分化的成因,再有的放矢地去调整那些成因,而不是只拿基尼系数说事,自欺欺人地以为改造社会的指南针已经捧在手上。

上篇文章出来后,大量回应印证了我的推测:无论是匿名网友,还是署名专家,其实都并不关心基尼系数本身的科学性、准确性和现实含义;他们要说的只是:不管基尼系数有多少缺陷,既然大家都感到了贫富分化,我们就必须尽快劫富济贫。

匿名网友说什么无所谓,但署名专家,本来应该多少具备数学修养,去理解统计学上的微妙陷阱,去理解量化"生死"和"特权"的困难;也应该多少具备科研耐心,去理清导致贫富分化的多种成因,并在政策建议中加以区别对待。有贼你去抓贼,有冤你去诉冤,不要抱着基尼系数这个不能说明情况的成人玩具,呼吁什么劫富济贫。

我邀请读者思考和讨论三个问题:第一,贫富分化,是否一定是坏事?盖茨(B. Gates)确实比我富裕,但假如不让他富裕,我们每个人都会更穷。实施一刀切的劫富济贫政策,会否打击了社会的进步力量?

第二,劫富济贫政策,能否有效抑制社会的丑恶行为?假如政府的行业垄断、不当干预和官商勾结等行为,是造成"贫富不当分化"的原因,那么不从根源上进行治理,而只是在收入上实施一刀切的劫富济贫政策,能让腐败的官商就此从良吗?抑或会令他们变本加厉?

第三,政府是劫富济贫的操办者,它的"劫富"所得,有多少能真用于"济贫"?须知"济贫"是深奥的学问,否则盖茨用不着脱产行善,巴菲特(W. Buffett)也用不着委托盖茨来散发捐款。到底要培养民间的慈善组织,还是要让政府把它们挤走,独断操办济贫事务?对任何真正热心公益的人来说,这是不容苟且的课题。

归根结蒂,收入不平是一个综合的结果,原因有多种,有些是合理的,有些是不公的。我们应该直接去反对不公,而不是笼统地反对不平。置不公于不顾,而去反对不平,只会造成更多的不公和不平。

从明星现象看收入不均

2001 年 12 月 17 日

打开电视,一位清华大学的院长在演讲,正讲到中国的贫富分化如何严重,讲到那个基尼系数是 0.3 呢,还是 0.28 之类。我对身边的朋友说,如果是我,就会索性在小数点后多加四五位——横竖是不能说明问题的数据,为什么不弄得煞有介事一点呢。

我在前几篇文章曾经介绍过,目前衡量贫富分化的统计方法,有结构性的缺陷,以致极度夸大了贫富分化的程度。但毫无疑问,即使矫正了这个缺陷,无论怎么统计,贫富分化也还是存在的。我的观点是,仅仅看贫富分化的数据没有意义,因为不仅无从断定这算不算"分化得太厉害",而且也无从断定造成贫富分化的起因对社会是好是坏。

造成贫富分化的原因有很多。贪污腐化是原因之一,那是坏的。当然应该肃清贪污腐化,但前提是政府必须先减少对经济的干预。不过,还有许多别的因素,它们造成的收入差距,有时比贪污腐化造成的要严重得多，而这些因素有时对社会是有利的。

就拿演员的收入差距来说。中国的李云迪，获得本届"肖邦国际钢琴大赛"金奖，随后他就和德国 DG 公司签约，最近已经开始接拍电视广告了。好几个朋友都认为，他匆忙答应做广告，未必明智。他是自己形象的垄断者，垄断者是要限制产量，才能取得利润最大化的。先吊起来，恐怕能卖个更好的价钱。但这是题外话，不管怎样经营，他将来的收入肯定无可限量。

问题是，李云迪的技艺未必比第二、第三名高出许多。第二天再比试一次，结果可能就大不一样。通常的情况是，世界顶尖乐手和其他较次乐手的差别，往往要听很久很久，才能听出那么一点点差别。但第二、第三名的未来收入，就恐怕无法和第一名的相提并论了。

外国的情况也如是。在欧美音乐大赛得冠军的，可以出唱片、开音乐会、做大明星；拿不到头奖的，如果碰巧是中国人，恐怕还可以回国光宗耀祖一番；但如果本身就是欧美人士，因为社会对这些音乐人才已经司空见惯，所以就只能去教书，或者等有钱人开私人宴会时作助兴表演，其收入远远低于头奖得主。

体育表演行业也有类似的情况。世界冠军和世界季军的水平，往往只有毫厘之差，但他们得到的待遇就截然不同了。电脑软件竟然也如此。很多技术员声称，当年 IBM 的 OS/2，在技术上其实与微软的 Windows 不相上下，但微软一旦赢得市场，就赢尽市场，现在 OS/2 的市场份额是可以忽略不提的。

这些不同领域的现象,都有一个共同的特点,就是竞争者之间的水平差异很小,收入差距却非常大,赢者几乎通吃了全部收入。这是什么原因造成的?这是不是一种不公平的现象?"有识之士们"是不是应该起来努力缩窄这种巨大的收入差距?

从经济分析的角度看,"赢者通吃"现象的根源,在于竞争者们提供的服务是"共用品"。所谓"共用品",就是可以让许多人共同享受,而不会互相排斥的"物品"(包括服务)。凡是提供"共用品"的行业,其内部的收入分配,就往往会出现严重不均。

想想二百年前的情形。那时候,每个村庄、部落或地区,恐怕都有各自的歌手、乐手、名角和运动健将。因为信息不通,他们得以"雄霸一方"。但在今天,音像技术已经完全打破了地域隔阂,人们只要花同样的价格,就能欣赏古往今来最出类拔萃的表演。不是说其他艺术家和运动员不好,但既然可以听最好的、看最好的,为什么还要浪费时间呢?

喜欢听古典音乐的朋友都知道,我们常听的都是著名版本,听来听去就是那么几个。弹巴赫的是古尔德(Glenn Gould),弹贝多芬的是萧勤(Rudolf Serkin),弹肖邦的是鲁宾斯坦(Artur Rubinstein),拉小提琴的是海菲兹(Jascha Heifetz),唱男高音的是帕瓦罗蒂(Luciano Pavarotti),你就算不同意,一般也只会在另外十来个名家中选出你的至爱。

既然音乐表演在很大程度上已经成为"共用品",那么"赢者通吃"现象就自然越来越严重,而这个行业内的收入差距急剧加大,也在所难免了。我们认识到,这种收入差距是自由竞争的自然结果。正是行业本身的特点,决定了它会产生这样的结果。

可见"收入均等"在这里不应该成为我们追求的目标。在"赢者通吃"的艺术市场上,如果你非要追求艺术家的"收入均等",那你就不得不强迫某些听众或观众接受次等艺术;同样,在"赢者通吃"的软件市场上,如果你非要强求软件商的"收入均等",那你就不得不强迫部分用户使用次等的软件。热心追求"收入均等"的人本来古道热肠,但结果可能是事与愿违的。

关于"平等"的争论由来已久,纠缠不清,幸好经济学贡献了一把柳叶刀。

最多数人的最大幸福

2006 年 3 月 21 日

国内有媒体要举办关于"最多数人的最大幸福"的讨论,我接到邀请后婉拒了。我想,这个话题容易令人激动,而我所学的,却是关于"最多数人的最大幸福"为什么是句空话;观点差距太大,还是选在较冷静的地盘解释较好。

英国哲学家边沁(J. Bentham,1748—1832)认为,"幸福"(happiness)或"功利"(utility)是可以衡量的。他进而推断,改进社会的原则应该是谋求"最多数人的最大幸福"。此后,边沁的功利原则被广泛传播,不仅成为政治家挂在嘴边的口号,还成为老百姓默认的道德标准。

那么,"最多数人的最大幸福"究竟是指什么?我们不妨先大胆地假定边沁是对的,即幸福可以衡量、累加和比较,然后举几个特例来分析。

假设社会共有三个人,他们分别是 {甲,乙,丙},其幸福程度分别是 {2,3,4}。第一种情况,假设三个人的幸福将要变

成 {1, 2, 8}，其中甲和乙的幸福减少了，但丙的幸福却大幅提高，使得全社会的幸福总值增加。这与"独裁者掠夺天下"的社会变革类似。"幸福人数"减少，但"幸福总量"增加，这符合边沁原则吗？答案是不确定。

第二种情况，假设社会从 {2, 3, 4} 变为 {3, 4, 1}，即甲和乙的幸福都得到提高，而丙的幸福却大幅下降，使得全社会的幸福总值也下降了。这与"劫富济贫"的社会变革类似。"幸福总量"减少，但"幸福人数"增加，这符合边沁原则吗？答案也是不确定。

第三种情况，假设社会从 {2, 3, 4} 变为 {4, 6, _ }，即甲和乙都得到了显著改善，以致全社会的幸福总值增加，但丙被赶出了社会。这与"清理三无人员"的做法类似。"幸福总量"和"幸福人数"都同时增加了，但一部分人被完全忽略不计，这符合边沁原则吗？不确定。

有人说：你提的例子都太极端，边沁指的是从 {2, 3, 4} 变为 {4, 6, 8}，即每一个人的幸福都有所增加的情况，这才符合边沁所说的"最多数人的最大幸福"原则。

是的，这似乎是皆大欢喜的结局。但即使是这样，也还会有人不满。为什么？因为不公平！在这种貌似皆大欢喜的社会变革过程中，丙增加了4，而甲和乙却只增加了2和3。经济学家早就发现，人们的幸福不仅建立在自己是否幸福上，还往往建立在与别人的攀比上。换言之，即使每个人的处境都得到了改善，也还是未必满足边沁原则。

更根本地,人们永远只能在其他条件不变的情况下,追求一个而不是多个指标的最大化。要多、快、好、省地搞建设,这四个目标之间就必须有所取舍,而要追求最多数人的最大幸福,逻辑上是不可能的。

与此相关,我们常常听到一种似乎睿智的说法,叫"只要机会平等,不要结局平等"。听起来不错。可那又是什么意思呢?什么才算"结局",什么才算"机会"?

以教育为例。富人的孩子从小就享有更好的教育机会。到了大学招生,若按成绩录取,就忽视了孩子们从小接受的教育机会的不等;反过来,大学若优待贫困学生,便违背了以成绩为标准的机会平等。进一步说,若不能让每个人都拿到大学文凭,那么在职场上的"机会平等"又从何谈起?

毕竟,昨天的"结果"影响今天的"机会",今天的"机会"又影响明天的"结果",这样环环相扣,谁能分辨"结果平等"和"机会平等"?同样,"幸福程度"和"幸福人数"是不同的目标,而不同目标不能同时追求最大化,因此"最多数人的最大幸福"注定是句空洞口号。若以空洞口号作为社会改革的准绳,就是哈耶克(F. A. Hayek)所说的"致命的自负"了。

从赌性不同看公平之困难

2006 年 4 月 4 日

上文"最多数人的最大幸福"埋下一个伏笔,我说"大胆地假定幸福是可以比较的"。这样假定,目的是要对边沁的"最多数人的最大幸福"原则分两刀来斩。先假定前提成立,说明其结论没有意义;然后再对付其前提,说明它也不成立。没想到读者眼明手快,来信一下子就把问题点明了。就让我再由此及彼,说得更远一点吧。

幸福程度确实不能作人与人之间的比较。刚开始读经济的学生,通常得练习用图线来表达常见的经济观念,诸如"我想到海滩晒太阳,而有太阳油就更想""我吃龙虾还是牛扒都一样""我说什么也得抽根烟"等。这些练习的背后,都有一个基本的约定,就是幸福程度只能从个人的角度衡量,绝不作人与人之间的比较,因为那做不到。

然而,经济学把个人的"幸福程度"与其拥有的"财富量"分别对待,则是一项思维进步。用俗语来说,就是"有钱未必幸福,幸福未必要钱"。这样一分为二地看问题,解释了许多本来显得扑朔迷离的人类行为,例如"赌性"。

有些人喜欢冒险,哪怕赢的机会再弱,但只要赢一次,就能欣喜若狂,经济学家把他们称为"风险爱好者";另一种人厌恶风险,哪怕输的机会再小,但只要输一次,就痛不欲生,他们是"风险厌恶者";还有一种人对输赢的态度一样,只要两者机会相等,就不再计较,他们被称为"风险漠视者"。

我在拉斯维加斯的赌场,见过一位大汉,他坐在三台老虎机中间,两手左右开攻,机械式地给三台老虎机喂代币。虽然喂进去的总比吐出来多,但他仍然若无其事,忙个不停,十足《摩登时代》中的查理·卓别林。如无意外,他是典型的"风险爱好者"了——付出极高代价,以求重温赢钱的感觉,那是他的幸福所在。

大家熟悉巴尔扎克(H. de Balzac)笔下的"守财奴"(见《欧也妮·葛朗台》)。那是个"风险厌恶者"了。钱少一分,就跟要他的命似的。问题是,我自己从来都能理解葛朗台,学了经济学就更理解他,丝毫没有看不起或嘲讽的意思。为什么?因为那也是他的幸福所在。

大多数人,则是在上述两个极端之间游离,有时冒险,有时谨慎。更常见的是,若处于一贫如洗的境地,他们就更乐意冒险;到了家境殷实的程度,他们就往往变得瞻前顾后,不愿轻举妄动。这是说,即使是同一个人,究竟是"风险爱好者"、"风险厌恶者"还是"风险漠视者",也与其所处的财富水平有关。

美国哲学家罗尔斯(J. Rawls),因"公平"而盛名远播。他用了一个生动的比喻,来证明"公平"是先于一切"公约"的。罗尔斯说,有人生于豪门,有人生于陋室,一切皆出偶然,只能听天由命;但是,在投胎之前,若人们能聚首一堂,他们会达成怎样的协议呢?罗尔斯推断,由于每个人都对自己将来的命运懵然不知,为了规避风险,即使每个人都出于自私,他们也必定会达成一个"公平公约",即在出生后趋向于"均分"每个人与生俱来的一切,因为这样能使每个人的平均幸福程度达到最大。

罗尔斯这个关于"无知之幕"(veil of ignorance)的比喻远近闻名。我的质疑是:即使有过那样的聚会,会上人们真会一致赞成"公平公约"吗?答案是未必!因为只要他们当中有些是"风险喜爱者",那么后者就一定宁愿铤而走险,不会接受"结果公平"的方案。毕竟,即使在现实生活中,我们也没见过自愿买完彩票后,又要求全部参与者平分奖金的人群。

第四章
需要协调

第三章
互相依赖

第二章
生命有限

第一章
东西不够

第五章
经济学随想

第一节　汇率与通胀

汇率形成的机制

2005 年 5 月 8 日

两个礼拜前到杜克大学（Duke University）拜访朋友。席间有人问：为什么国与国之间会有汇率？人民币与美元之间 1∶8.2 的汇率是怎样定出来的？两个国家之间的汇率为什么会变动？两个国家之间的变动会否波及其他国家之间的汇率？

说来话长，我只顾低头吃饭。读财务的朋友回答："汇率基本上是由所谓'购买力平价'决定的。简单地说，一只鸡蛋的价值，在中国和美国两地的价值应该是一样的，人民币兑美元的汇率，就是为了保持人民币在中国的购买力与美元在美国的购买力相等而确定的。"

他补充说："当然不仅仅是鸡蛋一种商品。国家的汇率管理部门，确定了一揽子社会最基本的商品。他们从这些商品的市场价格取样，通过汇总和计算，再根据世界各国银行和金融机构公布的宏观数据，综合确定该国货币的汇率。"

我听了拍案而起："错的，错的，完全错的。汇率不是这么定的。所有经济学和金融学的教科书,说的都跟你说的一样,但那些教科书都只是说说而已。我一万比一跟你赌,你找不到任何一本印刷物,上面印有你说的'一揽子社会最基本商品清单'和加权汇总公式。到底谁在做你所说的采样工作呢?实际上有做这事儿的人吗?"

"有!当然有!我就认识一个。"朋友肯定地回答:"你别管我对不对,我们只管汇率是不是这样决定的。我们把这作为评判标准,好吧?我这就给我这熟人打电话,看他是怎么参与决定汇率的工作的,他以前就是从事这工作的,我们来问他。"

电话打通,那头的汇率专家一板一眼回答:"汇率由四个因素决定,一是购买力平价,二是各国的通货膨胀,三是国际贸易平衡,四是金融投机。每个国家的政府,还有中央银行、商业银行和投资银行,都会定期发布各种经济数据,我们是根据这些数据确定汇率。"

我回答:"我不管那些专家是如何确定汇率的,我要问的是,他们的预测对了吗?如果汇率是由一群专家根据既定的数据来源和公式确定的,那为什么不同的专家对汇率会有不同的预测,为什么还会有人在汇率市场上倾家荡产?"

我进一步解释:"气象专家可以用这样那样的历史统计数据来预测明天的天气,但他们的预测对了吗?或许对,或许错,但不管对错,都绝不能说天气是由这些气象专家决定的。一开始的问题是'汇率是如何决定的',而你谈的是'汇率是如何预测的',两者南辕北辙。"

两百年前,还没有中央银行,更没有什么宏观统计数据,那时候的汇率是怎么决定的?不要以为没有金融专家就没有汇率,没有中央银行就无法形成汇率机制。即便取消货币,回到物物交换的年代,部落之间也仍然存在汇率:一块羊肉兑一杆标枪就是汇率。

我的答案:汇率是由甲国人民对乙国资源的需求,以及乙国人民对甲国资源的需求共同决定的。如果一国人民对另一国资源完全没有需求,那么两国就不存在汇率;如果甲国人民对乙国资源的需求增加,在其他条件不变的情况下,甲国的货币就会相对乙国货币贬值。

正是一国对异国资源的需求,决定了汇率。这是最初始的需求,它无需涉及货币,与统计数据无关,也非金融专家所能预测。汇率只由每个国家每个消费者的每笔消费共同决定。正是每个消费者在购买商品时的钞票投票,表达了他们对商品中所包含的外国资源(自然资源和人力资源)的需求程度,从而通过这种不可抗拒的经济力量,决定了国与国之间的汇率。

过去美元强,对其他货币有升值趋势,简而言之,就是因为其他国家对"美国制造"的商品需求大。今天人民币强,对美元升值,其根本原因也是世界人民对"中国制造"的商品需求增大的缘故。要指出的是,所谓"中国制造",是一般化的概念,既包括了自然资源,也包含了人力资源,更包含了制度因素。

杜克朋友也终于分清了"预测"与"决定"的差别。我的感慨是：以为汇率是由金融机构根据经济理论、统计数据和数学公式来制定的人太多，包括许多著书立说的专家，而我只能跟其中个别人吃饭。

稳住了汇率,引入了通胀

2003 年 10 月 18 日

我一向赞成"解除外汇流通管制"和"让汇率自由浮动"两者在中国并行。三个月前,人们在争论人民币是否应该升值时,我写好一篇文章,但因为好几重原因,一直没有发表。没想到三个月后的今天,人们已经在转谈通胀了。事情就是这样接踵而来。

那篇文章的大意有两点:一,因为中国是大国,是个蒸蒸日上的大经济体,不是小国如阿根廷、立陶宛,所以中国的中央银行,适宜以稳定物价为己任,而不适宜以稳定汇率为己任;二,若非要以稳定汇率为己任,那么被动地"输入"国外的通胀或通缩,就是不可避免的代价。

我是这样看的。首先,货币是一种中性的尺度。货币在经济生活中的确举足轻重,但它之所以重要,是因为它是价值的尺度,是因为它传递着经济信息,是因为每个人都凭着它来安排生活和生产。说货币重要,并不是它可以无中生有,不是说多印钞票就能创造就业、就能影响真实的利率、就能推动社会的繁荣。

撇开短暂和局部的误导不说,如果一个人长得很矮,你是不能通过修改度量衡来使他长高的;如果一个人很长寿,你是不能通过拨动时钟来缩短他的寿命的。也就是说,假如经济情况本身就在剧烈变动,那么就总会有这样或那样的经济指标来反映这种变动。

现在,实实在在的经济变动,就是中国经济实力增强了。因为劳动力低廉,产品质量上升,我们卖给外国人的东西多了,同时也就提高了我们购买外国货物的能力。我们的确可以把换来的美元暂时攒起来不花,但这并不表示我们没有能力花。我们总要花的。永远不花,就是傻瓜。

因为用人民币标价的那些中国货物和中国服务受欢迎,所以外国人争着拿美元来兑换人民币,以便享受中国的货物和服务。在争夺人民币的过程中,用人民币换取美元的比率就会被抬高,也就是大家说的"人民币的升值压力"了。

比方说,过去要用8块人民币才能换人家1美元,现在人家很需要人民币,所以给他6块人民币,他就愿意把他那1块美元给我们了,这就是人民币升值。但我们坚持不升。那是什么意思呢?就是说:不行不行,给你6块人民币不行,一定要给你8块!

当1美元只值6块人民币的时候,你非要给人家8块不可,那么你就是在送价值2块的礼了;既然多买多送,那么美元就会源源不断流入中国。这些美元可能是以前存的,也可能是新近印的。中国的外汇储备直线上升,部分原因是这样造成的。来者不拒,结果是稳住了汇率,也引入了通胀。

要马上指出,这通胀还不是什么坏事。这种通胀不是政府连年滥发钞票造成的,而是一次性的物价调整,是"稳住汇率"的自然反映,是实施"联系汇率"的必然结果。既然中国经济相对别国经济转强了,那么这种强势不在汇率上反映出来,就得在物价上反映出来。

摆在中央银行面前的,有两套好方针,还有一大堆坏方针。那一大堆坏方针,其特点就是"样样兼顾"——时而要稳住汇率,又时而要稳住物价,再时而要稳住就业。世界各国中央银行的历史表明,任务越多,表现越差劲;任务越单纯,表现越出色。

两套好(也就是单纯)的方针:一是盯死外币,这外币可以是美元、欧元或不对外公布的一揽子外币。这样,人民币的货币发行量就跟外币流入量钩死了。流入外币越多,人民币发行量就越多。这是"联系汇率"的一般模式,中央银行实际上丧失了货币发行权。一些小地区小国家,把自己国家的货币钩在一些大国的货币上,好处是免除了政府滥发货币的危险。

二是盯死物价。让国内保持稳定的、接近零的通胀率,好让国内的生产和生活有一个可信赖的价值尺度。这样做的同时,也就得让外汇自由流动,让汇率自由浮动。对大国来说,无论从经济上考虑,还是政治上考虑,都似乎更合适这样做。

哪一种方案都有代价，都有得益者，都有受损者。汇率波动对做国际贸易的人不利，物价波动对靠存款过日子的人不利。但经济本身是波动的，避免不了，可选择的只是通过哪一种指标来反映这些波动而已。无论选择哪一种，都是基于操作便利的权衡，与什么主权啊、面子啊、阴谋论啊，都没有关系。

压低人民币汇率等于供养美国

2009 年 2 月 18 日

很多年前,我见有愤怒青年烧美元,就在网上写过一句话,几天后《南方周末》把它登出来,是劝那些青年"不要烧美元",理由是"美元是美国的负债证明书",烧了美元就是免除了美国的债务。我明白愤怒青年是爱国,但爱国可不应该这样爱。

中国的外汇储备,从 1999 年初 1450 亿美元,逐月逐年稳步递增,到达 2008 年末的 19460 亿美元,增长了 10 倍以上。这是说,中国十年来替外国人干了很多活,而换来的是增加了十倍的欠条。那些欠条本来还是活期的,拿出去就能当即换回服务;而拿着这些外汇再去购买外国政府发行的债券,那就是把活期欠条再换成远期欠条了。

有三个因素可以解释欠条激增的现象:一是我们对外国人贡献大,所以换来的欠条多;二是我们对外国人的需求与索取少,所以兑出去的欠条少;三是人民币汇率过低,所以持美元的人都纷纷跑来换取人民币占便宜。这三个因素共同作用,外汇就涌进来了,而人民币流通量也由此激增,形成了通货膨胀。

在 2005 年,经济学教授塔洛克(Gordon Tullock)在走廊拉着我问:"中国人只想收藏美钞,却向美国提供真材实料的商品,这是为什么?"我回答:"我知道中国人就是喜欢收藏美钞。"塔洛克摇头:"我想到的唯一解释,就是中国人愚蠢。"

过了两个礼拜,我跑到塔洛克的办公室问他:"美国要求人民币升值,岂不也是很蠢?"塔洛克答:"美国政府是因为一些美国公司有意见,被迫向中国施加压力。美国只是说说,还没做什么;但中国是实实在在地把货物运过来,以过高的价格收藏美元,所以还是中国人蠢。"我说:"美国这么一施加压力,中国人就更不愿意升值了。"塔洛克了解中国人爱面子的脾气(他曾是驻中国的外交官),听了连连称是。

美国奥巴马政府推出数以兆计的乱花钱大计,美金在过去多年已经、而在未来多年也很可能继续膨胀。这样中国人手上的"活期欠条"和"远期欠条"就必然贬值。本来在今天能换回一个汉堡包的钱,到明天就可能只能换回半个,这效果与"把收回来的外汇烧掉"并无差异。

中国如果不按照市场信号而是出于政策倾向过分压低人民币汇率,那么就会同时导致以下几个后果:(1)外国政府在其本国生产商的施压下要求中国提高人民币汇率;(2)外国广大消费者占便宜;(3)过多外币(欠条)流入中国;(4)中国国内通货膨胀势头加剧;(5)如果国外——尤其是美国——由于其救市计划产生了其本国货币的通货膨胀,那么中国人持有的欠条的实际购买力将下降,意味着中国人过去白干了;(6)中国货过分便宜,导致中国人将来还要白干。

现在摆在我们面前不得不回答的问题是:我们是否为了(1),即不向外国政府屈服,而宁愿同时接受(2)、(3)、(4)、(5)和(6)?

是明确货币政策的时候了

2008 年 1 月 17 日

前面的几篇文章,谈论了一个关于人民币升值与通货膨胀的主题。这个主题是:中国加入世贸组织后,外国人对中国的物质和人力资源的需求大增,于是增加了人民币升值的压力;中国要么让人民币的名义汇率自由浮动,要么引入通货膨胀,两者必有其一要发生;若抑制升值并引发通胀,加息和实施形形色色的物价管制,就都无济于事。世界上可供选择的货币制度只有三种,现在是明确货币政策的时候了。

货币中性与人民币升值根源

货币是一种中性的尺度。货币在经济生活中的确举足轻重,但它之所以重要,是因为它是价值的尺度,是因为它传递着经济信息,是因为每个人都凭着它来安排生活和生产。说货币重要,并不是它可以无中生有,不是说多印钞票就能创造就业、就能影响真实的利率、就能推动社会的繁荣。

撇开短暂和局部的误导不说，如果一个人长得很矮，你是不能通过修改度量衡来使他长高的；如果一个人很长寿，你是不能拨动时钟来缩短他的寿命的。也就是说，假如经济情况本身就在剧烈变动，那么就总会有这样或那样的经济指标来反映这种变动。

现在，实实在在的经济变动，就是中国经济实力增强了。因为劳动力低廉，产品质量上升，我们卖给外国人的东西多了，同时也就提高了我们购买外国货物的能力。我们的确可以把换来的美元暂时攒起来不花，但这并不表示我们没有能力花。我们总要花的。永远不花，就是傻瓜。

因为用人民币标价的那些中国货物和中国服务受欢迎，所以外国人争着拿美元来兑换人民币，以便享受中国的货物和服务。在争夺人民币的过程中，用人民币换取美元的比率就会被抬高，也就是大家说的"人民币的升值压力"。

只有三种货币制度

我们要明白，可供选择的外汇策略并不多，原则上只有三种，即"联系汇率""自主汇率"和"管制汇率"。此外，没有谁能发明什么新的汇率策略。如果硬要说某人发明了什么汇率策略，那也只是说他作了选择而已。

所谓"管制汇率"，就是一国通过强行控制进出口商品量和外币兑换量，把本国货币的币值，硬性维持在某个先定的价位上。中国已经是一个开放的国家，这个方案根本不值得考虑。而"自主汇率"，就是一国的货币当局只盯着本国的物价水平，以维持物价稳定为原则来控制货币流通量，而让本国货币与外币的兑换率自由浮动。至于"联系汇率"，则是本国货币与某国外币按固定汇率进行兑换。这跟许多大学食堂里的菜票发行并无二致：进来1元货币，就换出1元菜票。校外的货币若出现通货膨胀，那么校内的菜票也就同时出现膨胀；校外若出现通货紧缩，那么菜票发行量也相应紧缩。

人民币在过去很长时间里，就是实行这种"联系汇率"。实行这种汇率策略，实际上让人民银行放弃了人民币发钞量的酌情权。美元大量流入，人民币流通量就随之上升，带来通货膨胀。国内近年来出现的物价上涨势头，尤其是各地所谓投资过热的情况，其实是这种钩紧美元的"联系汇率"造成的。

当1块美元只值6块人民币的时候，你非要给人家8块不可，那么你就是在送价值2块的礼了；既然多买多送，那么美元就会源源不断流入中国。这些美元可能是以前存的，也可能是新近印的。中国的外汇储备直线上升，部分原因是这样造成的。来者不拒，结果是稳住了汇率，也引入了通胀。

要遏制国内的通胀势头，必须让人民币与美元脱钩。那人民币跟什么挂钩呢？有人主张让人民币钩紧一揽子外币。可以这样做，但这意味着人民币对美元的汇率必然会出现波动。这是说，既主张人民币与一揽子外币挂钩，同时也反对人民币对美元升值,是自相矛盾的主张。

也有人主张人民币与一揽子物品挂钩。这也可以,只是技术上并不容易做到。一碗饺子就是一揽子物品,涉及面粉、青菜、畜牧和能源等原料的价格。要在中央银行调控货币发行量,使得一碗饺子的货币成本总是保持稳定,难免有"鞭长莫及"的困难。中央银行根据消费物价指数(CPI)来诊断通货膨胀的程度,从而控制货币流通量,就是一种国际上非常常见的以一揽子物品挂钩的发钞制度。是的,法币(fiat money)的发行不再与黄金或白银挂钩,但并不等于它没有钩。它从来都是有钩的,而这个钩通常就是 CPI。

当然,CPI 的计算总是不可能精确地体现通胀程度。于是,有人提出要简化,要以期货市场上的物品,来代替 CPI 中囊括的大量商品。我见不到这种建议的好处在哪里。期货市场中的商品,总共只有几十种几大类(包括能源、谷物、肉类、金属、咖啡、棉花、糖等)。假如出现自然灾害或战争等外因冲击,这些商品很可能全部涨价。这是说,把 CPI 简化成期货商品,很容易把由于外因冲击而造成的局部价格变化,误报为由于货币发行量过多而造成的全局价格变化。把 CPI 简化为期货商品的建议,没有说服力。

建议把 CPI 简化为期货商品的人,还误解了"时滞"的概念。从商品价格发生变动,到央行得悉,是有时滞,但那根本就微不足道。央行面临的时滞难题,绝对不是那个时滞。时滞讲的是从央行采取行动，到物价发生变化的时滞。这个时滞，可能是半年，一年，一年半，两年。这才是真正的时滞，是央行无法时刻精确控制货币量的困难所在。在缩短这个时滞问题上，仅看期货商品价格，并不比看 CPI 强。央行要快一点知道 CPI，也并不难，也能做到。但那是零头，论天算的时滞，而不是那个论年算的时滞。

不管怎样，只要人民币与一揽子物品挂钩，那么不管这一揽子物品是指 CPI 还是指为数甚少的几十种期货商品，那么中央银行就是在实施"自主汇率"的货币制度，那么人民币兑美元就会出现汇率的波动。今天的中国，找一揽子不升值的商品还真不容易。这是说，既主张人民币与一揽子物品挂钩，同时也反对人民币兑美元升值，也是自相矛盾的主张。

还有人主张应该以保持人民币币值稳定为首要政策目标。这主张听起来不错，但持这个主张的人得先来澄清，所谓"币值稳定"，究竟指的是人民币的物价水平稳定，还是人民币兑美元（或其他外币）的汇率水平稳定。前者的实质是人民币与一揽子物品挂钩，后者的实质是实行"联系汇率"，而这两个策略并不兼容。

有一些自诩特别关心老百姓的学者，认为人民币若兑美元升值，就会削弱中国劳苦大众在国际上的竞争力，会剥夺了他们脱贫致富的机会。假设这些学者说得对，那我们要问：若中国货币当局硬性让人民币进一步贬值，那岂不更好？发财致富的窍门，不应该这么简单。

我问过持这种主张的学者。他们有时回答:"喔,不,现在的汇率刚好"。而我追问:"你凭什么知道这就是刚好的汇率?"他们答不上来。他们有时则回答:"目前的汇率未必是刚好的,但我们要遵循英谚,没毛病就不要改"。若是这样,那他们为劳苦大众请命的高调就不攻自破,而且还得接受"联系汇率"带来的通货膨胀后果。

我要说的是,汇率策略是一个选择,任何选择都有代价。"联系汇率"的好处是央行放弃发钞权,坏处是会被动引入通胀或通缩,其实质是在使用美元;"自主汇率",即让汇率自由浮动,其好处是可以执行稳定物价政策,坏处是如果央行不能自律,就容易被政府利用造成通胀或通缩。对中国一个泱泱大国来说,"自主汇率"比"联系汇率"更合适。但总的来说,两个都算是方案,选一种坚持还可以。要反对的那些自相矛盾的政策建议,即一会儿这样,一会儿那样,一会儿反对人民币兑美元升值,一会儿担心国内出现通货膨胀,一会儿主张人民币与一揽子外币挂钩,一会儿又主张人民币与一揽子物品挂钩的方案。这些方案进退失据,逻辑上不可能,结果只会造成混乱。

加息和调控都不能抑制通胀

央行"宣布"加息,表明央行十分慎重地认为,通胀还会继续。要指出的是,许多人(包括相当多经济学者)都以为加息是抑制通胀的举措。那不对。通胀必然是多印钞票和过度放贷引起的。加息只能说明通胀，但绝不能抑制通胀。要压制通胀，只有一条路，就是少印钞票和收紧银根。那是痛苦的过程，但其他手段无济于事。

我们要分析加息的后果，就不能把眼光盯在加息上，而要把眼光盯在央行之所以要加息的原因上。既然加息是因为通胀引起的，我们就不能只是问加息对我们的生活有什么影响，而必须问通胀对我们的生活有什么影响。

单从利率看，加息会使按揭价格上涨，从而抑制房地产交易，使房地产的库存变成所谓的"泡沫"；但如果通胀真的来临，那么房地产就只会显著看涨，而不会因为毫厘的利率增长而萎缩。单从利率看，每个人的存款都有更高的利息收益；但如果通胀真的来临，那毫厘的利率就弥补不了货币贬值造成的损失。单从利率看，加息可以有助冷却贷款投资；但如果面临通胀，加上借款人可以凭其他行政或人际关系借款，到期还可以赖账，那么加息就控制不了所谓的"过热"。

针对楼价居高，国内学者有不少怪论，指责地产商是始作俑者，所以上海楼价要跌五成；说老百姓买不起楼，所以政府要通过利率打压楼价；说调控一国的楼价，只需要政府下个决心，设立举报高价售楼的热线电话即可。这些言论本身逻辑混乱，属胡说八道；但它们大受欢迎，反映了国内楼价攀升出乎公众预期，是国内出现通货膨胀的征兆。

古往今来，哪里出现通货膨胀，哪里就会出现对所谓"投机倒把""囤积居奇""哄抬物价"和"暗箱操作"等行为的痛斥。之所以出现这些痛斥，是因为老百姓和半桶水的学者误解了物价普遍上涨的原因。他们的确见到了商人在抬价，但他们没有意识到，抬价的商人只是经济链条中的一环，他们的抬价行为，是时刻受到整张经济之网所牵制的。中国房价的节节攀升，部分是由于人民币钩紧美元造成的。

结语

认识"人民币升值"与"通货膨胀"之间的替代关系，是把握整个问题的关键。这个替代关系本来不难理解，但一些经济学谬见形成了认识障碍。最大的谬见，在国际贸易上。许多人认为，出口多就是好的，为了能多出口，似乎可以不计较代价。硬是不让人民币升值，是因为人们认为这能促进出口，从而改善农民的生活。真是这样，这个世界还有穷国吗？贬自己的货币，易如反掌，但物价飞涨，会使农民的生活大打折扣；而不能从外国人那里换回等值的商品，更是在逼本国人替外国人做免费劳动。屏除经济学谬见，有助于我们平心静气地权衡和选择货币制度。

第二节　中国经济改革的逻辑和命题

经济改革就是要落实转让权

2004 年 9 月 9 日

望文生义，很多人以为"国有资产"就是人人有份的资产。但产权经济学并不这么看。一份资产究竟归谁所有，不能只看文字上的规定，而必须考察其"使用权""收入支配权"和"转让权"，看这三权究竟归谁掌控。谁掌控，谁才是物主。

从文字的角度看，"国有资产"归全国人民所有，这样的产权界定白纸黑字，已经非常明晰；但从产权的角度看，这样的界定还很模糊，因为只要无法指出哪些人掌控了上述三权，就不能说产权已经明晰。要说明的是，能真正行使产权的只有活生生的个人。

当然，任何资产都总有人在掌控，国有资产也不例外。撇开名义上的规定不说，实际上总有这样或那样的个人，对国有资产行使着"使用权"和"收入支配权"；问题是第三权，即"转让权"，并没有得到落实。这种"三缺一"的产权结构，是全部问题的症结。

表面上，国有资产和标准的股份制公司有很多共同点，例如规模都可以很大，所有者都可以很多，日常事务都得委托经营班子来处理，等等。但国有资产和股份公司有本质区别。股份公司的股东可以随时行使"转让权"把股票卖掉，把换得的钱看病买药、购书上学。但对国有资产来说，无论是名义上的每个国民，还是实际上掌控"使用权"和"收入支配权"的官员，都不享有这种"转让权"。

国有资产不落实"转让权"，这要紧吗？非常要紧！因为只有享有"转让权"的物主，才会关心资源的长远价值。人们稳扎稳打地建造能住上百年的房子，或者精心栽培一棵他死后才结果的果树，那是为什么？那是因为遥远的收益也体现在资产的现值中。只要物主享有"转让权"，他就可以随时把果树按现值卖掉，把遥远的收益兑换成眼前的享受。

而国有资产的"转让权"没有得到落实，被暂时掌握的仅仅是"使用权"和"收入支配权"，这样，国有资产就难免遭到"滥用"。俯拾皆是的现象，是种草代替了种树，豆腐渣工程代替了优质工程，任人唯亲代替了建章立制，铺张浪费代替了开源节流。一般地，资源不会用到带来最大长远利益的用途上，而是用到了带来最大当前利益的用途上。

这一点，我们有过惨痛的历史经验。我们经历过绝大部分资产（包括人力资产）都归国有的时代。准确地说，我们今天之所以要搞经济改革，就是被这段惨痛的经验逼出来的。而经济改革的本质，就是要纠正"三缺一"的产权结构，就是要落实资产的"转让权"。

这带出了下一个问题："转让权"应该如何落实？应该落实到谁的手上？我们必须理解，这是一个带有很大争论空间的问题，而且永远不会有让所有人满意的答案。唯一可以确定的是：争论应该适可而止，"落实"比"如何落实"重要，而最终采取的方式也只能大致合理，不可能十全十美，也不可能皆大欢喜。

其中一个"大致合理"的原则是：谁为企业带来较大的收益，谁就应该分得较大的股权。这个原则的依据是：不管企业的"账面价值"是高是低，经营班子的管理能力很大程度决定了企业未来的"市场价值"。

人们批评企业家在瓜分国有资产的"盛宴"。问题是，如果没有企业家的成功管理，"盛宴"可能根本不存在，企业可能本来就是一潭死水。从这个角度看，由银行、国资管理部门和企业三方面共同操作的、以经营班子经营能力为依据的产权改革，符合了"大致合理"的标准。

在这场争论中，不少人把注意力放到了腐败现象和法规漏洞上，或者放到了当事人的动机、立场、身份、身家、甚至发言的场合上。确实存在这些问题，但它们远不是最重要的。压倒一切的重要问题是：究竟什么叫"国有资产"？不落实"转让权"的国有资产有什么致命缺陷？为什么必须坚持经济改革？为什么只能退而求其次，追求一个大致合理的改革方案？

征地还是征税

2012 年 7 月 27 日

与中国许多城市一样,杭州的财政收入,显著依赖土地出让金。据《经济观察报》报道,由于地产调控和经济增速放缓,杭州上半年的土地出让收入大减,预计无法完成财政收入的年度目标;若真如是,杭州就"可能率先成为首个无法完成年度财政预算目标的省会城市"。

记者说"可能率先",用词严谨,因为可能有多个省会城市同时创此纪录。当然,不能完成任务本身并不重要。年度目标是可以调的,把新目标调低,明年又可以完成任务。倒是这从来没有哪个省会城市不能完成财政收入目标的传统,令人怀疑这些市政府并非始终"实事求是"。多一些城市不能完成财政收入目标,反而让人感觉更加真实。

这则消息真正令人担忧的地方在于,各级政府手头可以出让的土地越来越少,财政收入越发窘困,一些基层政府已经穷到了"年终要拿一块地卖了以后才能发工资"的地步;真的无地可卖,那政府会把手伸向何处？

我们知道，普通人有四种办法增加收入：挣钱、借钱、卖家当，不然就是抢钱抢物；而政府增加收入的方式也有四种：挣钱、借钱、卖家当，不然就是征税和印钱。让我们约略分析政府的这几种生财之道。

先谈挣钱。古今中外的经验告诉我们，政府不善于挣钱。尽管政府官员可以很聪明、政府可以拥有海量市场数据、政府也具备做事的权力和魄力，但致命之处是：政府官员不是公共资源的私有者，他们对资源利用的决策，只可能顾及任期之内的效果，不可能看到遥远的未来。

"争取和保住位置"是他们的目的，"做事"是他们的手段；而不是相反，他们不可能把"做事"当目的，而把"争取和保住位置"当手段。不是说政府官员中缺乏志向高远之人，而是说政治的现实约束，决定了官员必定"先占位置，始能做事"。

这任期的约束，使官员不可能像私有者那样，充分承担其经营决策的后果。换言之，官员经商与商人经商，目标并不一致。老百姓会以为，官员经商有好处，因为他们并非唯利是图，而是会顾及大众的利益。事实上，世上没有免费午餐，官员在经商过程中所做的任何商人不愿意做的"善事"，其实迟早都是老百姓自己付的账。

养老金是典型的例子。迷信的人说，将工作期间的部分收入交给政府，政府能使得这笔财富尽量保值增值，等退休后本息奉还让人们颐养天年。实际没有这回事。政府之所以暂时能够对目前已经退休的人士提供养老金,并不是因为它善于保值增值,而只是它目前还能从年轻的缴款人那里取得资金,用新钱还旧债。一旦人口结构逐渐改变,缴款的年轻人逐渐减少,取款的老人逐渐增加,养老金就难以为继。这是古今中外所有政府操办的养老保险的"总路线"。

再谈借钱。政府借钱就是发债。二战后,西方国家盛行凯恩斯经济学,信奉政府乱花钱有利于刺激经济的理财哲学:私人不愿意修的路,政府来修;私人不愿意建的厂,政府来建;私人不愿意设的岗位,政府来设;私人不愿意发的福利,政府来发……问题是,尽管这些开支可以造就短暂的繁荣,可以缓解一时的痛苦,但这种做法不符合"量入为出"的基本理财原则。目前欧洲的债务危机,不仅印证了政府为了资助刺激经济计划而进行大量举债的倾向,也展现了这种做法的严重后果。

再谈印钱。政府印钱就是制造通货膨胀。这比举债和征税更诱人,因为既不需要说服债权人借钱,也不需要征得纳税人的同意,只需要开动印钞机,就能立即获取购买力,而要过至少一年半载,代价才会逐渐以通货膨胀的方式显露出来。到这个时候,各国政府又会寻找替罪羔羊,说是地产开发商推高了房价、说是投机者炒高了大蒜和绿豆的价格、说是阿拉伯的石油卡特尔制造了能源的高价……各种价格管制和限购政策便应运而生。

中国目前也正经历通货膨胀,其中一个主要原因,是过去十年来,为了维持人民币兑美元的较低汇率而被迫印钞。人民币汇率被人为压低,外汇于是涌入追逐廉价人民币,央行采取印发新钞的方式来应付外汇的兑换需求。其结果,一是巨额的外汇储备,二是巨额的人民币新增流量。要遏制这种"引入型通胀",要么是让人民币汇率自由浮动,要么是动用举债而非印钞的办法来筹集应付兑换需求的人民币。不管出于何种目的,用印钱的方式来支撑财政开销或扶持特殊产业,是饮鸩止渴,绝不宜用。

再谈卖家当。政府手上有物业、有产业、还有土地。将国企私有化,往往是各国政府为了筹集资金,迫于无奈时采用的办法。如前所述,政府官员天然地不善于挣钱,将产业私有化是好事。所谓的"好",有两个层面,一是国企落到了善用者的手里,浪费减少,资源升值;二是政府对原国企的扶持政策,也往往会随着私有化的过程而取消,这样被盘活的就不仅是国企本身,而是国企所在的整个行业。

政府出售土地,或在"土地所有权归国家"的名义下出让土地的使用权,与国企私有化一样,能极大地起到盘活土地资源的作用。问题是,许多人认为,地方政府卖土地,搞基建,会推高地价,从而盘剥和套牢了购房者。这是所谓"土地财政",即政府通过卖地来增加收入的做法,受到大众诟病的原因。

我在本书前面的文章"政府卖地推高房价了吗"中曾解释

过,政府卖地必定增加土地供应,既然土地供应增加了,那卖地就不可能在边际上推高地价和房价。事实是,政府按规则卖地的做法,照亮了人们改善居住条件的前景,人们乐意在房地产业花更多钱。是增加的需求,先推高了房价,进而再推高了地价。这好比苹果公司革新了手机,激发了人们的物欲,从而推高了人们购买手机的总支出一样。要明白的是,在苹果公司推出手机以前,人们获得同类服务的价格,不是很低,而是无穷高;同样地,在政府卖地以前,老百姓享受今天的居住服务的价格,不是很低,而是无穷高。

问题不在政府卖地,而在政府获取土地的方式!过去政府通过"征地"或"转地",免费或低价从农民手上获得大片土地,然后又以高价出让,作非公共用途的建设。与民争利,很不可取。

是的,过去的已经过去,我们应该往前看。往前看,再也不应该这样了。若非涉及纯粹的公共用途,那就应该让农民和开发商自己协商、自己立约、自己交割,而政府只是作个旁证,或收取合理的交易税,或收取开发成功后产生的商业增值税。若真的属于严格的"公共用途",政府也应该给予充分的补偿!

有人问,政府若不通过征地的方式整理出大片空地,又怎能提高招商引资的吸引力,或从事重大项目的开发?答案是:政府要地,与私人企业要地一样,应该到土地市场上购买。这是说,即使认同政府有"征用"(taking)的权力,也应该从"征地"

这种"实物税",向"征税"这种"货币税"过渡,而这是现代化政府的标志。

历史上,形形色色的"政府",都有过各种征收"实物税"的尝试。这些"实物",包括粮食、牲口、布匹、土地、劳动力。义务兵制度,也是一种实物税,其中的"实物"就是人力。政府征收实物税的实施成本高,因为人们会刻意保留良品而上缴次品,而政府的监督缴纳行为和考察实物质量的成本,就会扶摇直上。

文明而有效的做法,是改"实物税"为"货币税"。政府征收货币税,并没有否定其"征用"的权力,而只是改变了征用的方式。要知道,货币是最容易甄别其价值的物品,一元就是一元。政府不仅无需担心纳税人缴来的货币税掺假,而且能够凭着货币收入,在自由市场上购买官员们想要购买的物品。今天政府所用的办公楼、办公桌、汽车、宴席,都是用征来的货币税购买的。诸位不妨设想,要是这些物品,都改用"实物税"的方式征取,那将会出现何种混乱局面?

政府用远低于市场价格的代价,征用一片空地,用来招商引资,到底划算不划算?争论不会有结果,因为没有标准。与此对照,假如政府动用财政收入,以市场价格在市场上购买一块空地,用来招商引资,到底划算不划算?这种争论则很容易达成共识,因为可以在商言商,算一笔明白账。当然,让商人自己盘算购买土地是否合算,而政府则退出市场,袖手旁观,只收一点税，是最理想的制度安排。

杭州市"土地财政"面临的困境，让我们重新思考政府的生财之道。我的看法是，各级政府应该弃"实物税"而选"货币税"，从依靠"土地征转"转向依靠"货币税收"来支撑财政开销。至于税率，当然是越低越好，而真要做到低税率，就还得看我们在紧缩政府支出的问题上，取得多大的成功。

征地的权衡

2011 年 10 月 31 日

三个礼拜前,我所在的研究中心举办了一场由著名法学家爱泼斯坦(Richard A. Epstein)教授主讲,题为"征地的法律经济学"的专题讲座。老教授是法律经济学运动的先驱,也是我中心的学术顾问,他在芝加哥大学法学院任教三十多年,从去年起转到纽约大学法学院,而他多年来也还在斯坦福大学胡佛研究所兼任研究员。

我们知道,政府征地在美国由来已久,宪法第五修正案规定:"假如没有公正的补偿,那么私人财产也不得被取用于公共用途"(…nor shall private property be taken for public use, without just compensation)。这是说,美国政府征用私人土地,必须同时符合两个基本条件,一是被征用的土地必须用于公共用途,二是征用时政府必须给予私有产权所有者以公正的赔偿。

遗憾的是,宪法只有寥寥数语,何谓"公共用途"、何谓"公正补偿",只能靠后人诠释。尽管部分法学家认为,必须把词语放到历史上的本源的语境中来理解,但实际上,随着时间的推移和社会观念的演化,大量美国人已经形成了相当强烈的思维定势,认为哪里有市场、哪里就有市场失败、哪里就需要依靠政府来矫正和优化,以致爱泼斯坦教授在 1985 年出版其《取用:私有产权与征地之威》(*Takings*:*Private Property and the Power of Eminent Domain*),为上述两个原则的司法原意辩护时,大量深信政府调控经济的能力的人,即视之为大逆不道之作。

例如当时的参议员,现任美国副总统拜登(Joseph Biden)先生。当年最高法院增选法官,候选人托马斯(Clarence Thomas)到参议院接受盘问。在盘问会上,拜登先生手持爱泼斯坦的《取用》表示:"谁相信此书所论证的观点,谁就没资格担任最高法院法官。"尽管托马斯先生仍然顺利当选最高法院的法官并工作至今,但有人竟然以一部法学著作作为国家要职的试金石,对作者来说可是个不小的奉承。我在那天演讲前的简介中故意提及此事,老教授高兴得挥起了双拳。

在《取用》中,爱泼斯坦教授首先指出,宪法条款中的"私人产权""公共使用""征用"等词语只是被宪法所使用,而不是因为宪法而创造出来的,因此必须考虑这些词语在其本来的社会制度中的涵义。宪法没有赋予政府随意解读这些词语的权力。正确的解读首先需要理解这些词语在私人间使用是什么意思,然后再考虑引入政府带来了什么变化,以及我们如何处理出现的问题。

许多人以为,任何公共领域的征地都与私人领域的征地无关。但爱泼斯坦教授认为,政府根本上与个人无异;人民授权一群人来管理,就必须确保这群人不能反过来滥用权力去侵害那些授权者的权利;而这就是基本的"社会契约理论"的核心。

由此,爱泼斯坦教授分析:任何征地相关的案件都要回答以下四个问题:(1)"一个人取用了另外一个人的财产"是什么意思?这需要解释什么是财产,什么是取用;(2)什么时候这样的取用是合法的,合法的取用来自政府的治理权;(3)征用是否是出于公共使用而发生;(4)如果征用是被允许的,那么被征用的人是否得到了公正的补偿。

从经济学上看,政府征地,即在无法获得私人赞同的情况下,给予私人合理补偿并取用土地的做法,并非总是没有理据的。重要原因之一,是要解决"敲竹杠"的问题。假如政府要修筑一条从横跨美国东西岸的铁路,而有人事前得知,购买了贯穿美国南北的宽度只有一寸的土地,那么他就可以要挟政府,攫取这条铁路带来的所有收益。原则上,任何物理上不可分割的、由多个个人拥有的资源,在重新开发的过程中,都有可能受到要挟,而这是政府动用权力强征的依据。

正因如此,即使对私产保护相当得力的地区,也有征地的法规,例如香港的征地办法及其立法沿革,就顾及了这种情况。在香港的《土地(为促进发展而强制售卖)条例》中写明,征地法令的背景和目的是"为了帮助开发商解决'无法联络的所有权人'和不合作的所有权人的问题,从而促进老旧建筑的翻新重建"。从 1999 年起,根据这一条例,只要物业的 90% 或以上的产权的所有者同意,香港行政长官可以命令对物业进行强制销售。而 2010 年 4 月 1 日起,香港政府对该条例作出修订,将强制销售的阈值从 90% 降为 80%。

然而,假如被征用的土地并不属于物理上不可分割的部分、而土地的新用途并非出于日常语言中具有共识的"公共用途",那么政府在动用征地权的时候就应该格外谨慎。美国历史上最受争议的案件之一,是 2005 年由其最高法院判决的"基洛诉新伦敦市政府案"(*Kelo v. City of New London*)。在该案中,一个私营企业,仅仅因为承诺能增加就业和多交税收,当地政府就帮助它强征了私人的土地,而这一案件在美国最高法院得到了大部分法官(5 : 4)的认可,理由是"就业"属于"公共利益"。更令人唏嘘的是,案件判决后,那家私营企业由于缺乏资金停止了原来许诺的项目,而那块一度引起举国关注的土地,最后沦为垃圾堆放区。

对照中国的情况,假如把美国的征地历史,看作是以私有产权为起点,并不断受到国家经济干预力量侵蚀的过程,那么中国当代的征地历史,则是以国有土地为起点、土地的使用权逐渐得到落实和保障、尽管仍不断受到各级政府干预的过程。

中国各地的土地征用过程,引发了大量的纠纷和冲突。根源在哪里?根源就在于土地使用者——乃至实际拥有者——无权转让土地的使用权。公众和新闻媒体,往往错误地以为征地纠纷和冲突的根源,是政府官员和房地产开发商的"唯利是图"的本质。固然,只要有可能,每个人都会尽量唯利是图。但是,为什么我们只看见在征地过程中引发的大量冲突和纠纷,而在农民卖菜卖粮的过程中,或在没有政府介入的小产权房的买卖过程中,却见不到类似的冲突和纠纷呢?

因为根据现行法律,土地使用者缺乏转让权!政府往往是土地使用权的唯一买家和卖家。要转让土地使用权,往往得通过政府。换言之,大量源于征地的纠纷和冲突,是有其法律症结的。如果进一步深究,就不难发现,支持这种做法的是一种顽固的思想,即为了保护农民的利益,政府不能赋予农民以土地使用权的转让权,因为农民基本不懂得保护自己的长远利益。持这种想法的人认为,农民一旦拥有土地的转让权,他们就会失去土地。对此,周其仁教授曾反问:"那让农民有权出售粮食,是否会导致他们挨饿?"

显然,不论在美国还是中国,在土地的公私争用的背后,都存在许多不仅涉及利益,而且还涉及观念的分歧,其焦点是"何谓公共利益"和"何谓公正补偿"两个问题。我自己偏向保护私人产权一方,但无偏的愿望则是爱泼斯坦教授的著作和讲演,能激起国内各界的理性讨论。

合理集资与庞氏骗局

2011年5月2日

我对"吴英案"有两点看法:一是反对对经济罪判死刑;二是合理集资与庞氏骗局有区别。最近"吴英案"二审,这两点看法又在网络和纸媒引发了讨论。让我在这里作较为详细的说明。

死刑废留的争论,分理智和人道两个层面。从理智的层面看,人们无法回避一个问题:假如枪毙一个"坏人"可以保全几个"好人"的生命,假如统计规律能雄辩地证明这一点,那么我们将如何作出选择?答案会一面倒。问题在于,至今还没有这样的统计结果。事实上,许多地区都废除了死刑,那里的治安并没有实质性地变坏;即使世界各地保留死刑的地区,犯人从获判死刑到实际执行,有时要走十多年的法律程序,所以无法验证死刑的效果。再考虑到错判等因素,赞成死刑的理据就变得更弱。

从人道的层面看,赞成死刑的人多是依据"以牙还牙"的对等观念;而反对死刑的人多是依据先验的原则,即任何人无权剥夺他人的生命,即使那人已经犯下了剥夺他人生命之罪。面对这互相冲突的观念,我倾向于支持后者,因为司法的重点应该从"帮助受害人报复"向"遏制未来犯罪"过渡。对不涉及人命的罪行,如经济犯罪,我反对死刑。吴英案不例外。

不仅如此,我还认为"民间集资"不应有罪。民间集资是现代信用体系的重要组成部分,不仅应该尽早解禁,而且应该得到法律的保障。换言之,假如吴英的所作所为,仅仅是"民间集资",那么我会呼吁当局网开一面,无罪释放吴英,尽管目前的法律可能还没有得到及时的修改。

然而,从公开的案情看,吴英明显有组织"庞氏骗局"之嫌。根据维基百科的定义:"庞氏骗局就是靠投资者或后继投资者的钱来还钱,而不是靠实际盈利来还钱的运作。它通常靠别人所不能的回报来吸引新的投资者,而这些回报通常是短期还款,它要么高得不正常,要么就是持续得不正常。这种生生不息的回报需要不断增长的现金流来维持。这种系统注定是要失败的,因为它的收入(即使有的话)也比付给投资者的回报低。通常,它在失败前就会被司法当局取缔,要么是由于它们引起了怀疑,要么是它在销售未经登记的债券。虽然它注定失败,但它可能过很久才失败。"

一系列合理的信贷行为不属于庞氏骗局。第一,举债本身不是骗局。第二,投资失败并不构成庞氏骗局。举债人只要没有违反举债时所承诺的资金用途,那么即使血本无归,也不构成诈骗。第三,投资回报极高,也不构成庞氏骗局。只要高额回报来自经营所得或新投资人在考虑了风险的情况下对经营所得的期望,那么高额回报也不构成庞氏骗局。第四,"借新钱来还旧债"也不是诈骗。只要举债人如实汇报亏损,而放贷人仍指望靠经营转机而不是靠新进债款来扭亏,那也不构成庞氏骗局。

有别于此,庞氏骗局的特征,是举债人刻意、反复、系统地向放贷人谎报其经营所得和还款来源。甄别的关键,一是举债人的还款究竟来自经营的盈利,还是新的举债;二是放贷人在作出放贷决定时,究竟是清楚了解举债人的财务运作模式,还是受到了刻意的蒙骗。

根据《南方人物周刊》2011年4月18日发表的由记者薛芳撰写的《吴英的罪与非罪》的报道披露:"吴英借贷时许诺的高红利,一般借贷1万元,每天要支付35元、45元、50元的利息。"那即使不算利滚利,年息也在125%以上。而根据《21世纪经济报道》在2009年4月25日发表的由记者李伊琳撰写的题为《尖刀上的舞者吴英》的报道:"吴英在庭审中承认,她向林卫平等人所借资金年回报率至少在50%以上,部分达到100%,到了后期资金链出现问题,甚至出现'3个月回报期',即3个月的利息达100%,即使不算利滚利,年息也在400%以上。"

我认为这构成了庞氏骗局的特征。吴英在举债时,刻意隐瞒实际亏损,并一再履行承诺,使人误信其盈利能力。在这过程中,吴英确实有实业投资,但这些实业的盈利能力从来不足以承担50%、100%,甚至400%以上的利率。实际上,当吴英的经营出现亏空后，还款就越来越多地依靠她所构筑的资金链条，即利率高得越来越不切实际的新贷款。败露的契机，也正是这个资金链条的断裂。

一般地，那些在庞氏骗局中受骗上当的人，容易产生让骗局维持下去的愿望，因为只要骗局维持下去，他们就有可能继续赚取不切实际的高额利息，并在他们自认为适当的时候完全退出骗局，从而把亏损转嫁给后进入者。然而，尽管庞氏骗局可以长期维持而不被拆穿，它仍然是注定要破产的。所以，骗局越早发现和越早拆穿，造成的社会危害就越小；而不是让张罗骗局的人再多点资金、再多点时间，以期望发生奇迹。

还要指出，庞氏骗局的组织者，最初可能只是想有所作为，满足社会上正常的融资需求；只是到了经营失误、走投无路，他们才被迫逐步采用庞氏骗局的财务模式。甚至，他们或许还不知道这种操作就是一门古老的骗术。然而，无知不等于无罪。如果吴英的经营模式是正当无瑕的，那有谁不能照搬照用而取得短暂的辉煌？这对那些勤勤恳恳悉心照顾经营实体而只取得微薄利润的企业家是多么的不公？

我的看法是，市场经济不是无法无天。我们既要呼吁民间集资合法化，又要取缔各种欺诈行为，包括庞氏骗局。由于民间集资若得不到法律保障，会诱发更多更严重的欺诈行为，因此我们更应该呼吁尽快让民间集资合法化。

金融改革不容忍庞氏诈骗

2012 年 4 月 30 日

我在《合理集资与庞氏骗局》一文中，解释了对"吴英集资诈骗"案的三个观点：（1）反对极刑；（2）赞成给予民间融资更大自由；（3）认为吴英行为属于俗称"庞氏骗局"的诈骗行为，应该予以禁止和惩罚。与此相对，不少学者不仅反对适用极刑，而且认为吴英只是从事正常的民间金融活动，其不当行为只是由于不够完善的民间融资体制所迫，而其经营的魄力和手法是值得支持和鼓励的。

尽管我不同意，但最高人民法院尚未对此案进行复核，我搁置了评论。上周末最高法作出复核，既认为"被告人吴英集资诈骗犯罪事实清楚，证据确实、充分，一审判决、二审裁定定性准确，审判程序合法……被告人吴英集资诈骗数额特别巨大，给受害人造成重大损失，同时严重破坏了国家金融管理秩序，危害特别严重，应依法惩处"，又认为"综合全案考虑，对吴英判处死刑，可不立即执行"，故"裁定不核准被告人吴英死刑，发回浙江省高级人民法院重新审判"。

是再谈此案的时机了。我认为最高法的裁定不仅合理,存留了生命,而且对公众的理性讨论,具有很大的促进作用。集资和欺诈的区别何在?吴英有没有诈骗?有没有受害者?吴英是否代表了企业家精神?被千呼万唤的"民间金融"是不是就吴英那样的?我深深相信,不把这些问题谈清楚,不惩罚反而鼓励吴英式的经营行为,那将是对诚实商人的羞辱,也是对正当民间融资的扼杀。

我曾经解释:举债、血本无归、回报极高、甚至借新钱还旧债,其本身都不构成骗局,只要举债人如实汇报亏损,而放贷人仍指望靠经营转机而不是靠新进债款来扭亏,就不是诈骗;只有"刻意、反复、系统地谎报其经营所得和还款来源",才是庞氏骗局的根本特征。

吴英的行为符合这一特征。根据法庭证实,吴英犯有大量欺骗行为,包括虚构投资、虚构资金周转、虚构盈利、虚构合作、伪造商业协议、伪造4900万元工商银行汇票、私刻两枚广发银行业务专用章等等。吴英有意误导广大储户,让他们以为其高息回报来自经营利润,而实际则是来自新增的借款,这就是判断庞氏骗局的关键。

许多评论者,尤其是经济和法学学者,由于迫切希望加大民间金融改革的步伐,也由于缺乏对甄别诈骗的关键标准的清楚认识,提出了种种辩护理由,而我认为都是站不住脚的。

一是"集资无罪论"。学者们认为,融资自由是人的基本权利,这种权利不受法律保护,意味着中国人的企业家精神仍然受到摧残。这一观点非常正确。然而,需要补充和澄清的是,吴英被控的并非"非法集资罪",而是"集资诈骗罪"。重点在"诈骗"二字。在2011年2月25日,全国人大常委会取消了"走私文物罪""票据诈骗罪"和"金融凭证诈骗罪"等13种经济性非暴力犯罪的死刑,但吴英所被控告的"集资诈骗罪"并不包含在内。可见从最新的立法原意来看,此罪仍是特殊和严重的。

二是"无受害人论"。坊间流传这么一种说法,即吴英只是向其认识的11个人借款,而他们没有一个认为吴英欺骗了他们。但根据法庭采信的证据,其中4人的集资对象就有120多人,而这些人的下线就更多了,涉及浙江省东阳、义乌、奉化、丽水、杭州等地,都是普通群众。吴英刻意营造的假象,欺骗了他们,他们都是实际受害者。诚然,庞氏骗局的受害者,往往会产生"让骗局维持下去,自己先全身而退,从而把亏损转嫁给后进入者"的愿望。或许是这种愿望,使他们不愿意看到骗局的过早破灭。在2008年破获的史上最大庞氏骗局"麦道夫投资丑闻"中,至犯人麦道夫(Bernard Madoff)被捕之日止,有半数的直接投资者是没有亏损的。然而,庞氏骗局注定失败。执法者只有主动出击,才能及时减少潜在的更大规模的伤害。

三是"实业论"。有人认为,吴英用借款作了实业投资,因此不算诈骗。然而,法庭证实:"吴英将非法集资所得的资金除少部分用于注册传统微利行业的公司以掩盖真相外,绝大部分集资款未用于生产经营,而是用于支付前期集资款的本金和高额利息、大量购买高档轿车、珠宝及肆意挥霍"。更何况,诈骗的判断要点,并不在当事人从骗来的资金中拨出多大比例进行实业投资,而是他在借款时候是否刻意误导了债权人,让后者误解了资金的去向和还款的来源。

四是"利息自由论"。有人认为不应该因为吴英许诺了高额的利息,就判定她有罪。这种观点也误解了判断诈骗的标准。高息并不是判断庞氏骗局的充分条件,"高息来自新增债务而非经营利润"才是判断的关键。作为对照,麦道夫向债权人长期支付的利息也只有11%左右。按照他自己在案发前接受采访时发布的烟雾来说:"我只不过是达到了'标准普尔500公司'的平均回报率而已,并不存在什么奇迹。"问题是,不论要维持吴英那种异常高企的利率,还是要维持麦道夫那种异常稳定的盈利,在真实世界里都是极其困难的事情,而一种常见的窍门,就是"向债权人隐瞒其靠新增债务来还款的真相"。吴英和麦道夫都是因为这一点被裁定为诈骗的。

五是"没跑论"。据《第一财经日报》报道,孙大午先生认为吴英只是想瞒一时:"她的瞒,是想借了钱,然后盼着盈利。"他认为,诈骗是以非法占有为目的,而且会套现跑路,"报道上说吴英有一次就借了2亿,那她完全可以带着2亿的钱逃跑,干吗还投到房地产上呢?"孙又说:""如果借钱想还,只是暂时还没有能力还，你得给人家时间和空间。"要知道，麦道夫自己承认其欺骗行为始于 1990 年代，历时近二十年他都没有逃跑，而其间他也一直苦心经营，伺机跳出"庞氏骗局"的泥潭，但这并未成为他脱罪的理由。不难想见，如果没有卷款出逃就不算犯罪，那骗子们全都可以先骗后还、来日方长、安居乐业、高枕无忧了。

六是"升值论"。许多人说吴英购买的物业，这些年也增值不少，足以归还债务，所以吴英是无罪的。这种观点也仍然混淆了欺诈与欺诈结果之间的区别。以欺诈所得购买的物业发生增值，并不改变此前欺诈的事实。你只要给骗子足够的时间，骗子也总能等到其投资超过骗款的时机，那世界上就不会有骗子了。更何况，即使那些物业发生了增值，增值的幅度也远远达不到吴英当初许诺的利率。如果只是一般的市场回报，债权人为什么乐意把钱借给她？

我试用"Ponzi"（庞氏）二字搜索新闻，结果意外。据路透社 4 月 20 日报道，基金经理 Brian Kim 因向客户谎报盈利，并用客户新进投资支付虚假盈利，事后他非常内疚，希望能继续工作，替客户把钱挣回来。当然，纽约的法院没有给他这种机会，而是判处他 15 年的徒刑。据《旧金山时报》4 月 18 日报道，William Wise 向顾客承诺 16% 的回报，实际则是用新债务还旧债，潜逃后在旧金山落网。据英国广播公司（BBC）3 月 8 日报道，Kautilya Pruthi 因为用新债务还旧债务的办法敛财，在伦敦法院被判14年徒刑,而此案被称为英国史上最大庞氏骗局。

信手拈来的三宗热辣新闻,时间跨度不足两个月。这些罪犯的共同点是:只要虚构盈利能力,炮制经商天才的光环,允诺诱人利率,并靠新债来偿还,就能一夜暴富,过上奢华生活。显然,哪怕在金融制度相当稳健的英美国家,这种古老的骗术仍然非常活跃和成功;正因如此,哪怕在金融制度尚不健全的中国,也不能为了鼓励改革,而不分青红皂白地替这种骗术辩护和讴歌。

民间金融改革的难点

2012 年 5 月 28 日

没有人会泛泛地反对"民间金融改革",争论都在细节上。最近政府将温州定为"金融综合改革试验区",已经召开动员大会,各种"实施方案"和"管理办法"也将陆续出炉。总体政策无疑具有积极意义,但那些具体的措施,应该用怎样的参考系来评价?近来因为参与讨论吴英罪成与否,又参与"小微企业融资状况调查"发布,屡屡被问及这个问题,让我探索一下答案吧。

先短评吴英案的终结。吴英被判死缓,是预料中事。三个礼拜前与北京大学法学院的彭冰教授共同举办了一个对谈式讲座,他力辩吴英无罪,我坚持她有罪,争论的要点在法律的适用层面。

目前的法律条文,对吴英所犯"集资诈骗罪",规定了一个重要条件,即罪成须"以非法占有为目的"。针对这个要件的具体含义,2001 年最高人民法院《全国法院审理金融犯罪案件工作座谈会纪要》作了归纳,它包括:"(1)明知没有归还能力而大量骗取资金的；(2)非法获取资金后逃跑的；(3)肆意挥霍骗取资金的；(4)使用骗取的资金进行违法犯罪活动的；(5)抽逃、转移资金、隐匿财产，以逃避返还资金的；(6)隐匿、销毁账目，或者搞假破产、假倒闭，以逃避返还资金的；(7)其他非法占有资金，拒不返还的行为。"

问题就在于，尽管吴英的确已经触犯上述解释中的部分项目，但庞氏骗子，即"刻意、反复、系统地谎报其经营所得和还款来源"的举债人，逻辑上有可能并不触犯上述解释中的任何一项，即既否认"明知没有归还能力"，又不"逃跑"、不"挥霍"、不进行其他"违法活动"、不"销毁账目"，又并未"拒不返还"，那这样的举债人，是否就应该让其逍遥法外？

我的回答是否定的。哪怕庞氏骗子本人具有还款的善良动机，但只要他已经实施了庞氏诈骗，其债务结构就注定不能维持，政府就应该尽快主动出击，减少潜在的祸害。因此，我建议直接把庞氏骗局的特征，即"举债人刻意、反复、系统地向放贷人谎报其经营所得和还款来源"，代替"以非法占有为目的"，作为"集资诈骗罪"的要件，从而减少界定"集资诈骗罪"的适用困难，消除法律条文与实际罪行之间出现错位的空间。

言归正传，继续探讨"民间金融改革"的评估标准。我想，思路应该是先描述"症状"，后锁定"症结"，再比较"药方"的可行性与优劣吧。那"症状"是什么？民间金融的症状，就是"两多两难"，也就是"民间资金多投资难"和"中小企业多融资难"的问题。

一方面,民间游资丰富,地下融资规模巨大。据中央财经大学教授李建军2006年出版的《中国地下金融调查》报告,我国地下融资的规模就已经占正规融资规模的三分之一。与此同时,民间借贷和金融类纠纷案件也越来越多。据《证券日报》5月22日报道,温州中级人民法院称:去年温州法院民间借贷类案件收案12044件,标的近54亿元;而今年仅1至4月份,温州法院已收民间借贷类案件6510件,标的38.5亿元。审堂下之阴而知天下之寒,全国民间市场上有的是钱。

另一方面,中小微企业融资难。北京大学国家发展研究院和阿里巴巴集团,从去年7月起,先后在长三角、珠三角、环渤海和中西部等区域,开展了关于小微企业融资状况的调研。该调研显示,有七成以上的小微企业(年销售收入在3000万元人民币以下的企业)具有融资需求,而其中七成以上的需求融资金额在100万元以内。这意味着,在中国企业的大量毛细血管中,极度渴求小额资金的渗透。

既然在民间融资的市场,既不缺乏资金,又不缺乏对资金的需求,为什么还出现"两多两难"的问题?根本原因,在于信息不对称所造成的天然障碍。容易被人们忽视的是,债权人需要花很长的时间和努力,才能逐渐掌握债务人的业务、熟悉行规的深浅、推断行业的起伏,而只有掌握这些信息,才能保证资金的安全和增值。

这解释了为什么银行总是偏爱大企业、舍弃小企业：那是因为建立互信需要支付成本，不仅不会由于企业规模小而降低，反而会由于企业生存能力不稳，使债务具有更高风险而增加的缘故。要克服信息成本的障碍，对中小微企业进行有效率的融资活动，需要对放贷技术进行创新。我很喜欢阿里巴巴集团的胡晓明先生打的比方：要拿一桶水给一棵大树浇水很容易，把水倒到树根上就可以了；但要拿一桶水给遍布一个足球场的成百上千棵小苗浇水，要把水洒到每棵小苗上，就不是一倒即可，而是必须采用完全不同的浇灌技术了。

要澄清的是，我不是否定民营金融机构的效率。事实上，与其他行业的情况一样，我相信民营金融机构也能比国营金融机构做得更出色。我说的是，哪怕是民营金融机构，也只有采用新的信用识别技术，系统性地降低识别成本，克服信息不对称的障碍，才能有效地向中小微企业提供长期和稳健的融资服务。

与许多人印象相反的是，我国过去也曾鼓励过以"农村合作基金会"为主体的民间融资活动，但由于缺乏章法和适当监管，情势滑向坏的一面。据记载，农村合作基金会最早在1984年河北省正式建立，经中央1987年的《把农村改革引向深入》文件肯定，再经1992年投资热潮推动，到1996年全国竟有2.1万个乡级和2.4万个村级农村合作基金会，融资规模大约为1500亿元。其中，连供销社、计生委、民政、劳动和社会保障等部门都加入了创办基金会、股金会，参与高利率资金市场竞争。由于经营不善，坏账连绵，1999年农村合作基金会被关闭整顿。蜂拥而上的金融机构造成的大量坏账，对各地政府造成了巨大的债务负担。

这是说，民间金融改革的政策和措施的成败，不在于简单地鼓励民间资本进入金融体系，而在于帮助民营机构克服信息不对称的困难，建立有效的"信用身份识别平台"，为大规模的小额融资服务提供可靠的依据。

要建立这个平台，需要多种要素的配合，包括建立融汇各银行、工商、税务和司法系统的"企业信用数据中心"，包括引入和尝试各种"信用身份识别"技术，也包括更深刻的变革——大幅度替中小企业减税，从而恢复诚实纳税的商业风气，为降低"信用身份识别"成本提供必要的制度环境和数据基础。

互联网金融的监管哲学

2014 年 5 月 12 日

余额宝的兴起,引发了关于互联网金融的热议。这些议论,既是观念之争,也是技术之争,但归根结蒂是利益之争。互联网金融的技术已经成熟、余额宝等产品已经推出、顾客已经尝到甜头,连银行也已经醒了。金融市场的互联网变革势不可挡。应该做的,是确认互联网金融的风险,指出互联网金融的特征,既让政府部门有的放矢地监管,又还新生事物一个充分自由发展的空间。

如何看待风险

互联网金融存在五大风险。其一,是欺诈风险,即金融服务提供商挪用存款或卷款潜逃等风险。有预谋的骗子,会以高额回报为诱饵,增加集资的规模,而这就是古老的庞氏骗局。理论上,合法存贷业务与庞氏骗局泾渭分明,前者的回报来自有价值的服务与真实的盈利,后者的则来自新增的存款;但在实践上,要随时准确地作出区分并不容易。事实上，民间融资一直受到严格管制，合理的原因之一就是以庞氏骗局为代表的一系列诈骗行为不易识别和监管的缘故。

以支付宝公司推出的余额宝为例。余额宝是通过天弘基金向银行获得协议存款的较高利息而盈利的金融产品。以我所知，余额宝对储户既不承诺收益率，也没有任何补贴行为，其账目和资金也从来都是在有关银行和监管部门的全程监控之下。互联网金融业务如果能够达到这个标准，那诈骗的风险就在可控的范围内。

另外，阿里金融的微贷款业务，根据其平台上的大数据，努力刻画电商的经营模式和业绩表现，通过克服信息不对称的困难而盈利，值得支持。与此对照，有些互联网金融业务，仅仅利用互联网的通信优势聚集了大量资金，但其机制本身对克服投资人和贷款人之间的信息不对称困难没有明显贡献，所以不容易走上健康发展的轨道。这是监管当局需要谨慎应对的。

其二，是技术风险，即信息安全、操作流程、金融犯罪以及流动性支撑等环节所存在的风险。这需要相关部门及时修订行业的安全标准，并一视同仁地责成互联网金融企业严格遵守执行。

要澄清的是，自从1878年电话进入商业使用开始，通过电话来犯罪的现象至今没有停止过，但这从来不是阻止电话普及的理由。同样道理，互联网会存在安全隐患，会侵犯个人隐私，会被用来从事犯罪活动，但这些都不是抑制互联网发展的理由。新问题出现后,人们也总会找到新的解决办法。例如,在互联网上开户时进行实名认证存在困难,那么借用航空公司登机验证记录,就可以局部解决问题。一般而言,监管的目标越清晰和具体,可选的解决方案就越丰富。

其三,是投资风险。互联网金融产品,不仅具有商业风险和政策风险,其通过长尾而汇聚成的巨额资金供应,在其他条件不变时,本身也会减少资金的回报。面对这种风险,充分的告知和披露是基本的对策。

应该指出,资金回报会随着资金供给增加而下降的事实,也恰恰反驳了"余额宝会增加融资者资金成本"的观点。时至今日,各大银行所提供的低息贷款,主要是由大企业、国有企业和政府扶持项目所享用,民营中小企业的真实融资成本要比大银行的名义利率高得多。随着余额宝等业务的壮大,更多的资金将会在民营市场中寻找出路,民营中小微企业的真实融资成本,恰恰不会上升,而是必然会下降。

其四,是货币流通量的风险,即由于互联网金融服务带动了货币流动速率的急剧变化,造成了中央银行控制货币流通量失准的风险。

不能否认,互联网金融确实会或多或少地带来这样的风险。然而,任何金融机构、任何金融产品,乃至任何经济活动,都会或多或少地带来这样的风险。中央银行的责任,恰恰就是根据市场的变化和技术的进步,不断提高控制货币流通量的技术。是中央银行要跟上市场和技术的变化,而不是市场和技术要迁就中央银行的能力。也就是说,有义务承担这种风险的机构是中央银行,而不是从事互联网金融的企业。

最近兴业银行行长李仁杰说,目前各大银行和支付宝都有接口,支付宝在某种程度上替代了中央银行。这种说法与常识相悖。中央银行与各大银行的职能区分十分清楚,连各大银行都毫无替代中央银行之可能,遑论仅仅与银行有接口的金融机构?我同意美联储前主席格林斯潘在接受新浪财经采访时的表述:"中国的央行就是中国人民银行,没有任何机构能够替代,未来也不会有,说余额宝是第二个央行是非常不准确的表达。"

其五,是利益重新分配的风险。长久以来,国内金融业实施存款利率管制,存贷利差是垄断租,只有银行和国有企业、大企业或者政府扶持的项目,才是这种垄断租的享用者。余额宝通过天弘基金的身份获得了协议存款的较高利息,并把这部分利息返回给储户,实质是通过既得利益者的身份,把获取的利益返回给广大的普通存户。

被动了奶酪,几大银行有恃无恐,以其受行政保护的市场支配地位,公然联手拒绝与各类货币市场基金进行协议存款交易,目的是阻止其例行享用的垄断租向民间外流,这才是褒贬互联网金融之争的实质。

要知道,形成垄断的原因有多种,有些是由于天赋,有些是由于产品先进,有些是由于政府保护,只有最后这种才应该予以打击；那些受政府保护的垄断者联合起来排斥交易的做法，才是最不正当的竞争行为。

我们应该认识到，科技进步从来都是打破垄断格局的利器。今天即使采用行政手段拖慢了民间互联网金融的发展，大银行内部的互联网金融也仍然会发展起来。针对这种利益重新分配的风险，监管部门应该审时度势，认清大局，恪守监管者而非从业者的定位，放手让现有大银行与民间互联网金融机构公开公平地竞争。

何为合理的监管

要合理地进行监管，既要认识互联网金融产品的风险，也要认识其特征。传统经济的产品，往往是由特定生产者、在特定场所、组织特定生产要素、通过特定的生产流程、制造出特定的产品。面对传统经济的监管，往往只需要对生产者进行身份认证和许可，对生产场所进行规范，对产品范围进行限定，对产品质量施以考核，即可比较顺利地完成。

互联网产品则别开生面，其特点在于生产者、生产场所、生产要素、生产流程以及产品与服务，都难以在事前确定形态和边界：一个通讯软件可以演化为社交平台，进而变为多边的交易平台，再变为储蓄和投资平台；平台的顾客既是数据的使用者，也同时是数据的提供者。在互联网时代，再也不容易确知企业的经营范围在哪里、合作方包括了谁、产品的定义是什么、目标用户又是哪些人群了。

在此技术和市场格局下,监管者应该放弃过去常用的"经营者身份核准""业务范围限定"和"产品形态界定"等手段,不要理会什么"互联网金融是否属于真正创新"之类的迂腐争论,转为奉行"底线式监控"和"园丁式管理"的监管哲学,一方面锁定已经明晰的各种风险的情况,另一方面则尽量放开市场,支持数据共享,允许经营越界,鼓励产品演化,让民间互联网企业与传统的金融机构平等地竞争,从而造就一个健康的互联网商业文明。

经济发展岂是任务

2001 年 3 月 19 日

大多数人都认为"经济发展"越快越好。一次又一次,根据计划经济的指导思想,为了达到某个既定的经济指标,我们不惜代价,使出浑身解数。但是,发展蓝图越是壮观的年代,我们的生活越糟糕。而香港过去三十年来经济政策的至高理想,却只不过是"量入为出"而已。到底是计划不得当,还是计划本身成事不足、败事有余呢?

全局计划有别于局部计划

稍有管理知识的人,尤其是理工科出身,然后再深造西方企业管理的人,都知道计划的重要性。但被人忽视的是,那些知识和经验,只适用于个人或企业,更准确地说,只适用于目标简单的系统;而对于整体经济,或者说目标极其复杂的系统,全局计划是不适用的。

我计划托福一定要考 650 分,这是单一的目标。我必须作出牺牲，失去睡眠、娱乐、体重、金钱，用这些换取好成绩。为了实现目标，计划显然是有用的。企业也类似，每个人进入企业，目的只有一个，就是为企业追求利润最大化。对于企业，计划也同样重要。

但是，社会有别于企业，更有别于个人。把社会比喻为个人、企业或战壕里的队伍，都是不恰当的。社会是由很多人、很多企业、很多组织构成的目标极其复杂的体系。有谁知道"公众"需要什么吗？谁也不知道！谁也不知道公众需要多少钢铁、棉花、大米。这只能放手让个人和企业自负盈亏地去冒险尝试。

经济指标的片面性

衡量经济发展的指标有很多，有一揽子的实物指标，如水泥有多少，钢铁有多少，大米有多少，小麦有多少等等。过去计划经济年代，很多经济学家和计划官员，就是以制定这些指标为职业的。另外，也有综合的指标，最典型的是"国民收入"，它指最终商品和服务的产出总量。

不要以为只有实物指标是片面的，而国民收入则是全面的。它们都是片面的。例如，由于国民收入是以人民币来衡量的，所以，没有"市场价格"的商品和服务，如闲暇、家务劳动等，就没有统计进去。更根本的问题是，国民收入的数字，会令人们对"经济结构自然调整"和"政府刺激经济政策"产生双重误解。

结构调整不是浪费

经济结构的调整，会对国民收入造成显著的影响，尽管这些结构调整往往是有益的。冷战结束，美国军备开支急剧下降，大量设备和劳动力投闲置散。这种转变是有益的，因为腾出了更多的资源，以后可以投入更有价值的生产；但是，当时国民收入大幅下降。本来是好事，但从"国民收入"数字看，却是坏事。

失业不是浪费。人们之所以会失业，是因为他们不愿意"一遇到工作就做"。人们宁愿花时间寻找、评估、比较。这样做是有建设性的。失业增加，表明经济结构正在调整，那是有益的，尽管"国民收入"会减少。相反，一遇到工作就做，或者坚守市场价值过低的岗位，那才是浪费。

我们说过，造成损失的根源，是当初的预期与后来的事实不符。早知道冷战那么快结束，就用不着去盖那么耐用的军火工厂，请那么多长工了；早知道科网泡沫那么早就破灭，就用不着租那么豪华的办公楼，做那么多宣传广告了；早知道还没有到40岁国有企业就这么飘摇，当初就会为下岗未雨绸缪了。

但是，早在决策的时候，损失就已经造成了，只是现在才显露出来而已。既然不能继续冷战、不能继续讲科网故事、不能让国有企业扭亏，那么资源和人力的调整就是有益的。造成损失的是当初的决策，而不是现在的调整，现在的调整只是在为将来的收益做铺垫。记住，虽然调节是好的，但经济发展将会放缓。

对待经济增长的态度

这样,我们对待"国民收入"或其他的经济发展指标,就应该抱一种截然不同的态度。出于好奇,我们不妨预测国民收入;出于善意,我们应该为国民收入增长感到高兴。但是,应该认识到,如果为了"好看",便把经济增长指标当作任务,用行政手段去阻碍经济结构本来要发生的调整,或通过增大公共开支和举债的方式来营造国民收入的增长,那么后果就是事与愿违的。

我们曾经以为钢铁产量是国力的标记,于是连家里的炒菜锅都要贡献出来,土法炼钢。结果,钢铁产量的指标达到了,但钢铁在国民生活中分配的比例却受到了严重的干扰。本来该在厨房做锅的钢铁,都往小高炉里送。人们的生活水平倒退了。这是奋不顾身追求钢铁产量的代价。

经济结构总要不断调整,甚至是剧烈的调整,但那是有益的,不应阻挠——尽管国民收入数字会下降;反过来,政府挑选若干项目来催生,借此刺激经济,那往往会造成更大的代价——尽管国民收入的数字暂时会更好看。因为追求政绩是政府的天性,所以治本之道是,把国民收入或经济增长指标,有意识地从每届政府年复一年的任务中永久剔除出去。

第三节 民主与自由

钞票与选票之争

1999年1月16日

李嘉诚最近挺身而出,高调批评某些怂恿别人撕毁楼宇按揭合同的政党人士,指责他们为了笼络选民,讨好供楼出现困难的业主,不惜公然挑战商业社会的合约精神。

这边是追逐钞票的商人,"在商言商",那边是拉选票的政客,"为民请命",有什么经济学原理,能够帮助我们理解孰是孰非呢?

起源于20世纪60年代的公共选择学派,在经济学家布坎南(James Buchanan)和塔洛克(Gordon Tullock)的带领下,对选票机制进行了开拓性的研究,指出了选票机制对市场机制的危害性。其基本的结论是:选民关注的事情越广泛,或者选举进行得越频繁,那么市场和效率就会受到越大的伤害。

虽然公共选择理论赢得了学术界的关注,并且早在1986年就获得了诺贝尔经济学奖,但它的思想似乎远远没有被传播和接受。例证之一,就是连一向以维护自由市场著称的《华尔街日报》,也多次发表了批评李嘉诚、偏帮政党的评论。很意外吗?

有人说,在市场中,并非所有东西都是可以交易的,例如健康和选票。他们认为,人们生了病,不能把疾病卖掉;人们参加选举,不能把选票卖掉。

然而,在经济学看来,这些东西并非绝对不可交易,只不过它们的交易费用暂时比较大罢了。有钱的人,事前可以避免从事各种有害健康的工作,事后可以接受一流的医疗服务,可以接受输血甚至移植器官,谁说疾病不能卖掉呢?劳动分工的本身,就促成了对健康的交易;而器官移植技术的发展,则会进一步降低健康交易的费用。问题只是这类交易比较隐蔽罢了。

同样,选民总是冲着好处去投票的。谁允诺的好处大,选票就投给谁。假如权力真的不能兑换成利益,又有谁会大洒金钱去贿选呢?大摆流水宴来收买选民,当然太露骨。但只要留心观察,又哪有什么真正的含蓄?当年,克林顿在竞选连任期间,特意批准了一项资助攻克乳癌的项目。马上有评论指出,这是为了及时讨好举棋不定的中年妇女。

市场上的钞票竞逐,我们司空见惯。钞票竞逐的结果就是价格,它既传达了资源的稀缺性,又反映了生产的代价,是调配资源和刺激生产的关键信号。相反,选票竞逐却既不能反映代价,也不能刺激生产。政客往往用小恩小惠换来选票,当选后就运用权力和政策,为特殊的团体谋利益。

事实上,隐性的选票交易,一直都在进行中,我们没有理由视而不见。只有正视选票交易现象,才能较为准确地评估其经济后果。在本文开头的例子中,那些政客预计,假如能够给李嘉诚带上"压榨苦业主"的帽子,丑化他,丑化商人,从而让撕毁按揭合约的行为合理化,就可以捞取一批选票。然而,届时李嘉诚损失的将是金钱,而香港损失的将是最宝贵的商业原则,那就是诚信和守约。

亚当·斯密说,当人人都在追求自身的利益时,公共的利益就会自动得到增进。可是,布坎南告诉我们,在不恰当的选票机制下,当人人都在追求自身的利益时,公共利益的根基就可能会受到严重的挫伤。只有严格限定选民和政客对市场的干预范围,才能防止选票政治侵犯个人产权和违反合约精神。

资源争用不应靠民主解决

2002年2月4日

最近各地忙于召开"春运铁路价格听证会",试图通过"集体议事"的民主程序,解决由供求引发的"资源争用"问题。对此,我与几位在传媒发表意见的经济学者意见大相径庭,认为现在值得讨论的问题,既不是"听证会应否重视民意",也不是"听证会要不要请经济学家参加",更不是"如何使听证会规范化",而是这种听证会根本就不应召开!

去年这个时候,我曾经解释,乘客在春运繁忙期间的"全部乘车成本",是由运输服务的"供应"和"需求"共同决定的,所以无论怎样人为干预票价,乘客要承担的"全部成本"都丝毫不会改变。

就算请一万个经济学家参加听证会,票价听任全民公决,把听证会的章程写进法律里,也无助于增加一个座位。一味压低票价,只会把车票短缺的问题引向其他方面。车票涨价不足,必会造成严重超员和其他隐患。那些反对车票涨价的人,应该为潜在的治安问题和安全事故负责。

把"价格听证会"的事情推而广之,社会上不少貌似"民主"或"为民请命"的主张,实质上是"反经济"的。这种主张在生活中俯拾皆是,包括最低工资制度、房租上限管制、车票上限管制、外地劳工就业管制、对教师(而不是对学生)的教育补贴制度、贸易壁垒等。提出这些主张的人不外乎三种:一是既得利益者,二是不懂经济学的好心人,三是懂经济学但别有用心的人。

对于社会上普遍的"资源争用"和"社会冲突"问题而言,坚定的"市场经济"拥护者有一个一般化的观点:只要通过"市场"可以解决,就没有理由转交给"民主"来解决。换句话说,只要涉及具有明确产权的交换或争用,就应该通过"投钞票"而不是"投选票"来决定。

这种把"钞票"和"选票"相提并论,并把"选票"等而下之的观念,我最早是在波普尔那里看到苗头的。在《开放社会及其敌人》(*The Open Society and Its Enemies*)里,波普尔写道:"……民主仅仅以大多数人统治为标志是不足够的,因为大多数人可能用暴虐的方式来统治。(矮于 6 英尺的大多数人可以决定,高于 6 英尺的少数人缴付所有税款。)"

最初读到这个段落,我大受震动:"民主投票"或"少数服从多数"原则,确实有这种危险的漏洞!但遗憾的是,我继续读下去,直至把全书读完,甚至把波普尔大部分著作都读了一遍,也没有看到波普尔给出解决办法。

现在想来,这并不奇怪:他虽然敏锐地意识到民主投票的局限(部分归功于他对德国纳粹兴起的观察),但既然"产权理论"和"公共选择理论"当时尚未成形和传播,他也就只能靠强调一些空泛的自由原则敷衍了事了。

今天许多人已经很明白:种种或明或暗的"投票程序",至少有三个缺陷或难题。一是"什么人有资格参加投票"。就拿"春运价格听证会"来说,"应该"请的人很多:有人大代表、经济学家、律师、教师、工人和农民,还有航空公司和汽车运输公司等潜在对手。涉及利益的人多如牛毛。他们为什么有权参加?他们表决的"加权系数"有多大?要回答这些问题,没有准则可言。

二是"投票未必能够反映民意"。投票的候选方案不可能太多,只能约略设计出几个典型。诺贝尔经济学奖得主阿罗(K. Arrow)证明:只要巧妙地设计候选方案,就可以有效操控投票结果。例如,铁路部门如果只提供两种方案给选民投票,一是提价 100%,二是提价 30%,那么第二种方案就不难获得压倒性的支持,尽管它离"民意的真实分布"的差距未必不小。

三是"投票既不能反映代价,也不能刺激生产"。无论"春运价格听证会"最后谈妥的价格是多少,只要有人为或行政因素影响,价格就不能准确反映市场的需求。"市价"受到歪曲,就不能诱使人们积极提供替代服务。本来可以通过"价格信号"激发的客运能力，现在反而没有实现。

上述三点是波普尔当年未能明示的：用投票的民主方式来解决"资源争用"的冲突，结果是妨碍了产权的实施和交易，扭曲了资源的配置，使馅饼越做越小，最终人人都受到损害。投票越多，浪费越大，所以说它是"反经济"的。

当代最典型的对照实例，是1947年独立后的印度，和1965年独立的新加坡及一直在港英管治下的香港。印度独立后大搞民主，经济上实行诸多管制，结果民不聊生；至于香港和新加坡，则连续6年被《华尔街日报》和"美国传统基金"评为全球最自由的经济体制，尽管还有诸多不足，但其经济繁荣是不用多费笔墨的。

"春运价格听证会"是中国经济改革的一个研究范本，它警醒我们不能低估所谓"民意"的"反经济"效果。是的，知识分子普遍都对"民主"怀有崇敬之意。我们不是要反对民主，而是要指出民主和市场的优劣，指出投票程序的严重局限。只有这样，才不至于让民主违背善意。

每当谈到这个话题，我就不禁想到康德的一句话："愿上帝保佑我们免受友人的攻击——要是攻击来自敌人，我们倒能设法自卫。"

打破对政府和投票的迷信

2006 年 4 月 11 日

一位读者来函,认为政府有能力向社会提供公平的公共服务。他可能认为:政府修公路,谁都可以通行,不是很"公平"吗?政府盖图书馆,谁都可以进去借阅,不是很"公平"吗?政府建公园,谁有空就可以去休闲,不是很"公平"吗?

显然不对。我认为这位读者错得浅,但答案可以往深处去,从而联系到经济学一个新兴分支的核心内容,即起源于上世纪 40 年代末、在 80 年代经几个诺贝尔奖确认、到今天仍然方兴未艾的"公共选择"(public choice)理论。且让我从那位读者的来函说起。

我说他错得浅,是因为只要多想五秒,就能明白免费通行的公路,对有私车的人好处大,对无私车的人好处少;公共图书馆对邻近的居民好处大,对远地的居民好处少;免费的公园对时间成本低的老人好处大,对分秒必争的上班族好处小。政府从来不会无端端推出公共服务,让某些人无端端地得益。任何公共服务，提供什么、怎么提供、在哪里提供、从哪里拨款，都是精明算计和激烈争夺的结果。

好几年前，克林顿争取连任。为了讨好女性选民，他利用特权，拨款支持乳腺癌研究。朋友，听到这则新闻时，您是怎么想的？我的反应是：即使所有女性都能平均享受这笔拨款的成果，它对患前列腺癌的男性也还是不公平的。

没办法，既然看准了中年女性的票源，克林顿就得出这一招。当然，一部分本来犹豫不决的中年女性，就因为这一点实在，甚至只是潜在的好处，投了克林顿一票。这是礼尚往来，是"选票交易"（side payment），是"公共选择"理论研究投票机制的起点。

在投票过程中出现"选票交易"，不仅正常，有时还是有益的。最近在一个讲座上，经济学家布坎南就说起一件他企图作选票交易而未遂的往事。那是多年以前，他参加一个由多学科教授参加的会议，议题是评选出优秀的科研项目，以便把一笔奖金分给提交这些项目的学生。

参加会议的，除了像布坎南这样的经济学家，还有来自社会学系、历史系和哲学系等领域的教授。各领域的奖金份额，事前已有规定。评选的办法，就是让这些来自不同领域的教授，对那些来自不同领域的学生项目投票，而各领域中的最高得票者将胜出。

布坎南对其中一份由经济系学生提出的项目特别感兴趣,便对坐在旁边的一位不知道来自什么领域的教授说:"我特别喜欢这一份,但咱们这么投票,它未必获胜。要不咱俩做个交易:你投我喜欢的这个项目一票,我也投你喜欢的项目一票,好吗?"那位教授一听,脸色大变:哪有人这么明目张胆、光天化日地选票交易的?他断然拒绝了布坎南的建议。

那位教授恐怕不知道,身边这位选票交易未遂的教授,不仅是对投票行为进行经济分析的创始人,还因此获得了诺贝尔经济学奖。事实上,布坎南和塔洛克(G. Tullock)在1962年合著的经典《同意的计算》(*The Calculus of Consent*)中,就讨论了选票交易带来的好处。具体而言,若是那次评奖会议搞了选票交易,那每个学科都更可能选出符合专业标准的获奖者。

不少人把政府看作处理社会问题的靠山,动不动就呼吁"政府要管一管";也有不少人把一人一票看作直达公平的捷径,对选票交易感到不可饶恕。然而,"公共选择"理论告诉我们恰恰相反的结论:政府不可能提供绝对公平,也未必比市场更有效率,而投票因其过程充满"猫腻",所以其结果也绝不是正与邪、黑与白那么简单。

理性胡闹

2007 年 7 月 14 日

理性胡闹（rational irrationality）是乔治·梅森大学经济学教授卡普兰（Bryan Caplan）研究民主投票机制的核心问题之一。

要寻求知识是辛苦的，保持理性是吃力的，但如果得自己承受后果，就不得不小心翼翼；否则，何妨放纵一把，图个爽字？

好莱坞明星不乏老左，整天呼吁公平啊、缩小贫富悬殊啊。他们都是大富翁，真的实施起来，他们可是要首当其冲缴重税的。理性吗？理性。因为他们的言论，影响投票结果的概率为零。喊一下，博取公众好感，利大于弊，于是毫无顾忌，放声大喊。是为"理性胡闹"也。

其实，我的老朋友尹忠东 10 年前就告诉我：人的思想五花八门，而人的行动却大同小异；因为前者不承受代价，后者承受代价。这是我从他那里学到的极其宝贵的两个见解之一。我也因此深信，思想界的伪劣商品，比市场上的伪劣商品多得多。

老朋友写道：

> 我有一位颇为自私的朋友，平时总爱想方设法要别人请他吃饭。例如动不动就鼓动别人打赌，但是自己永远做裁判。甚至大家一起坐中巴，他从不付钱，次次都让别人代付，坐的士就更不用说了。
>
> 就是这么一个人人觉得很抠门的人，我发现他却极其爱国。在一次有关钓鱼岛的讨论中，他对我的"世纪大拍卖"极其不满，虎目圆睁。对小日本喊打喊杀比谁都凶，真正表现出一种寸土不让的爱国主义高尚情操。
>
> 于是，我想到并郑重地向大家提出一个问题：为什么几乎每个人都具有高尚的爱国主义情操？人类的美德何其多，孝心、爱心、同情心、宽容心……无法逐一列举。仅就最应该具有的孝心来说，天底下的不孝之徒你我见得少吗？但是我确实很难找到一位不爱国的人。正如网上的一位朋友提到的"只要是中国人，就应该如何如何……"
>
> 以最基本的孝心为例，它需要我们对父母不断付出时间、金钱、精力去维护。唯有我们那廉价的，所谓的爱国主义情操，无须付出成本，只要发泄式地叫几句"中国人不想战争，但是我们不怕战争"云云就足以满足我们那颇为虚伪的爱国主义情怀。因为大家都很清楚，不管中日怎么打，也轮不到我们这些网虫上战场。

我们身边可以观察到大量"理性胡闹"的实例。人在美国上班,但呼吁同胞不要为世界打工,是一例;自己买大屋,却坚持预测楼价普遍大跌,是一例;用塑胶瓶子砸所谓仇人,以确保对方毫发无损,又是一例。还有吗?

个人选择与公共选择

2009 年 12 月 1 日

公共经济政策应该尽量听取和顺应民意,这一观念几乎为全社会一致接受,并往往被视为不证自明的公理。本文将解释这一观念的缺陷,解释个人选择与公共选择之间必然存在的质的差别,从而主张应该尽量把决策交给市场交易,而不是交给公共舆论来定夺。

一、理性人假定

我们知道,经济学假定人是理性的,即人们能在(1)信息不完备和(2)约束条件的变动下,作出使个人利益最大化的决策。这个假定雷打不动。即是说,不管在生活中观察到什么解释不通的现象,经济学家都不愿意打这个假定的主意,不说人是蠢的所以才做了蠢事,而是尽量接受这个假定,并由此出发去寻找与(1)和(2)有关的原因。

确实经常有人怀疑理性人假定,但那往往是因为理解不透的缘故。比如，人们常说人会犯错误。但"理性人假定"其实从不否认这一点。相反，这个假定本身就考虑了"信息不完善"和"约束条件变化"这两个因素。也就是说，只要有某些信息是在决策后才被披露出来的，只要约束条件在决策前后发生了变化，那么人就会犯错误。

事实上，除了"信息不完备"和"约束条件变化"外，人们还会处于不够理性的状态。这是因为，保持理性往往是件伤神甚至是痛苦的事情。若无必要，就不操心。我们会为了几十块钱的差价在不同的商店之间奔波；但银河系的历史究竟是150亿年还是200亿年，则罕见有人操心。

人们总想随心所欲，但因为必须为自己的所作所为负责，所以才不得不尽量保持理性。这正是阿尔钦（Armen Alchian）在1950年的《莫测、进化和经济理论》一文的深刻主题：不管人的主观上是否有意识地追求最大化，客观上只有那些成功地达到了最大化的人或集体才能在竞争中存活。

然而，当经济学家们把他们的视野，从生产和销售等属于个人选择的领域，伸延到政府职能和经济政策等公共选择的领域时，理性人假定给他们带来了很大麻烦。在消除这些麻烦的过程中，他们又进一步丰富和深化了理性人假定的内涵。

二、市场结果与民意结果的分歧

最早是斯密（Adam Smith，《国富论》），指出私心能促进公益:"请把我所要的给我,你也会得到你所要的。这句话是交易的通义。我们所需要的互助,大部分是依照这个方法取得的。我们每天所需的食料和饮料,不是出自屠户、酿酒家或烙面师的恩惠,而是出于他们自利的打算。我们不说唤起他们利他心的话,而说唤起他们利己心的话。我们不说自己有需要,而说对他们有利。"

多年后,当弗里德曼(Milton Friedman,《〈我,铅笔的故事〉之序言》)以铅笔为例赞叹市场的美妙时,他写道:"成千上万的人卷入了生产铅笔的过程中。没有一个人坐在一个中央办公机构发号施令,也没有军警来执行这些无人发布的命令。这些人生活在不同的地方,讲着不同的语言,信奉着不同的宗教,甚至可能彼此憎恶。令人叹为观止的是,铅笔却在源源不断地生产出来。"

哈耶克(F. A. Hayek,《知识在社会中的应用》)把这一奇妙的过程,归功于价格。他解释道:价格有三个作用,一是传递信息,二是激励最有效的生产,三是分配产品。市场上每个人都根据价格所蕴含的信息,选择生产方式和调整生产节奏,并以社会成本最低的方式分配产品。用现代经济学的术语来说,就是每个人都时刻进行着"平衡边际"的盘算。当每个人都最大化地利用其资源时,全社会的资源也自然达到了最大化的利用。

然而,反观公共领域,情况却不尽如人意。准确地说,是不如经济学家之意。经济学家们发现,大量理论上和实践上都站不住脚的经济政策被反复推行,如最低工资法、贸易壁垒政策、惩罚性关税和紧缩配额制度等；而大量早被证明是利大于弊的经济政策，如民营取代国营、货币补贴取代实物福利、民间办学取代公营办学等，却一再遭到质疑和阻碍。

这是为什么？为什么在市场领域，个人选择的最优化，能导致总体选择的最优化；而在公共领域，政府顺应民意作出的决策，却与经济学家的理想状态背道而驰？"个人选择"与"公共选择"的结果的差异，困扰了公共经济学家半个世纪。

三、"珠宝进、不当加工、垃圾出"之说

前面已经解释，经济学家绝不轻易假定人是蠢的。何况，要说人们在市场领域是聪明的，到了公共领域就变笨，那似乎说不通，这样的解释丧失了逻辑上的一致性。所以经济学家们不得不仍然坚守理性人的假设。同时，他们把目标瞄准了公共决策机制。

这一时期的经济学家，即早期的"公共选择"学派经济学家，倾向于把症结归咎于民意的整合机制，尤其是民主选举和官员任免机制。他们指出了这个机制的诸多毛病，尤其是它歪曲民意的缺陷。这些经济学家总结说，不是人民愚蠢，而是汇总民意的机器有问题，所以才产生了不良的经济政策。这就是所谓的"珠宝进、不当加工、垃圾出"之说。

就拿贸易保护主义政策为例。根据经济分析，贸易保护主义的必然结果，是广大消费者受损，高效率的进口厂商受损，以及

国内低效厂商得益，而净社会效果是亏的，因为国内低效厂商所耗费的资源，本来可以而且应该转到更有益的其他生产用途上去。但是，为什么大部分国家和地区的贸易保护主义政策总是挥之不去？

早期公共选择学派认为，真正影响公共政策的，是那些能从公共政策中获取巨大好处的利益集团。由于广大消费者不仅非常分散，他们往往互不认识，而且其单独受到的损害并不够大，所以几乎不可能联合起来影响经济政策。至于国外的厂商，也因为不容易联合和缺乏国内的行政资源，不容易在别国造成政策影响。相反，因贸易保护主义政策而得益的国内厂商，则不仅数目少，易沟通，而且获益巨大，所以有很大的积极性通过各种游说的办法来取得对自己有利的经济政策。

四、"珠宝进、适当加工、珠宝出"之说

然而，早期公共选择理论的解释，却遭到一些把芝加哥学派市场理论贯彻到底的经济学家的有力批评，为首的是威特曼（Donald Wittman）教授。威特曼在1995年出版的《民主失败的神话》中论证：政治市场与经济市场一样都是有效的。

威特曼指出，即使民意汇总机制和官僚机制存在缺陷，选民也仍然有充分的办法纠正这一缺陷，从而保证政府机构能产生优良的经济政策。以学生考试作弊为例。我们当然无法全程监察每个学生是否作弊。必须承认这是监督机制的缺陷。但这绝不意味

着监察者就因此束手无策。最简单的办法,就是一经发现就加倍惩罚。越难发现,惩罚倍数就越大。

这恰恰就是市场解决信息不对称问题的基本原理。在超市,人们拿起牙膏就去付款,可他们谁也不是化学家和牙医学家,根本就不知道药膏的确切成分和生产过程,而且都是互不认识,即使因为牙膏质量偏差,其受损也往往是轻微的。但市场恰恰通过厂商的商誉,以及他们的商誉受损将招致的巨额损失,迫使厂商自觉地维护了牙膏的质量。

没有理由认为这个机制不适用于公共事务。事实上,人们对政治人物的道德品质要求特别高,对其丑闻也特别关心,就说明了公共领域和市场领域一样,也存在加倍的惩罚机制。政治会出问题,市场也会出问题,但既然都有合理的惩罚机制,那么长期而言,那些顺应民意而产生的公共经济政策,就应该跟顺应消费者而产生的商品一样,是优质和与民意相符的。这是"珠宝进、适当加工、珠宝出"之说,即民意是理性的,汇总民意的机制也是好的,产生的政策也是好的。

五、"垃圾进、适当加工、垃圾出"之说

威特曼的理论令传统公共选择学者非常不安,因为他们一下子被逼到了"三难"境地。他们既不愿意擅自改动理性人假设,把人说成是不理智的,又无法接受那些他们一直视为不良的公共经济政策,把他们说成是与广大人民的切身利益相符的,而他们

也无法反驳威特曼为政治市场的效率所作的辩护。

时隔不久,他们找到了突破口。在1997年出版的《民主和决策》中,布伦南(Geoffrey Brennan)和罗马斯基(Loren Lomasky)另辟蹊径,彻底改变了人们对公共政策发表意见的动机的理解。

过去,公共选择学者们把人们对公共政策表达意见的行为,理解为一种投资行为,即人们之所以对公共政策发表意见,是想以自己的言论来改变公共政策,从而使自己将来得到某种好处。现在,布伦南和罗马斯基反其道而行,认为人们对公共政策表达意见,是"着眼于当前的精神上的消费行为",而不是"着眼于未来的实物上的投资行为"。人们通过公开表达自己的观点,显现自己的品德,达到标榜的作用。这对他们来说已经够了,这就是他们的主要目的;至于以后在实物或金钱上能有多少实惠,那不在斤斤计较的范围内。

进一步,卡普兰(Bryan Caplan)在2007年出版的《理性选民的神话》中通过实证数据证明,大部分人对经济问题的看法,都与职业经济学家的看法存在显著的差距。无论这些人具备哪一种特质,无论他们属于哪个组别的贫富、性别、种族或党派,他们都与职业经济学家的思维保持显著的距离。只有教育程度的提高,能让人们的想法与经济学家的想法比较接近。但尽管如此,差别仍然是显著的。这是说,经济学家是一群独特的人,而只有接受经济学训练,才能使一个人具有经济学家的思维特点。

以此为基础，卡普兰认为大部分人对公共政策所发表的意见，是与其个人在市场上的行为是存在显著差异的。也就是说，人们会说一套为了标榜，做一套为了实惠。有些人赞成保护民族工业，但他们自己却去买进口货甚至是走私货；有些人积极参与节水公益活动，但自己坐飞机旅行则从来没有迟疑过；有人爱跑去非洲关心那里素不相识的穷人，但跟自己的邻居甚至是配偶却相处不来。重要的是，他们甚至没有意识到两者之间的矛盾。

这样，公共选择理论家们便为其三难境地找到了出路，终于能够自圆其说地解释"为什么不良公共经济政策挥之不去"的难题了。也就是说，人首先是理性的，这个经典假设不需要改动；但要补充的是，人们在市场上作个人选择，由于必须自己付出全部代价，也必须自己承受全部结果，所以他们不得不格外谨慎和克制。然而，人们在公共领域作选择，则由于既不需要付出足够的代价，也完全无力影响公共政策的选择，所以会理性地把"放纵情绪和标榜自我"作为他们在公共生活中的主要追求。这里，"理性人假定"丝毫未改，而只是被深化了——如果无需负责，人们会理性地去随心所欲一番。人人如此，公共舆论就会偏向那些效果不良的公共经济政策。为什么说这些经济政策的效果不良？因为它们带来结果，是若由市场来处理则不会出现的。这是"垃圾进、适当加工、垃圾出"之说了。

由此推断，要减少不良的公共经济政策，最好的办法还不是听取民意，而是一开始就避免把问题交给民意。我们应该先问

"市场能不能解决问题",如果可以,就让市场的"个人选择"来取代社会的"公共选择"。消费者到底要购买哪个厂商的商品,这个问题本来就可以而且应该让每个消费者来作个人选择,而不应该把"要不要民族工业"的问题交给民意,再让公共决策机制按照民意来决定。同理,教育、保险、医疗、住房等问题,也都可以尽量交给市场,由分立的消费者独自作出决定。只有这样,才能尽量避免公共经济政策因民意放纵而产生的偏差。

欧债危机与宪政选择

2012 年 2 月 6 日

欧洲多国陷入深重的债务危机，令全面运行仅仅 10 年的欧元体系面临挑战。有朋友慨叹道："资本主义怎么了？市场经济失灵了，经济学恐怕要改写。"我的看法正相反：经济学恰恰得到了验证，市场规律恰恰显灵了，而西方国家有不少经济政策，恰恰是与资本主义精神背道而驰的。

据说弗里德曼曾经半开玩笑地说，经济学家只有好坏之分，而没有什么凯恩斯学派、芝加哥学派或奥地利学派之分。那究竟怎样才是好的、怎样才是坏的呢？弗里德曼认为，不相信世界上有免费午餐的，就是好经济学者。事实上，在几何曲线和数学方程重重混战的背后，经济学家之间的分歧，有时也就真是简单到"相信免费午餐与否"而已。

举一个例子。"失业"本来是劳动力搜索更高价值岗位的过程，但为了暂时掩盖事实，政府往往会采用所谓"货币政策"，通过超发货币来拔高当前的就业率；另一方面，"衰退"本来可能是生产要素配置错误而导致的结果，但为了拖延纠正错误的痛苦，政府也往往会采用所谓"财政政策"，通过增加政府支出来刺激本来不可能维持的生产和消费。

在西方民选社会，政客之所以热衷于"货币政策"和"财政政策"等调控政策，以回避或拖延真正的"岗位搜索"和"资源重配"过程，根本原因是这些政策能博取选民的欢心。当每一届政客都这么做的时候，一个国家积累的通货膨胀和财政赤字就会越来越高。天下没有免费午餐，所有这些权宜之计，都迟早要有人来承担代价。

然而，西方曾经有过大批经济学者，构建各种宏观经济模型，为"制造通货膨胀增加就业、刺激经济挽救衰退"等观念大声辩护。到20世纪的六七十年代，这些观念达到全盛阶段，乃至当时还产生了"国家的债务究竟是不是负担"（Is the national debt a burden?）的争论。西方各国政府规模的急剧扩张，与这些观念的流行是密不可分的。

顶着舆论的风向，经济学者布坎南和瓦格纳（R. Wagner），在1977年出版的《赤字中的民主》（*Democracy in Deficit*）中指出：由于人力和资本的重新配置，会造成社会的阵痛和伤害，政客为了争取选票，倾向于选择避重就轻的经济政策。两位作者认为，政客们歪曲价格信号，回避实质变革，通过政府举债来笼络人心，从而使国家债务积重难返，形成现代社会中"民主诱发赤字"的经济规律。这一经济规律，在四十多年后的欧洲债务危机中得到了验证。

十多年前,许多经济学者不看好欧元的前景。他们的理由是:在欧元系统启动前,欧盟各国政府可以左右开弓,同时动用"货币政策"和"财政政策"来应付经济周期;但欧元启动后,"货币政策"由欧洲央行统管,欧盟各国政府的武功便被废了一半。这时,欧盟各国只能靠增加税收或增发国债度日,这便激化了财政赤字的隐患。现在,既然民主体制不能动,政客又必然要讨好选民,而国债又已是天文数字,那么对某些国家而言,除了离开欧盟并重新启动印钞机外,恐怕很难找到别的出路。

经济学揭示的是市场运行的规律。我们知道价格管制会造成资源耗散;我们知道罢工会扭曲劳动力的定价和岗位的配置,结果迫使企业家选择外包策略,从而提升了本地失业率;我们知道福利和补贴政策惩罚了生产者、鼓励了懒惰者并限制了外来的移民,从长远来说会削弱一国的可持续的生产力。古今中外,哪里长期奉行这些政策,哪里的经济就会步入困境。

要明确的是,欧美所奉行的经济体制和政策,尽管叫做"资本主义",但已经融入了大量"干预主义"和"福利主义"的因素。所以,不管是论功行赏,还是兴师问罪,都不应该笼统地使用"资本主义"做标签,而应该具体分析,究竟是哪套制度、哪个安排、哪项政策、在哪些范围,导致了哪些后果。以我的理解,资本主义的本质是自由,但各国的民主化进程已经削弱了资本主义的自由程度。

自由和民主，不仅有区别，而且往往有冲突。简单地说，"自由"就是个人的人身、言论、劳动和产业得到法治保护，他们有权与他人缔结契约和进行贸易；而"民主"则是按多数原则，集体商议如何行使国家暴力，来干预人与人之间本来可以缔结的契约、本来可以进行的贸易以及本来可以保有的产业。

在普选制度下，政客热情兜售的经济政策，包括价格管制、贸易保护、移民劳动资格限制、以罢工为后盾的集体议价、提供廉价住房、增加贫困补贴等，均在不同程度上侵害了个人自由和市场经济。因此，一套成功的民主机制，不在于它如何能低成本地让成千上万的选民投出结果，而在于它如何能在事前严格限定投票和政府的行事范围。

中国没有实施西方标准的民主，但也面临相似的挑战。为了维持社会稳定，政府也经常推出各种暂时讨好民心的经济政策，包括价格管制、收入补贴、产业倾斜、贸易保护、户籍歧视、廉价住房等等。这些政策有看得见的好处，比如政绩、安抚、和谐和缓冲；但也有看不见的代价，那就是增长的税收或国债，盘根错节的既得利益网以及逐渐被侵蚀的自由。

欧债危机摆在那里，后果严重，根源是政客不得不讨好选民；经济规律也摆在那里，只要奉行错误的经济政策，就必定有人要为午餐付账；但眼前的制度选项并不清晰——我们只知道自由和民主并不重合，但我们仍需探索如何建立宪政（恰如其分地限制政府的职能范围），才能让自由得到保护，让市场得到发展，并让意见得到表达。

民主不是自由

2008 年 8 月 10 日

在《独立宣言》和《美国宪法》里没有"民主"二字。这绝不是偶然的。美国的开国者们对"民主"怀有极大的戒心。针对最近《内地可以向香港学什么》惹来的争议,让我引几段,然后说几句,合起来算作回应。

亚当斯(John Adams,《独立宣言》起草人之一,美国第一任副总统、第二任总统):

It is hard to say that every man has not an equal right; but admit this equal right and equal power, and an immediate revolution would ensue. In all the nations of Europe, the number of persons who have not a penny is double those who have a groat; admit all these to an equality of power, and you would soon see how the groats would be divided.

中译:很难不让人们享有平等的权利;然而,一旦承认这种平等的权利和权力,革命就会接踵而来。在欧洲,身无分文的人是袋有铜板的人的两倍,一旦让他们享有平等的权力,那些铜板很快就会被分掉。

托克维尔(Alexis de Tocqueville,《美国的民主》作者):

I am not opposed to democracies. They may be great, they may be in accordance with the will of God, if they be free. What saddens me is, not that our society is democratic, but that the vices which we have inherited and acquired make it so difficult for us to obtain or to keep well-regulated liberty. And I know nothing so miserable as a democracy without liberty.

中译:我并不反对民主政体。它们或许很了不起,或许符合上帝的意愿,如果这不需要付出代价的话。让我苦恼的,不在于我们的社会搞民主,而在于我们与生俱来的和后天习得的恶行,令我们很难保有井然有序的自由。以我看来,没有什么比缺乏自由的民主更可怕的了。

It was not want, but ideas, that brought about the great revolution; chimerical ideas on the relations between labor and capital, extravagant theories as to the degree in which the government might interfere between the workingman and the employer, doctrines of ultra-centralization which had at last persuaded large numbers that it depended on the state not only to save them from want, but to place them in easy, comfortable circumstances.

中译:不是因为缺了什么,而是因为动了念头,才导致了大革命;人们凭空捏造了劳力和资本之间的关系,大胆设计了政府应该如何适当介入劳资关系的理论,炮制了主张极度集权的学说,并让许多人相信,依靠政府不仅能免于匮乏，还能过上安逸舒服的日子。

弗里德曼（Milton Friedman,《资本主义与自由》作者）：

Viewed as a means to the end of political freedom, economic arrangements are important because of their effect on the concentration or dispersion of power. The kind of economic organization that provides economic freedom directly, namely, competitive capitalism, also promotes political freedom because it separates economic power from political power and in this way enables the one to offset the other.

Historical evidence speaks with a single voice on the relation between political freedom and a free market. I know of no example in time or place of a society that has been marked by a large measure of political freedom, and that has not also used something comparable to a free market to organize the bulk of economic activity.

History suggest only that capitalism is a necessary condition for political freedom. Clearly it is not a sufficient condition. Fascist Italy and Fascist Spain, Germany at various times in the last seventy years, Japan before World Wars I and II, tsarist Russia in the decades before World War I—are all societies that cannot conceivably be described as politically free. Yet, in each, private enterprise was the dominant form of economic organization. It is therefore clearly possible to have economic arrangements that are fundamentally capitalist and political arrangements that are not free.

中译：经济安排被看作是达到政治自由这一目标的手段，因为经济安排能够影响权力的集中和分散。那些能直接提供经济自由的经济组织,即竞争的资本主义,也能促进政治自由,因为它将经济权利从政治权力中分离出来,从而使得两者可以相互制衡。

历史绝无二致地表明了政治自由和经济自由之间的关系。古往今来,没有任何享有政治自由的社会是缺乏经济自由的。

历史只表明资本主义是政治自由的必要条件,而显然不是充分条件。法西斯治下的意大利和西班牙……都不是享有政治自由的社会,但都是以私有企业为主体的经济组织。因此,一个实质是资本主义,但政治并不自由的社会显然是可能的。

威廉斯(Walter E. Williams,美国乔治·梅森大学经济学教授及辛迪加专栏作家):

If rape is deemed immoral and a violation of an individual's rights, then gang is no more moral or ethical.

中译:如果强奸被看作是不道德的,是对个人权利的侵害,那么轮奸就不应该是比较高尚或比较有道德的。

Some might object to my calling welfare, Medicare, and farm handouts "theft" and prefer to delude themselves by calling them "income redistribution." That being the case, might we give sanction to government-sponsored rape by renaming it "compassion redistribution"?

中译:有些人恐怕不同意我把福利、公办医疗保险和农业补贴称作"盗窃",而喜欢自欺欺人地把它们称为"收入再分配"。照那么说,我们是否也可以让政府来审批政府支持的强奸,并称之为"安慰再分配"?

How is it decided who may harm whom? In a dictatorship, it's the dictator who decides. In a democracy, it's mob rule. How is it decided in a free society? In a free society, the question of who may harm whom in what ways is decided through private property rights.

中译:怎样断定谁可以伤害谁?在独裁体制,由独裁者决定。在民主社会,由暴民们决定。在自由社会,由私有产权决定。

High up on my list of annoyances are references to the United States as a democracy and the suggestion that Iraq should become a democracy. The word "democracy" appears in neither of our founding documents—the *Declaration of Independence* nor the *U. S. Constitution.*

Our nation's founders had disdain for democracy and majority rule. James Madison, in *Federalist Paper* No. 10, said in a pure democracy, "there is nothing to check the inducement to sacrifice the weaker party or the obnoxious individual." During the 1787 Constitutional Convention, Edmund Randolph said that "in tracing these evils to their origin every man had found it in the turbulence and follies of democracy." … Chief Justice John Marshall added, "Between a balanced republic and a democracy, the difference is like that between order and chaos." The founders knew that a democracy would lead to the same kind of tyranny suffered under

King George III. Their vision for us was a republic.

中译：最惹我生气的头几件事之一，就是听到人们说美国是个民主国家和说伊拉克应该成为一个民主国家。在我们两份立国文件——《独立宣言》和《美国宪法》——中并没有"民主"这个字。

我们国家的创始人蔑视民主和少数服从多数原则。麦迪逊在《联邦党人文集》中说，在纯粹的民主社会里，"把牺牲少数人或不得人心的人送上祭坛的冲动，不会受到任何制约"。在1787年宪法大会上，伦道夫说："这些恶行都能追溯到民主造成的骚乱和荒唐之中。"首席大法官马歇尔说："受制衡的共和与民主的差别，就像是秩序与紊乱之间的差别一样。"立国者们知道民主会导致暴政。他们追求的是共和。

索厄尔（Thomas Sowell，斯坦福大学胡佛研究所高级研究员）：

The only time I have left a court room with more respect for the law than I had going in was in a court in Hong Kong, when it was under British colonial rule.

The case involved a Chinese laborer accused of theft, an accusation with considerable circumstantial evidence behind it. This case was presided over by a crusty old British judge, of upper-class demeanor and wearing the traditional white wig. He kept both lawyers on a short leash and let the witnesses know too that he had no tolerance for nonsense.

It would be hard to find two individuals more different in background and status than the Chinese laborer on trial and the British judge in charge of the case. Yet race and class were not destiny, despite the current dogmas of our intelligentsia. What was clear from the outset was that the judge was determined to see that this man got a fair trial—no more and no less. In the end, the laborer was acquitted. …

Democracy and freedom are too often confounded. Britain itself did not have anything close to democracy until the *Reform Act* of 1832. But it had freedom long before that.

The fundamentals of freedom—limited government, separation of powers, an independent judiciary, free speech, jury trials—existed in Britain for many generations before the franchise was extended to most males. The whole spirit, and many of the phrases, of the constitution of the United States derive from British law and government.

Just as freedom can exist without democracy, so democracy can crush freedom. …

Today, the confusion between freedom and democracy leads far too many Americans, including those in high places, to seek to spread democracy around the world—in complete disregard of the circumstances of the particular countries. In some respects, we may be more dangerous to our friends than to our enemies, when we pressure them to set up at least the trappings of democracy. …

The British were very wise to have given Hong Kong freedom. But they may also have been wise in not attempting to experiment with democracy, where the traditions needed for it did not exist.

中译：我唯一一次从法庭出来时对法律的敬意要比进去时大的体验发生在英国殖民统治下的香港法庭。

案子涉及一个被控偷窃的中国壮工，证据还不少。审讯由一个脾气暴躁而年事已高的英国法官主持。他一副上流社会的架势，还带着传统的白色假发。他既没让双方的律师有任何借题发挥的余地，也没让证人感觉到他会容忍任何胡说八道。

一个是受审的中国壮工，一个是负责判案的英国法官，两人的背景和地位太悬殊了。但种族和阶级并不决定什么，尽管现在的知识分子都这么人云亦云。一开始就很清楚的是，法官决意要确保那人得到公平的审讯——一点也不偏，一点也不倚。最后那人被判无罪。

人们经常把民主和自由混为一谈。英国在1832年《改革法案》前，没有任何民主，但早就享有自由了。

在投票权扩展到大部分男性以前，自由的基石——有限政府、分权、独立司法、言论自由和陪审团公审——在英国就已经代代相传。美国宪法的全部精神以及许多字眼都来自英国的法律和政体。

自由不仅可以不依靠民主而存在，民主还可能摧毁自由。……

今天，由于对自由和民主的关系混淆不清，太多的美国人，包括那些位高权重的人，都在想方设法把民主传遍世界，而完全置特定的国情于不顾。从某些方面来说，当我们强迫我们的朋友好歹要装上民主的花环时，我们对他们的威胁可能甚于对敌人的威胁。

英国人明智地给了香港人自由，但他们可能也基于同样的智慧，没让香港尝试民主。那里并不具备民主所需要的传统。

民主（democracy）不等于自由（liberty），两者的差别要比鸭蛋和皮蛋的大。多数人暴政，从亚里士多德和柏拉图以来，就一直是重要话题。是一直，而不是当中某人的忽发奇想。围绕这个问题发言的学者，包括上述几位，对人性和公众情绪深思熟虑，对政治博弈高瞻远瞩。他们既不愚蠢，更非无耻。著名的《联邦党人文集》第9、10和51号，托克维尔的《美国的民主》第二卷第四部分，都是清晰的读物。

当代对民主的研究也一再确认了"民主有问题，它不仅有别于自由，而且经常与自由冲突"的主题。有两类体制。一，它里面每个人都只能产生有限的、受严密约束的外部负作用，它里面每个人都基本能且只能对自己的行为负责，种瓜得瓜，种豆得豆，自作自受。自由和法治社会属于此类。二，它里面每个人都能产生非常大的外部负作用，它里面每个人都经常不对自己的行为负责，种瓜不得瓜，种豆不得豆，自作不自受，每个人的双手都插在别人腰包里，每个人的福利都依赖于别人的想法。计划经济和民主社会都属于此类。在缺乏前者的情况下大搞后者，对哪国人都不合适，对中国人当然也不例外。

　　历史事实也支持这种观点：从有私有产权和法治传统（传统是指代代相传的习惯）社会走向民主，与从其他社会走向民主，两者的结果往往大相径庭。二战后，许多国家纷纷走向民主，其中不少弄得一团糟。一般人会说，那是因为他们没搞真的民主。为什么不搞真的，复印机都那么便宜了？答案是：因为这样那样的原因，他们搞不来真的。噢，那什么是"这样那样的原因"？私有产权传统和法治传统是无论如何不可忽略的因素。以伊拉克为例，推翻暴政值得普天同庆，但为了政治正确而马上实施民主普选，则是作茧自缚。

　　我的看法：除非每一个参与者都先有了自己的被明确界定和受到高度尊重的产权，然后又自愿把它们交给"多数人原则"处置，否则在其他任何情况下的民主，都是对个人权利的侵犯。更甚的是，对一个连排队都还没学会的民族来说，对一个豪宅花园未能放心拆除围墙的国家来说，对一个不懂得对诸如"为自由而限权、为福利而问责"的言论自动产生敌意的公民思想状态来说，搞民主更容易滑向失控，大家抱成一团走入泥潭，陷下去了还不知道为什么。

为自由而进言

2013 年 11 月 26 日

一、宪政的含义

康德曾经说过:"愿上帝保佑我们免受友人的攻击——要是攻击来自敌人,我们倒能设法自卫。"过去十多年,我写过不少具有争议的文章,这些文章有一以贯之的主线,那就是为自由而建言,而建言的对象,则是与我目标相同,但方法迥异的朋友。本文中,我将解释几个与"自由"相关的常见误解。

所谓自由(liberty),指的是这么一种状态:每个人保有私产,与别人自愿缔结合约,并承担自己的决策和行动带来的收益和亏损,而政府提供法律和国防等公共服务——之所以要由政府来提供这些服务,只是因为私人来提供的话成本会更高的缘故。自由主义者(libertarian)相信,只要一个社会里的制度安排有助于达到上述目标,那这个社会更有可能存活,而其中大部分人就更有可能过上丰裕和幸福的生活。

现代社会的自由，可以追溯到 1215 年英国的《大宪章》（*Magna Carta*）。从那时起，英国皇室的权力就受到限制，司法过程得到尊重。此后几百年，是自由在英国生根发芽并开枝散叶的过程——司法独立、言论自由、缔约自由和私产保护等基本权利，在英国代代相传。随后，英国人又将自由的传统，移植到美洲殖民地，而再过了 170 年，美国才宣布独立。

直到美国独立之时，民主仍然是个贬义词。美国国父们，包括后来担任过总统的亚当斯（John Adams）和麦迪逊（James Madison）都曾经毫不掩饰地批评过民主的概念。他们要建立的是一个"共和形式的政府"（Republican Form of Government）。所谓共和，根据亚当斯的说法，就是"所有人，无论贫富、统治者和被统治者、官员和百姓、主人和奴仆，最高贵的人乃至最卑贱的人，都在法律面前平等的政府形式"。《美国宪法》的第 4 条第 4 款也明确规定"合众国保证联邦中的每一州皆为共和政体"，而在所有立国的文件里，却找不到"民主"二字。

美国的立国者们对民主的警惕，是一种深刻的智慧，与今天国内许多公共知识分子把民主与自由混为一谈、颠倒民主与自由之间的关系，并把民主看作是解决社会问题的万灵药的做法，形成了鲜明的对照。英美的历史表明，他们先有了根深蒂固、世代相传的自由和法治传统，才开始在 20 世纪前后逐步向黑人、妇女和青年放开普选权，而如果混淆了这一关系，在缺乏自由和法治保护的社会里大规模地让民主先行，那将会造成重大的祸害。

在纳粹德国和各以民主二字为国名的国家里,这一点得到了令人痛心的印证。

然而,知其然,未必知其所以然。直到半个世纪前,一批具有开拓精神的经济学家,以布坎南(James Buchanan)和塔洛克(Gordon Tullock)等人为首,透过经济学的视角剖析了民主制度,才为那些美国立国者们早年的担忧,找到了更清晰和有力的解释:在公共决策过程中,人们不仅经常言行不一,而且他们的言论和观点,也会对社会产生外部作用;当一套公共决策机制,是在鼓励而非抑制人们各自发布不负责任的言论时,基于这些言论而形成的政策,就会反过来伤害每个人的福祉。

以政客向民众派发的免费福利为例。每一项免费福利的主张,对每个表示支持的选民而言,它带来的金钱负担很小,但带来的荣誉感很强;而对政客而言,则是确保可以当选和连任的关键。这样,在民主制度下,尤其在缺乏对私有财富强有力的法律保护的民主制度下,转移支付在国民收入中的占比必定连年上升,而整个国家最终会陷入不可自拔的巨额债务之中,以"自我承担"为根本的社会基础就会被蚕食。这便是我们追求"宪政"的意义所在——必须研究市场与民主之间的边界,在诸多公共事务中,分清楚哪些是市场和独立的司法可以解决的,哪些是不得不交给民主解决的,若混淆了这二者,自由即会遭到破坏。

二、 选择与歧视

人类始终面临的约束之一是资源稀缺。所谓资源稀缺,不仅指矿产、森林和能源等有形资产的匮乏,而且还指空气、美貌、天资、时间和注意力等无形资产的不足。要高效利用资源,人们不得不作选择,而只要有选择,就必然有歧视。换言之,选择和歧视,指同一件事,是两个共生共栖的概念。

有选择就有歧视。选择一张王菲的唱片,就歧视了所有男歌星和绝大部分女歌星,也歧视了中国京剧和西洋歌剧。一个男人娶一个女人为妻,他就歧视了所有男人以及绝大部分女人。即使这个男人希望不带歧视地对待每个女人,法律也不容许。

有人反驳:"你是在偷换概念。歧视指的是那些'不道德'和'不必要'的区别对待。"是的,人们脑海里有许多根深蒂固的"区别对待"的观念,如看不惯外地人或外国人,或把全体异性作为取笑的对象等。这种现象有两个原因:一,由于信息不对称,要了解具体一个人并不容易,人们便简单以对群体的笼统印象代入,只求作粗略的判断;二,贬低他人可改善自我感觉,人们难免会追求廉价的快感。

问题是,歧视者必须付代价!一个活在山沟里的人,本来就没有机会与外人打交道,所以他不妨把外人贬得一钱不值。本来就没有机会,歧视就没有代价。然而,一旦他有机会进城,或有机会出国,那他歧视外人的代价——因歧视而丧失的收益——就会急剧提高。输得越多,放下成见的动力就越大。多见少怪,长此以往,都市居民的胸襟往往比较开阔。

这个道理也适用于组织内部。在私营企业里,雇主关注金钱收入,所以在录用员工时,会集中考核其劳动力资本,而对其他旁枝末节,诸如肤色、户籍、党派、政见、相貌、学历——则并不关心。相反,在大型国企或政府机关,选人是否得当,几乎不影响录用者的收入,所以录用者就会变得轻视"有用之人",转而偏爱"顺眼之人"。人们普遍的经验是,越是激烈竞争的行业,歧视越少;越是大锅饭的垄断或官僚机构,歧视越严重。

这是说,歧视与选择共生,但随着迁徙、交流、贸易和竞争,"不道德"和"不必要"的歧视自然会受到抑制和削弱。既然如此,那么政府颁布法令或发起政治运动,是否也有助于纠正"不道德"和"不必要"的歧视?

我的答案是否定的。自20世纪60年代起,美国掀起了"平权运动"(affirmative action),联邦和州政府纷纷颁布"平权法案",禁止基于"肤色、宗教、性别或民族出身"的歧视。然而,这项运动的实质,恰恰是越俎代庖地为用人机构作了基于"肤色、宗教、性别或民族出身"的反向选择。1973年,加州大学戴维斯分校医学院根据"平权法案",为非白人硬性预留16%学位,致使成绩更好的白人青年贝奇(Allan Bakke)不被录取。要知道,非要让成绩较差的黑人学生就读学医,今天受到歧视的就是白人学生和亚裔学生,明天受到损害的就是病人。要帮黑人是对的，但不是这样帮。

此事到1978年美国最高法院判定加州大学的做法违宪而告一段落，而加州也在1996年推出了还学校更大招生自由的法律（CCRI），从而部分纠正了"平权法案"造成的矫枉过正的恶果。然而，许多人还没有完全理解问题的本质：选择是一种重要的自由，而选择与歧视不可分；用一刀切的"平权运动"来纠正种种"歧视"，并不能消灭不公，而只能转移不公；只有还个人和用人机构以充分的选择利，并让迁徙、交流、交易和市场竞争发挥作用，从而促使人们逐渐采用更合理的选择标准，才是维护"自由"（liberty）的正道。

三、竞争与合作

资源既然是稀缺的，那么竞争就不可避免。然而，自从1890年美国实施《谢尔曼法》以来，至今已经有超过90个国家和地区仿效，建立了类似的竞争法或竞争政策，其目的是"维护和促进竞争行为，遏制和惩罚反竞争行为"。问题是：既然竞争不可避免，为什么还要立法促进竞争？为什么"竞争"之外，还有所谓的"恶性竞争"？为什么"合作"之外，还有所谓的"勾结"？

这些奇怪的概念之所以产生，是由于人们低估了竞争的普遍性和复杂性。首先，竞争无处不在。为了争夺一张车票，人们既可以竞价，也可以通过排队、托关系、找黄牛、购买电话追拨器、下载抢票刷屏软件等方式来竞争。推而广之，学校的学位、剧院的座位、医院的床位，任何有两个以上的人要的商品，都遵循同样的规律——任何管制都只能改变人们竞争的方式，而无法消除竞争本身。

其次，竞争仪态万千。人与人、企业与企业、组织与组织之间，固然可以存在竞争，但孤军奋战式的竞争在生活中是罕见的。哪怕是个人，其背后也有亲属、同乡、学友、乃至整个市场向他提供补给和支持。更常见的是，人们结成家庭、组织、企业，以一群人合作的方式，来与另外一群人展开更有力的竞争。人们在企业内部开展合作，为的是在企业外部展开竞争；几个企业结盟或合并，为的是在更大范围内应付更激烈的竞争。这是说，合作本来就是一种竞争方式。

自从科斯在1937年撰文《企业的本质》（The Nature of the Firm）以来，经济学家通过大量的理论和实证研究，明白了一个简单的道理：企业的内部结构和外部边界，并非企业家主观决定、天然如此、固定不变的，而是企业家被动决定、为了适应生产和社会的约束条件而形成的。换言之，企业家们选择在哪里划分企业的边界，何时将企业一分为二、何时又将企业合二为一，是由诸多的实际的和内在的因素共同作用的结果；为合并而合并，为拆分而拆分，是不会带来利润的。

反垄断立法的深刻误会就在于：立法者和执法者貌似有本事，根据企业的外在形式，来判断一种商业行为究竟是促进竞争还是抑制竞争，而这往往是夜郎自大。例如，企业因为"做得好"才"做得大",而不是"只要做得大"就"做得好",但反垄断法执行者却会置果为因,以为"分拆企业"或"禁止合并",才能促进竞争;又例如,企业必须"分区域经营"才能发挥最大的生产潜能,但反垄断执行者却又会本末倒置,要求企业"抹杀地域或消费者群体的差异",进行划一标准经营。

回顾美国反垄断法实施的百年历史,大量经典案例表明,那些阻止横向联合、阻止纵向联合、阻止分区域经营、阻止企业间自愿缔结的价格联盟、阻止企业自由搭售商品的判例,到后来都被证明是由于法官误解了竞争的内在逻辑、仅从朴素和自发的对"竞争"和"合作"的理解而作出的。科斯曾经说过,经济学家一见到自己不理解的商业行为,就会往反垄断上去想。在反垄断立法者和执法者看来,能够理解的竞争就叫"良性竞争",否则就叫"恶性竞争",能够理解的结盟就叫"合作",否则就叫"勾结"。这些武断的标签和干预,对市场造成的危害,往往比带来的好处更大。

要维护一个良好的市场竞争环境,没有什么比对商业竞争模式保持谦逊,对所谓"良性竞争"和"恶性竞争",以及对"合作"和"勾结"这些充满偏见的概念保持警惕更重要了。要维护市场自由,反垄断戒条应该是:只有政府在行业入口设置的障碍,才是真正值得反对的垄断根源;而对于那些在市场中我们看不懂的商业行为,则应该听之任之。

四、 权利与福利

在动物世界,有的只是弱肉强食的规则;而在人类社会,则既有权利,也有福利。权利和福利都是取代弱肉强食规则的制度安排,但权利与福利不仅不同,而且往往是对立的,呈此消彼长之势;而只有保持两者的均衡,才能维持社会的长治久安。

首先看权利的概念。权利是得到社会认可的、大部分人主动维护的选择的自由。这是说,任何在现实中能够行使的权利,都离不开他人的背书和支持。人们在讨论权利的时候,往往喜欢加上"自然权利""天赋权利""法定权利"等形容词,但除了加重了修辞的色彩外,这些形容词并不能增加论证的力量。土地是你的,但你未必拥有采矿权;电脑是你的,但你未必拥有用它来存放或发放色情影片的权利;你和你配偶的身体都是私有的,但你们未必拥有生第二胎的权利。

有人会争辩说,上述都应该是毋庸置疑的权利。但是,应然不等于实然,实然的权利从来都是人赋而非天赋的。换言之,我们可以倡议某种权利,并声称它是一种"自然权利"或"天赋权利",但除非它得到普遍的尊重和维护,它就只是应然而非实然的关于权利的主张而已。

拉丁文里有句漂亮的格言,叫"行使自由以不伤他人自由为界"(*Sic utere tuo ut alienum non laedas*),但深究下去就会发现它是空洞的——谁都可以拿它来为自己的立场辩护。例如,可以认为抽烟者伤害了非抽烟者，但如果禁止抽烟，那非抽烟者就伤害了抽烟者。伤害也永远是双向的。不管法律如何规定，都是基于经验的权衡，而非先验的推演。

再看福利的概念。福利是得到社会认可的、大部分人主动维护的、享受特定资源配给的资格。学生免费乘坐校车，教授免费停车，雇员免费体检，户外工作者免费喝凉茶，失业者免费取得失业救济……你不需要做任何事情，不需要再进一步争取，只要你属于某个组织的成员，你就自然获得一份享受。这种资格就叫福利。

权利（选择的自由）和福利（享受的资格）是不同的。有些学者把中国三十年经济成就，归咎于"低人权优势"，反映了他们对"权利"和"福利"概念的混淆。如果"低人权"具有优势，那么最缺乏自由的国度，照理就应该成为最繁荣的国度。事实上，情况正相反。中国正是因为权利保护得到了显著改善，而那些打击生产积极性、鼓励懒惰和不负责任的福利并没有跟上，才取得了长足的经济成就。

这是说，权利和福利不仅不同，而且往往是冲突的。我们经常听说，人人都应该享有就业权、就医权和就读权。可那是什么意思？如果这是说，人人都应该享有分得一份工作、一套医疗服务或一个学位的福利，那么我们就必须追问，谁有义务为他人提供工作机会、提供医疗服务，以及提供就读条件？

表面上看，提供福利是政府的天职。但政府是谁？政府只是

"甲"和"乙"不仅商议让"丙"替"丁"做点什么，而且自己还顺带沾点好处的机构而已。揭开面纱后，我们看到的就是对个人权利的保护与对大众福利的许诺之间的冲突和权衡。这里多一点福利，那里就少一点权利。

固然，不存在只有权利而没有福利的社会，像国防、治安、司法、急性传染病防治等公共服务，由政府提供往往更加有效，所以社会每个成员都具有享用这些公共服务的资格；但同样，在极端的计划经济年代，只有福利而没有权利的社会或许短暂地存在过，但很快就分崩离析；更何况，二战后以福利为主导的国家，经过半个多世纪的实验，现在也纷纷走近了财政深渊的边缘。我们至今尚未完成的探索，是权利和福利之间应作何种均衡，才能维护长久的自由和繁荣。

五、 司法要独立

司法独立有两重含义。一是指司法不应受行政权力的干预，这一点是知易行难；二是指司法不应受公众舆论的牵制，这一点则是知难行更难。人们常说"群众的眼睛是雪亮的"。若真如此，把案件交给群众公审，或拿到网上投票，国家岂不就能长治久安？答案是否定的。

人并非总是理性的。事实上，保持理性往往是吃力的，而胡闹则能图一时之快，除非决策人自己承担的代价足够大，他是宁愿选择马马虎虎或者选择快意恩仇的。这如同要平分一块面包，用手扯开就是，太较真就得不偿失；只有要平分一块金砖，才值得用上精密天平。所以，即使人们在处理自己的事情时是眼睛雪亮的，但在处理别人的事情时会不负责任地意气用事。要让司法做到准确，关键是让司法者充分承担决策的后果，否则司法就会被群众的胡闹所冲垮。

针对人性的这一特点，人们有了"事前规则"与"事后酌情"的区分。在抽象的层面，民众可以拥护完美的原则。泛泛地问，大家如何看待"法律面前人人平等"的主张，众人很可能异口同声地赞成；但一遇到具体个案，那些掷地有声的原则就容易蜕变成空话。个人的偏见、情绪、孤陋、乃至对戏剧化效果的追求，都会严重影响他们对事件的判断。

日本作家村上春树的一句"在一堵坚硬的高墙和一只撞向它的蛋之间，我会永远站在蛋这一边"，至今被知识分子们引为至理名言，这一现象就恰恰彰显了普遍存在的盲目——没有细节、环境、证据和逻辑，谁也无法分辨哪一方是墙，哪一方是蛋，而只有细节、环境、证据和逻辑，才是"法律面前人人平等"的起点。许多人根本没有意识到，昔日把"地富反坏右"视为墙，与今日把"官商富强左"视为墙，两者其实一脉相承。

美国的陪审团制度，属于抗辩制，值得剖析和深思。法律经济学家塔洛克（Gordon Tullock）教授应邀为《新帕尔格雷夫法律经济学词典》（*New Palgrave Dictionary of Law and Economics*）撰写"陪审团"（Juries）条目时，阐述了他对这一制度的长期批评。

他是说，世界上没有谁会为了了解某个真相，或作出明智的决策，而故意跑到街上找 12 个对事由曲直肯定一无所知的人来作出判断的。况且，尽管充当陪审员是公民的义务，但由于要找借口逃避并不难，所以最终选定的陪审团员，往往是时间成本、智力、经验以及责任心都偏低的。

塔洛克进一步解释，当"有理先生"若与"无理先生"当庭对峙时，在雇请陪审团的抗辩制下，"无理先生"有很强的积极性投入各种诉讼资源，来达到诱骗陪审员的目的（当然也为诉讼剧提供了大量精彩的素材）；而在由法官判案的纠问制下，"无理先生"的活动空间显然要小得多，而被用于扰乱视听的诉讼资源的比例也就小得多。问题是，若陪审团的副作用真那么大，美国为什么不废了它？塔洛克的回答是：培训在法庭上面对普通老百姓演戏的行业，是根深蒂固的既得利益集团。

显然，抗辩制与纠问制的比较，非三言两语可以了结。但这里的要点是：司法要独立，就是要将司法过程与"颐指气使的行政权力"和"捉摸不定的汹涌民意"隔离开来，并把它尽量交给对司法结果负有长期责任的专业群体来完成。我曾经说过：美国最高法院的首席法官，现在也就拿 140 万左右人民币的年薪；即使我们高薪任命 100 位终身法官，每位年薪 200 万，每年开支也只是 2 个亿。有 100 名只求以其逻辑思辨和睿智博学名垂青史、而其薪俸和职位不受行政和民意的影响的独立法官依法工作几十年，中国的法治状态会变成怎样，是颇有想象空间的话题。

第五章
经济学随想

第四章
需要协调

第三章
互相依赖

第二章
生命有限

第一章
东西不够

第一节 经济学的态度和观念

经济学的免责声明

2006 年 8 月 15 日

M 是我在美国认识三年的香港朋友。因为都是广东人,又在同一个地址上班,我们常见面,谈吃、谈喝、谈科研。不过,我一直没有向他提及,我在中国内地写了八年的经济专栏。

很偶然,他在我的杂物堆中,发现了我在国内出版的文集《经济学的争议》,便拿回家去。过了两天,他打电话来,说我写得好,须尽快到饭馆畅谈。席间,他问:"相识三年,为什么从不提你的专栏。"我答:"美国生活太闷,怕你不同意我,吵起来,没人陪我吃广东菜。"

经济学著作给我的第一次震撼,是弗里德曼的《资本主义与自由》(*Capitalism and Freedom*),那是 16 年前的事情。丁小波把《财经周刊》的一角地盘交给我,让我每周想写什么就写什么,那是 8 年前的事情。从 8 年前起,乃至从 16 年前起,我就深知自己的世界观,与身边太多人是如何的截然不同。

只要传媒肯付钱,我乐于直陈己见,然后看着远处的读者吵呀吵；但身边的亲戚朋友，时间宝贵，怕伤和气，为免事端，我宁愿闭口不谈或左右言他。这就是我要向读者郑重介绍的"经济学免责声明"：经济学往往会令你与友侪产生不可逆的观念隔阂，你事前要有思想准备，事后要有敷衍对策，由此产生的代价，经济学概不负责。

学懂经济学的人，其言论常常给外人以"不近人情"的感觉，虽然他所具备的"人情"，与那些喜欢把"终极关怀"挂在嘴边的人相比，其实分不出高下。

阿尔钦在教科书中写道："购买由童工制造的纺织品，是否不道德？假如你不购买，会让非洲的童工生活得更好还是更糟？要是你能救人于水火，当然最好；不然，购买他们生产的商品，则可以避免他们沦落到更不堪的境地。"

我的老师，经济学家兼辛迪加作家威廉斯（W. E. Williams）教授，也是阐释质朴无华的经济原理的高手。课堂上，他说向右下倾斜的需求曲线，也可以反过来向左上延伸，穿过纵坐标。其含义是：只要价格足够高，人们就不仅会停止购买，而且会开始供应。也就是说，只要他出价够高，同学们都会一个个卖光衣服，赤条条走出教室。

还有一次，威廉斯教授抱怨威廉斯太太在家里太唠叨：每次教授回家晚了，太太就说她是多么的担心。读者朋友，面对太太的唠叨，你知道职业经济学家的职业回答吗？威廉斯说："你这么担心我，是因为我给自己买的保险不够高。"哄堂大笑之余，我相信每个学生都会永不忘记,他们领教过一次冷酷经济学中的深蓝。

最近吴向宏先生批评我:"薛兆丰有些时候不免马失前蹄,挂一漏万,如他对最低工资制度的贬斥"。我回应:十年前,有人说最低工资可以促进就业。布坎南投书报社反驳,指经济学者若离经叛道,就只会堕落为迎合意识形态偏好的"随营娼妓"。我是布坎南的学生,且老师中没有一个赞成最低工资法。若因此说我"缺乏终极关怀",我却之不恭。

经济学是研究"事与愿违"规律的学科。是的,很多政策建议,其用意是善良的,但经济学的作用,恰恰是指出这些善良建议所带来的恶果。当经济学者(有职业道德的经济学者)这么做的时候,他们就往往被冠上"不讲道德"罪名。已经 16 年,我早就习以为常,但真的想学点扎实经济学(sound economics)的新朋友,可不能忘记这"经济学的免责声明"。

斯密的道德观和市场观

2009年3月16日

亚当·斯密（Adam Smith）是市场经济最重要的阐释者。他在1759年出版的《道德情操论》（*The Theory of Moral Sentiments*，以下简称 *TMS*）中剖析了人类的心理特质，1776年出版的《国富论》（*Wealth of Nation*，以下简称 *WN*）则阐述了市场的运行机制。两部巨著浑然一体：斯密对人性的深刻理解，恰恰为市场经济提供了坚如磐石的正当理由。

斯密首先在《道德情操论》中指出，人是自私自利的。他写道："我们并不轻易怀疑某人缺乏私心。缺乏私心并不属于我们通常对人产生猜疑的原因之一。然而，如果某个人不是为了家庭和朋友的缘故，却不爱护自己的健康、生命或财产，不去做本来只是自我保护的本能就足以促使他去做的事，那么这无疑是一个缺点，虽然说这是某种可爱的缺点。它把一个人变成与其说是轻视或憎恨的对象不如说是可怜的对象。但是，这种缺点还是多少有损于他的尊严和他那品质中令人尊重的地方。满不在乎和不节俭的品质,一般不为人接受,并不是由于它讨人怜悯,而是由于它缺乏对自己利益的恰当关心。"(VII. II. 87, *TMS*)

不难设想,人如果都不自私,那么社会就无法存活。从纯逻辑的角度看,人可能是极端利己的,却不可能是极端利他的。人人都极端利己的社会,仍然是可以想象的社会。虽然彻底弱肉强食,与动物世界无异,但动物世界也仍是可能的世界。然而,人人都极端利他的社会,却是不可想象的:如果谁都不肯吃饭,非要让给别人吃;别人都吃饱了,也还是不肯吃,非要把剩下的粮食拿去酿酒或养猪……这样的社会不可想象,也不可能存活。

然而,事实上,人并不处于这两个极端,而是在自私的同时,也还懂得同情。斯密这样写道:"无论人们认为某人怎样自私,这个人的天赋中总是明显地存在着这样一些本性,这些本性使他关心别人的命运,把别人的幸福看成是自己的事情,虽然他除了看到别人幸福而感到高兴以外一无所得。这种本性就是怜悯或同情,就是当我们看到或逼真地想象到他人的不幸遭遇时所产生的感情。我们常为他人的悲哀而感伤,这是显而易见的事实,不需要用什么实例来证明。这种情感同人性中所有其他的原始感情一样,绝不只是品行高尚的人才具备,虽然他们在这方面的感受可能最敏锐。最大的恶棍,极其严重地违反社会法律的人,也不会全然丧失同情心。"(I. I. 1, *TMS*)

然而,同情心的强弱是随着人际关系的亲疏远近而显著变化的。斯密写道:"同样,对于人性中的那些自私而又原始的激情来说，我们自己的毫厘之得失，会显得比另一个和我们没有特殊关系的人的最高利益重要的多，会激起某种更为激昂的高兴或悲伤，会引出某种更为强烈的渴望和嫌恶。"（III. I. 45，*TMS*）

斯密举了一个生动的例子："假如中国这个伟大帝国连同其全部亿万居民突然毁于一场地震，那么一个和中国没有任何关系的很有人情味的欧洲人会有什么反应呢？我觉得，他首先会对这些不幸的遇难者表示深切的哀悼，他会忧心忡忡地想到人世无常，人类创造的全部成果就这样在顷刻间灰飞烟灭。可是当悲天悯人、深谋远虑全都过去以后，他就会像平常一样优哉游哉地做生意、寻开心，好像这种不幸的事件从未发生过。哪怕是他自己遇到的最小的麻烦，都会让他更为紧张不安。"（III. I. 46，*TMS*）

换言之，满足自己的同情心，也是自私的一种表现。然而，为了追求这种满足，每个人都不能走得太远，以致让自己付出太高代价。斯密指出，有些人会为了崇高的目标，作出巨大的个人牺牲，但他们并不是在爱那些素不相识的人，而是因为他们在爱自己的优点。斯密写道："这不是人性温和的力量，不是造物主在人类心中点燃的仁慈的微弱之火，即能够抑制最强烈的自爱欲望之火的。它通常是一种更强烈的爱，一种更有力的感情；一种对光荣而又崇高的东西的爱，一种对伟大和尊严的爱，一种对自己品质中优点的爱。"（III. I. 46，*TMS*）可见这种为理想而献身的行为，也没有超出自私的范畴。

到此，斯密眼中的人性结构便清楚了。首先，人是自私自利的，而根本不懂得利己的人不仅是罕见的，而且也是不受欢迎的。其次，人又是具有同情的天性的，周围的人的痛苦和快乐，会根据远近亲疏，不同程度地转化为自己的痛苦和快乐。这样，一个始终以自私为依归的人，就会在两个不同领域内，采取两种不同的策略，来谋求个人幸福的最大化。那就是在私人领域，人们乐意为亲情和友谊作投资，因为这更有利于满足其同情心；而在公共领域，由于人人距离增大，同情心显著削弱，人们就只能在产权保护下，以非交际的方式，通过从事贮藏、分工、装配、交易和运输等活动来改善生活。即使有人愿意行善，那么在他提供的钱财或服务以外，其他环节也还是得以公共领域的规则办理。

对此，斯密在17年后发表的《国富论》中写道："一个人尽毕生之力，亦难博得几个人的好感，而他在文明社会中，随时有取得多数人的协作和援助的必要。别的动物，一达到壮年期，几乎全都能够独立，自然状态下，不需要其他动物的援助。但人类几乎随时随地都需要同胞的协助，要想仅仅依赖他人的恩惠，那是一定不行的。"（I.2.2, *WN*）

正是因为同情心靠不住，人类才需要市场经济的协助。斯密在同一段紧接着说："他如果能够刺激他们的利己心，使有利于他，并告诉他们，给他做事，是对他们自己有利的，他要达到目的就容易得多了。不论是谁，如果他要与旁人做买卖，他首先就要这样提议。请给我以我所要的东西吧，同时，你也可以获得你所要的东西：这句话是交易的通义。我们所需要的相互帮忙，大部分是依照这个方法取得的。我们的晚餐，并非来自屠户、酿酒商或面包师的恩惠，而是出自他们自利的打算。我们不说唤起他们利他心的话，而说唤起他们利己心的话。我们不说自己有需要，而说对他们有利。"（I.2.2，*WN*）

这就是斯密的"道德观"和"市场观"的交汇处，是他给"个人生活"和"社会组织"画的分界线，也是他在考察了人类同情心本性后对市场体系大加赞赏的转折点。从《道德情操论》到《国富论》，斯密始终坚持"自私"的主线。他只不过是先在《道德情操论》中考察"同情心生效"的私人领域，然后在《国富论》中考察"同情心失效"的公共领域，由此分析人类在这两大领域追求幸福的不同方式而已。

对斯密最常见的两类误解，就是要么把他在公共领域的见解，用到私人领域上去，从而宣称斯密主张"绝对的自私自利"；要么把他在私人领域的见解，用到公共领域上去，从而宣称斯密主张"企业家应该讲社会道德并与大众分享财富"。

由于在家庭、亲属和朋友等私人小圈子里，同情心具有很强的作用，所以在这些小圈子里人们往往做出许多令人感动的事情，而这些事情在市场上是不可能经常发生的。但即使人们在为亲友付出的时候没有索取实物回报，我们也能理解他们在同情心驱使下得到的精神满足。然而，尽管如此，即使是在私人小圈子里，自私也仍然在起着主导作用。例如，我们不会向比自己富有的亲人送钱；有来无往的友谊往往不可能持久，等等。

在公共领域，我们尤其要警惕人们要求企业家讲道德的现象。如果"讲道德"是指企业家不能瞒骗顾客，那是对的，因为瞒骗违反了交易合约，不仅伤害了顾客，在法制健全的情况下也会伤害股东。但如果"讲道德"是指企业家应该拿企业资产去行善施恩，就与斯密的本意格格不入了。斯密明确指出，在市场领域依靠别人的恩惠"是一定不行"的。

长期以来，不少人喜欢把"人权"（human rights）和"产权"（property rights）对立起来，进而谈论产权为人权作出让步的问题。这是深深的误会。个人产权就是人权。企业的产权是由多人的产权通过复杂的合约组织起来的。企业的产权也仍然是个人人权。如果要求企业家在市场上行善施恩，那就等于要求企业家侵犯股东的人权。

要企业家行善施恩的观点，在斯密那里找不到依据。斯密不仅不可能要求企业家替股东动用同情心，而且更不可能要求企业家在市场这种公共领域动用同情心。更重要的是，在斯密看来，无论是企业家还是政治家，他们都是有私心的普通人，要求他们在公众领域行使本来只在私人领域才起作用的同情心，那岂不是特别容易诱发假公济私的行为吗？

斯密并非写了两部自相矛盾的著作，分别供市场经济的怀疑者和支持者引用。相反，他通过《道德情操论》和《国富论》构造了一个自洽体系：由于人不仅是自私的，而且还天生需要通过满足小范围的同情心来换取快感,所以不仅需要在私人领域强调爱心,而且也更需要在公众领域强调应由自私之心在看不见的手的引导下来推动公益,并强调要警惕自私的掌权者对市场机制的破坏。只有这样,才能理解斯密为什么被视为市场经济之父,而不是计划经济或福利主义之父。

行善的困难

2012 年 10 月 1 日

最近到贵州出差，沿途所见的景象，让我感觉当地的经济状况与江南一带有差距。想到援助与脱贫的话题，住进酒店后，便上网买了本名著，用阅读器翻看了整晚。这是纽约大学的伊斯特利（William Easterly）教授所著的《白人的负担》（*The White Man's Burden*）。该书被英国《经济学人》杂志和《金融时报》评为"2006 年最佳图书"，而作者曾经在以国际扶贫为己任的世界银行工作过 16 年，他提供的数据有说服力。

作者写道：

> 过去五十年，西方对非洲的援助达 2.3 万亿美元，却未能给每个儿童 12 美分让死于疟疾的全部人数减半，未能给产妇 3 美元让 500 万儿童免于夭折，未能给贫穷家庭 3 美元以购买蚊帐……然而，就在 2005 年 7 月 16 日这一天，英美两国却能设法把 900 万册《哈利·波特》送到读者手里，书店即使出现缺货也能迅速补上，而整个过程无须政府的干

预,也并没有什么关于《哈利·波特》的马歇尔援助计划!……国际社会一方面演化出高度有效的系统,来为富人们的娱乐服务,另一方面却无法给濒临死亡的儿童12美分,这种对比令人痛心。

为什么?浅白的答案是,欧美有高效的物流系统。深一层,是因为欧美搞市场经济,是逐利和竞争,逐步促成了高效的物流系统。再深一层,是非洲尚未具备建立市场经济的条件。说到底,是非洲多国的历史传承、政府政策、公民意识、社会传统以及知识分子的歧见,深刻地妨碍了他们建立市场经济。令人唏嘘的是,总是有些人群,像受到了诅咒,无法摆脱苦难的生活。

读者朋友会问:为什么非要建立市场经济不可?难道救济不是一种帮助?难道救济也要讲求经济效率?既然讲求经济效率,那还算什么救济?让我逐层解释。

首先,商业本身就是最大的慈善。亚当·斯密写过两部名著,一是1761年出版的《道德情操论》,二是15年后在1776年出版的《国富论》。许多人以为,斯密有两套互相对立的主张,即他既主张搞市场经济,又主张商人讲道德。说这些话的人,其实并不知道斯密在说什么。事实上,《道德情操论》不是道德教条,而是斯密对人情冷暖的深入观察。

斯密认为,人虽然自私,但都具有同情心。然而,斯密也指出,人的同情心是随着人际关系亲疏远近变化的——离自己越远的人,能唤起的同情心也越弱。斯密说,要是一名英国绅士,听说远在中国的某地发生了一场地震,上百万人伤亡,那这位绅士也只会感慨一下世事的变幻无常、生命的脆弱无助,接着就会继续忙自己眼下的事情了。就如今天的网友,转发两条带"关注"字眼的微博,就继续忙自己的事情一样。

问题是,人们无时无刻不需要别人的帮助。哪怕是我们手头的一支铅笔,也是经过成千上万人的劳动才生产出来的。没有他们,我们穷毕生的努力,也不可能造出一支铅笔来。既然人们需要互相依赖,但每个人的爱心又只能波及极其有限的范围,那么就只能靠市场的力量,才能抵消仁慈和爱心的脆弱和偏颇,才能使那些不被注意的、不受欢迎的、未被热爱的人的需求得到满足。

因此,每当我们看到那些在贫困中生活的人的时候,我们首先要问的,不是我们自己极其有限的爱心能帮助他们多少,而是他们是靠什么活到今天。毫无疑问,他们之所以能活到今天,基本上还是靠市场,即那些为了牟利而向他们提供商品和服务的个人和企业;而他们即使接受了我们短暂而有限的捐助,他们也得继续依靠市场活下去。

当然,这并非要完全排斥慈善。正如斯密所说,人皆有同情心,而行善能满足同情心。尽管力量有限,但世上总有人行善。问题是,行善要不要讲效率?而如果要讲效率的话,为什么行善的效率往往不如商业?

行善当然要讲效果。以有限的时间、金钱和资源,最大程度地满足行善者的同情心，就是效率的标准。漫无目的地派钱，是疯子所为；行善的人，往往是有的放矢地捐助、一丝不苟地策划、客观审慎地评估的。为了满足同情心，就需要落实一些具体的指标，例如将多少药物交到多少病人手里，帮助多少穷人脱贫致富，帮助多少失学儿童重返校园等等，而这些就是行善的效率指标。

既然如此，为什么行善的效率不能令人满意，甚至如伊斯特利教授所描述的那样触目惊心？我认为原因至少有四。

其一，行善往往缺乏有效的反馈机制。在商业世界里，做对了的决策，就得到奖励；做错了的决策，就自然引来惩罚。这种负反馈机制非常灵敏，以致人们会迅速地往符合目标和减少浪费的方向靠拢，结果就是效率的提高。行善则往往只注重付出，不仅不在乎反应，而且往往没办法得到反应——接受捐助的人只能报以赞许，而不能以钞票准确地为行善人所作所为作评估。在这种很弱、乃至缺失的反馈机制下，行善就往往达不到行善者期望的目标。

其二，行善过程中也存在严重的"委托代理"问题。捐资者未必是行善者，前者是委托人，后者是代理人，而代理人未必依照委托人的意愿行事。上期专栏提到，这是捐资者亲自"花自己的钱替别人做事"，与代理人"花别人的钱替别人做事"之间的效率区别了。伊斯特利教授曾经服务过 16 年的世界银行，就属于后者这种代理人。据伊斯特利教授介绍，世界银行里每个部门的工作人员,都迫切地要把资金和资源用掉,以便保证该部门次年的预算得到保证,他们因此很少真正关注资金和资源带来的真实效率。

其三,当地政府的管治。许多贫困地区之所以贫困,并非缺乏启动资金来摆脱"穷者愈穷"的恶性循环,而是其政府管治机制存在严重的问题。如果把国际救援送到这些本身就是贫困的始作俑者的政府手里,那就无异于"肉包子打狗"。不解决政府的治理结构,而只是向其注资,那么在浪费了巨额捐助的同时,也丧失了挽救生命和减少痛苦的机会,那就无异于谋财害命。

其四,永久的和官办的慈善体系会自动地制造贫困。人是会对政策和制度做自适应的。只要慈善体系对穷人给予无条件的捐助,那么就会有越来越多的人自愿变成接受捐助的穷人。对此,托克维尔(Alexis de Tocqueville)曾在其 1835 年出版的《济贫报告》(*Memoir on Pauperism*)中睿智地写道:"我深信任何永久的、例行公事的、旨在满足穷人需要的行政体系,都会滋长更多它本身所不能缓解的不幸,诱导它本要帮助和安抚的人们变得堕落,而随着时间的推延,最终将富人沦为穷人的佃农……现代文明的进步运动将渐渐让越来越多的人依赖慈善而生存。"

人类社会需要慈善,也一定存在慈善,而慈善要提高效率,比商业还要困难。解决之道,就是让捐助者和行善者以自愿的民间方式结合,以相互竞争的方式来提高行善的效率,达到以有限资源最大程度地扶贫除弱的目标。

企业家须回报社会吗？

2003 年 12 月 5 日

昨天拜读张军教授文章《企业家为什么挣钱》。观点有趣，但我不同意。联想到国内最近兴起的什么"仇富心态"，觉得问题重要，值得商榷一下。

首先，张教授根据他"对近现代西方经济史的观察"，得出"一个大胆的结论"，即"大多数成功的企业家其实不是因为追求金钱而创办自己的企业的。几乎没有因为追求金钱和个人财富而能成功地做大做强自己企业的例子"。

我认为，企业家究竟是不是为了追求金钱而创办企业，外人是永远无法"观察"的。别人的动机，天晓得！经济学者能观察到的，永远是且只是两点：一，企业家必须造福他人，造福他人才能挣钱，二，企业家必须挣钱，挣钱才能生存。

斯密的名句："我们的晚餐，并非来自屠夫、酿酒商和面包师的恩惠，而是出自他们自利的打算。我们不说唤起他们利他心的话，而说唤起他们利己心的话；我们不说自己有需要，而说对他们有利。"

就说我吧。我是为了钱,才在这里写专栏的。不是说没钱就不写,而是说没钱就通常不写。但我从来没有跑到主编那里,诉说我是多么需要钱。现在凌晨三点,窗外漫天大雪,我字斟句酌,孤灯夜战,可不是要用文字打动主编的善心,而是要用文字满足读者的需要。

与张教授的第一点差别,是我不以为"有人可以想赚钱就赚钱"。别人的钱不容易赚。别人不是傻瓜。微软为什么赚那么多钱?有人答"垄断企业很贪婪";怎样让穷人改善生活?有人答"可以实施最低工资法";火车票为什么那么贵?有人答"因为有黄牛党"……而我认为,这些假设用户、雇主、乘客是傻瓜的说法,称不上是经济分析。

与张军教授的第二点差别,是我认为不想赚钱的企业是活不长的。有些机构叫做"非营利机构",但那只是一种机构注册形式而已,并不是说它们不需要钱。不论哪种非营利机构,学校、医院、社团,可都不是省油的灯。为实现理想去办企业,很常见;但这个企业能生存下来,就不是因为有理想,而是因为有钱赚了。

张军教授批评国内有许多企业"不通过发明或者创新活动来创造更多的社会财富,相反,他们更热衷于……投机活动"。而我认为,商业投机的重要性,一点儿也不比发明创造低。事实上,要是没有商业投机活动,就不可能有价格信息和生产动机,那么就算制造铅笔的技术全部为人掌握，也不可能生产出半支铅笔。

更何况，在一个连学者教授都成群结队、抛头露面支持盗版的社会，凭什么去责备国内的商人不从事发明创造呢？可知道，一部摩托罗拉手机，包含成千上万项的专利保护；一个程序员的年薪，是数以十万美元计；在欧美打一场知识产权的官司，动辄开销百万美元。

张教授说成功企业往往拥有许多发明创造，这是事实；但他说企业家搞发明创造只是"因为他们喜欢做这样的事情"，就不是这么回事了。老外的发明创造，究竟是用多重的金子堆成的，究竟是靠多厚的法典保护的，倒是出过国门的人应该努力传播的真相。

据张军教授在文章中介绍："哈佛商学院的第一堂课是商业（企业）伦理学。这里的教授们要讲述历史的故事，告诉这些富有的'学生'，对企业家来讲，最重要的一件事是，企业家如何出色地服务和回报社会与社区。"

看来，商学院的训练与经济学院的训练，是有很大差别的。学经济的朋友，往往会读弗里德曼的《企业的社会道德》。弗里德曼说，企业家是股东的代理人，所以必须尽忠职守，不负委托，通过提供产品和服务，尽量为股东赚钱。企业家无权拿股东的钱去回报社会，否则就是盗窃。

而我老师威廉斯更指出：成功人士可以不再回报社会。成功人士开工厂,办商店,雇工人,搞发明,投机套利,承担风险,传递信息……他们并没有亏欠社会;相反,他们已经对社会作出了很大贡献。当然,商学院的同学不妨依然打着"回报社会"的旗号去做生意。经济学只是说,当你向别人宣传时,自己别当真。

环保思想家和经济实干家

2015 年 4 月 18 日

若以保存大自然的原貌为至上,那人类甚至就不该繁衍。人口从 3 万年前的 300 万增长到今天 70 亿,寿命从 1800 年的人均不足 40 岁到今天达到人均 80 岁,怎么说人类都是太不环保了。然而,若以人为本,从延长人类生命和丰富人生体验的标准来考量,那么人类社会——尤其是市场经济——就是最环保的。

要明白这个道理,须从成本的概念谈起。成本就是放弃了的最大代价(Cost is the best opportunity foregone)。作一个选择所带来的成本,就是放弃了的所有选项中最佳的那个。我在长安街黄金地段有个祖传的铺位,是属于我的,根本不用交租金,用来卖茶叶蛋,这个铺位有没有成本?照样有成本。成本就是把这个铺位转作其他用途所能带来的最大收益。我的生命也是属于我的,但使用起来照样有成本,用来钻研经济学,就放弃了钻研法律、钻研文学或下海经商的收益。

只要存在选择,就存在成本。我们无法摆脱成本,而只能努力让收益大于成本。从经济学的角度看,"浪费""滥用""糟蹋"和"污染",都有独特的含义,它们指的是收益小于成本的那些选择。与此相对,只要收益大于成本,那么不论使用哪种资源,都不是浪费、滥用、糟蹋或污染。

喝水不是"浪费"水,因为健康更重要;穿皮鞋不算"糟蹋"牛皮,因为双脚舒适更有价值;乘飞机去参加朋友的婚礼,也可能不算"滥用"石油,因为维系某些友情比保存原油更有意义。不分青红皂白地节制用水、爱护动物或弃用石油,那才叫得不偿失,那才是对健康、舒适和友谊的浪费、滥用、糟蹋或污染。

读者或许会惊呼:"难道你认为值得就真的值得?水、动物和石油都是不可再造的自然资源啊!"我的回答是:只有人才是价值判断者;如果非要置自然资源于人的价值之上,那人只能主动退出世界了;而如果以人为本,那就应该认识到人的生命也是不可再造的,过去了也就过去了,不使用自然资源,就是在浪费生命;至于何为使用,何为浪费,人说了算。

高级餐厅里用布餐巾,普通餐厅里用纸餐巾,哪种餐巾更环保?备选答案大致有四种:(1)纸巾肯定更浪费,因为布巾可以重用;(2)要计算才知道,因为布巾需要增加浆洗等工序,这些工序也会增加资源消耗;(3)布巾很可能更浪费,因为布巾价格更高;(4)布巾也不浪费,因为"求舒适"、"摆阔气"和"扮环保"也是一种物有所值的精神享受。

认为节约用纸就是环保或"循环再用"就是环保的想法，显然经不起推敲。少用纸就得多用布，多用布就意味着多用水、电和洗洁剂。同理，星巴克如果不用长流水来清洗调制奶制品的器皿，那就得多用电、木材或塑料。如果非要保护濒临灭绝的鱼群，就得叫停水电站，就得烧掉更多的煤，于是制造更浓的雾霾。保护了水资源，就会伤害树资源；保护了树资源，就会伤害煤资源；什么资源都一概保护，那就伤害人资源。

如何取得平衡？依靠产权和市场。越是缺乏产权保护，资源就越是容易遭到滥用（不计成本的使用）。没有主人的鱼塘，鱼会变得越来越小；没有人管理的森林，会被砍伐得无法再生；而一旦引入产权，也就引入了保护和增加自然资源的积极性。鱼塘的主人不会捕抓小鱼，森林的主人不会砍倒最后一棵树木，而能卖钱的牛群和羊群，无论人怎么吃，都不至于濒临灭绝。

与此同时，价格是环保的优良指标。除价格管制造成的误导外，价格已经反映了综合能耗。市场已经天天在促进环保，寻求生命和资源的有效搭配。木杆铅笔22分钱一支，用废旧报纸做的环保铅笔35分钱一支，那就说明木杆铅笔比环保铅笔更加环保。循环再造的玻璃瓶比普通玻璃瓶更贵，是因为循环再造必须增加清洗、收集、分类、压碎和再造的费用，而普通玻璃瓶则是直截了当地用沙子来做，究竟那个更环保？越贵的东西，通常就越不环保。

这里必须补充的是，价格管制会扭曲了价格本来具有的指导功能。以星巴克用常流水来清洗器皿为例。如果政府把水看作是"民生刚需品"而把水的价格压得过低，或者对城市用水提供补贴的话，那么水价就会产生误导作用，水就会被浪费。现实中，大量的浪费，恰恰是政府的价格管制造成的。

性价比更低、能耗更大的产品、市场上不流行的产品和方案，为什么还会受到某些企业、机构和个人的力推？一是无知，二是私利。环保明星戈尔（Al Gore），本人没少坐飞机，没少用电器，他那有 20 个房间的豪宅一年电费达 3 万美元，是美国平均水平的 20 倍，他怎么还力推环保？因为环保是他的业务。

网络上流行一段由 Steve Cutts 制作的视频，名字叫"人"（Man），今天已经被观看一千多万次，讲的是人类从 50 万年前来到地球，开始捕杀动物，催养家禽，修路架桥，发明创造，结果生活在自己制造的由冰箱、电视和汽车砌成的垃圾堆上，最后激怒了星外来客并被压成垃圾的过程。

问题是，若人类不这么做，后果将是怎样？禁止捕杀动物，人类很快就会饿死或冻死；如果禁止科学培育粮食和家禽，全球人口至少减半；没有冰箱，就只能用食盐来储存食物；没有汽车和高速公路，人们今天习以为常的商品、医疗、教育和文化服务，都会荡然无存。试问应该让谁来负责过昔日落后的生活？

资深图书管理员 Otto Bettmann 根据文字和图片资料，编了本叫《昔日美好的时光——它们恐怖极了!》(*The Good Old Days: They Were Terrible!*)的好书,介绍一百多年前的空气、交通、饮食、医疗、居住等方面让现代人感到毛骨悚然的细节,以敲醒那些总是以为今不如昔的人的愚梦。

我印象最深的,是书里有一张1900年纽约大街的照片,街上铺满了马车留下的马粪,还有旁边的一幅漫画,画了个带着巨大防尘面罩的市民。马粪晒干后变成马粪干,遭车轮碾压后变成马粪粉,马粪粉再随风飘扬弥漫空中。当年的空气污染比今天的严重,哪怕马粪是有机的。

事实上,汽车的发明一扫过去马粪冲天的旧貌,极大地改善了城市空气。今天人们对空气质量的不满,乃至对食物安全和商品品质的挑剔,其实都是生活标准日益提高造成的。经济发展和现代生活极大地改善了人类自身的生活环境,而不是相反。

读者或许又会惊呼:"人类如此需索无度,必然会耗尽自然资源,走向灭亡!"我的回答是:人类可能会灭亡,但肯定不是因为用尽了自然资源。人类今天可以取用的自然资源,是越来越多了,而不是越来越少了;人饿死的机会,是越来越低了,而不是越来越高了;人的生存空间,是越来越大了,而不是越来越小了。仰望一下星空吧,要耗尽自然资源,人类何德何能?

经济分析是中性的,它只把有待权衡的选项,清楚地展示出来。在人与自然之间如果偏向自然,那就得绝对地减少人口数量、简化人的活动,以及缩短人的生命;如果偏向人类,那我们就集中考虑提高资源的综合利用效率,尽可能地采用产权和市场机制,来确保各种资源——而非某种特殊资源——的利用达到动态平衡。有趣的是,大部分人都在思想和言论上偏向自然,而在行动和选择上偏向人类,所以都是环保思想家和经济实干家。

第二节　经济学的误用和纠正

需求曲线必定向下

2001 年 12 月 12 日

在中国经济学界，认为"需求曲线有时向上"的不乏其人。他们不仅下笔为文，印成铅字一篇篇发表，有些还顺便批评反对者"学风不正"和"理论基础不过硬"。他们的名字不提吧。难以解释的是：为什么这么简单的原理，竟然害得那么多老中青经济学人犯错！

事情是这样的。整座经济学大厦中，最重要的基石是"需求第一定律"。它是说：当其他条件不变时，代价越大，需求量越小；或者说，代价越小，需求量越大。这个定律可以用图形来表示。习惯上，用横坐标表示需求量，纵坐标表示价格，那么需求定律就可以描绘成一条从左上角到右下角的曲线，这条曲线的最基本特征，就是"向右下倾斜"。

反对"需求曲线必然向下"的人，认为"需求曲线有时向上"。他们的理由通常是这样的：经济社会存在"越贵越买"的现象。例如股票。价格低的股票是垃圾，不受人青睐；但当股票暴涨时，大家就会看好，愿意出高价购买。这个铁一般的事实，推翻了"需求曲线必定向下"定律，换言之，推翻了"代价越高，需求量越小"的规律。

"有时向上学派"进一步论证道：社会上存在着像珠宝和钻石那样的"炫耀品"，它们也会产生"越贵越买"的现象。既然是炫耀品，就一定要贵，顾客才愿意买；若炫耀品跌价，买的人就会少。所以，炫耀品的存在，也推翻了"需求曲线必定向下"定律，云云。

这些论证似是而非。照他们的理解，何止股票和珠宝，世界上任何商品，都可以推翻"需求第一定律"。不是吗？臭蛋、旧汽车、洗衣板、黑白电视，都比较便宜，但人们要得少；相比之下，鲜蛋、新轿车、洗衣机、大彩电，虽然都比较贵，但人们还是要得多。

如此类推，台灯、奶糖、空调、甚至马桶，都应该属于可以推翻"需求第一定律"的"炫耀品"了，因为相对蜡烛、糖精、风扇和粪坑而言，人们都是"越贵越买"的。既然任何物品都能找到较劣质的替代品，那么任何物品都可以被视作"炫耀品"；既然越是优质物品（价格越高），人们就要得越多（需求量越大），那么这些物品的需求曲线就不是"有时"向上，而是"永远"向上了。

不是这样的。"有时向上学派"忘记了最基本的前提：一条需求曲线，只能代表唯一一种固定不变的物品，而不能有时代表一种物品，有时又代表另一种。我们不能画一条向上的曲线，解释说它的前半段表示"臭蛋"，后半段表示"鲜蛋"，然后断言"鸡蛋"的需求曲线是向上倾斜的。我们也不能画一条波浪线，解释说它的前半段表示"小学文凭"，中间段表示"中学文凭"，后半段表示"大学文凭"，然后断言"文凭"的需求曲线是向上、向下、再向上波动的。

对股票来说，道理也一样。在信息不全面的世界里，人们经常把商品的价格视作质量指标。与其说人们要买"贵"的股票，不如说他们要买"好"的股票。当股票的价格上升时，股票的品质和盈利能力便在股民心目中发生了改变，变成另外一只有所不同的股票了。在图形中，这应该表示为"另一条"位置更高、但仍然向下倾斜的需求曲线，而不是一条掉头向上的需求曲线。

股民追买"较贵"的股票，是因为他们以为"较贵"就是"较好"，而他们本来就打算购买"较好"的股票。这跟我们要买"较贵"的轿车，不买"较便宜"的自行车一样。轿车的确比自行车贵，但我们之所以买轿车而不买自行车，是因为我们本来就打算买"较好"的交通工具，而不是为了"越贵越买"才买轿车。

你或许不想要"品质较次"的股票或宝石（它们表示为位置较低的需求曲线），而想要"品质较优"的股票或宝石（它们表示为位置较高的需求曲线）。不过，只要有人要免费送你（代价较低），你就想得到更多（需求量较大）。换言之，即使对于昂贵的、高级的或"预期回报高"的商品,只要你付出的代价越低,你对它的需求量也是越大,这表示为那条位置较高的需求曲线依然向下倾斜。

一条固定的需求曲线,表示当"其他任何条件"都不变时,某物品的价格与其需求量之间的反比关系。所谓"其他任何条件",包括物品的品质、顾客对它的喜爱程度、顾客个人的健康、年龄、性别、家庭规模等等。千万不要忘记,只要这些因素中任何一项发生变化,原来的需求曲线就要上下移动,从而变成"另外"一条需求曲线,而不是"同一条"掉头向上的曲线。两种情况:(1)沿着同一条"向下倾斜的需求曲线"滑动,(2)平移整条"向下倾斜的需求曲线"。始终正确区分这两点,是掌握需求曲线应用的核心。

经济学家阿尔钦曾经写道:"需求曲线可以有多种形状和斜率,但绝对没有任何一段是向上倾斜(斜率为正)的。在较高的代价上,绝对不会有较大的需求量。在某段价格范围内,需求曲线可以垂直,那表示在这段价格范围内,需求量没有改变。但只要价格升得足够高,需求量就会下降。在整个可能的价格范围内,需求曲线则绝对不是垂直的。需求定律是一个非常肯定的陈述,它恐怕是最有力、最可靠、最重要的经济学原理了。"

后记一:本文发表后,我收到一位大学生的电子邮件,里面写道:"这学期我们开了西方经济学的课。老师是完全照着书讲,书上怎么写她就怎么念。刚学了需求曲线这节。她讲的还是需求曲线可以不是永远向下的。我把你那篇《需求曲线必定向下》打印了带去和她讨论。她坚持书上的观点,还叫我以书为主,不要东看西看,反正考试只考书上的。"

我回信说:我跟张五常教授聊天时谈到了你的信,他让我转告你:"你的老师说得对,考试是考书上的,不要东看西看。但平时思想的时候,就要东看西看、东想西想才行。"

后记二:David R. Henderson 在 *The Fortune Encyclopedia of Economics* 中的"需求"(Demand)条目节选:

> How do we know that there are no instances in which the amount demanded rises and the price rises? A few instances have been cited, but they almost always have an explanation that takes into account something other than price. Nobel Laureate George Stigler responded years ago that if any economist found a true counterexample, he would be "assured of immortality, professionally speaking, and rapid promotion." And because, wrote Stigler, most economists would like either reward, the fact that no one has come up with an exception to the law of demand shows how rare the exceptions must be. But the reality is that if an economist reported an instance in which consumption of a good rose as its price rose, other economists would assume that some factor other than price caused the increase in demand.

我们怎么能知道不存在"价格上升需求量也上升"的例子呢?的确有过一些记载,但它们几乎全都可以理解为价格以外的某些因素发生了变化。诺贝尔奖得奖人 George Stigler 以前在谈到这个问题时说，要是哪位经济学家真的发现了反例，那么他"以行内的标准来看必定能名垂青史并且平步青云的"。Stigler 继续写道："既然这两大甜头是大多数经济学家梦寐以求的东西，而他们谁也找不到这样的需求定律的反例，那么可见这样的反例是多么稀有。"而实际上，只要有经济学家报告说找到了这样的例子，说价格上升时消费也增加了，那么别的经济学家就会设想，那是价格以外的什么因素导致了需求的增加。

"价值"观的谬误

2001年12月24日

中国至少有三代人,都是在前苏联"政治经济学"的教育下成长的。这些人对于"如何衡量价值",有如出一辙的观念,即认为"价值"不仅是商品内在的本质属性,凝聚了无差别的人类劳动,还决定了商品价格的高低。换句话说,价格是围绕价值波动的,它不应该背离价值。

要指出,这个根深蒂固的观念,不仅不符合科学规范,也缺乏对现象的解释力,甚至还衍生了很多更为严重的谬误。

"价值"不科学

首先,"价值"概念不符合科学规范。它的问题在于,"任何物品都有其内在价值"的说法,既不能被证实,也不能被推翻。这是一种非常微妙的错误——错得厉害,却难以看出。实际上,这类错误早在柏拉图的著作里就有了,但要到本世纪初科学哲学兴起后,人们才逐步看清其真面目。

柏拉图认为，万物都有其内在"本质"，人们看到的只不过是本质的"表象"，而不是"本质"本身。例如，国家有"国家的本质"，美有"美的本质"，善有"善的本质"，而政府机关、美丽的鲜花和助人为乐的行为，都是这些"本质"的某种"表象"而已。

表面看来，柏拉图这种思想洞幽烛微、高深莫测。但说穿了，他只不过是在发明新标签，并把标签贴到各种现象上罢了。谁都可以照样画葫芦。只要发明一套标签，就自创了一套学问。其实，在科学哲学的角度看来，一种理论若既不能证实，又不能证伪，就不是优点，而是致命缺陷。

政治经济学认为"价格"应该围绕"价值"波动，也犯了同样的错误。这是因为，到底"价格"什么时候算作与其价值"相符"，什么时候算作"波动"，什么时候又算作"背离"，是完全没有标准的。"价值"这个概念的缺陷，就在于它是个空中楼阁，既不能证实，也不能证伪。

有趣的是，每当遇到什么商品太贵时，受过"政治经济学"训练的人就会说："这么高的定价，背离了商品应有的价值。"我们不禁要问：除了可观察的成交价外，我们凭什么说商品的价值"应该"是多少？到底是我们的经济理论要向现实靠拢，还是现实要向我们的经济理论靠拢？

"价值" 无解释力

价值概念对现象的解释也是乏力的。经济社会中,有很多司空见惯的经济现象,都是"价值"概念难以解释的。百年邮票为什么那么贵?明星喝一口汽水的广告费为什么那么高?计算机的功能越来越强,但价格为什么越来越便宜?

这些现象,本来只要使用现代经济学中的"供求关系",就可以得到令人满意的解释。但如果非要用"价值"理论来解释,就不得不加上很多牵强的附加条件,才能自圆其说。

应该说,作为一种理论,"价值"概念也能解释部分经济现象。然而,凡是"价值"概念可以解释的,仅用"供求关系"就足以解释了;而许多"价值"概念难以解释的经济现象,"供求关系"也可以轻松解释。所以,从解释功能来看,"价值"概念是多余的。

对照 "个人估值"

相比之下,经济学并不谈"价值",它倒是强调了"个人估值"(personal worth)的概念。经济学指出:一个人对某件物品的"个人估值",就是这个人为了换取或保有这件物品所愿意付出的其他物品。

这个定义至少有两层含义:第一,不存在什么内在的、本质的、客观的价值。任何"个人估值"都是与某个"个人"息息相关的，没有了个人的评估，就没有物品的"个人估值"。第二，"个人估值"的大小，并不取决于一个人的"愿望"，而是取决于一个人的"行为"。光说你"觉得"一副对联很有价值，那是没有用的，你必须拿出真金白银才能作数。只有可观察的交易行为，才能反映"对联"和"银两"在你内心的轻重。

"价值"引起严重误解

使用"价值"的概念，还会引致更加严重的谬误。相信"劳动力价值论"的人以为，商品凝聚的人类劳动越多，商品的价值就越大。他们一相情愿地认为，在生产中投入多少资金和劳动，产品就具有多少价值，一个国家的国民生产总值就有多少增长。

例如，一条好端端的路，挖了又补，补了又挖。在计算 GDP 的时候，人们会误把所有挖挖补补的成本，都算作它的"价值"，仿佛投入得越多，它就越值钱似的。但实际上，无论怎样计算 GDP，路也还是这么一条路。人们对这条路的"个人估值"，是不会因为铺路时浪费了巨额投资而有丝毫增加的。

同样，某些沙漠开发工程，要投资数以亿计的资金，铺设蜿蜒的水道，延伸到干涸的沙地，目的是在那里种几棵菜。那几棵菜固然凝聚了千万资金，它的"价值"或许有几千万，但它的"个人估值"，却只是顾客愿意支付的那几块钱！

这里有两个概念，一是政治经济学中的"价值"，二是经济学中的"个人估值"。确切区分这两个概念，大家就不会再受到什么GDP数据的迷惑，以为靠硬性增加政府投资可以"扩大内需"和"拉动产值"了。任何违反市场需求而作出的硬性投资，都不应算作对总"个人估值"的贡献。

知数据不知情况

2003 年 4 月 15 日

常洗手的人很干净吗?未必。假如他终日跟脏物打交道,即使常洗手也是脏。常洗手的人很肮脏吗?当然不是。假如他洗手是洁癖驱使,那么他的手比一般人干净。

死亡率高的地方不适合居住吗?未必。加州死亡率居全美之冠,是因为那里气候宜人,最适合养老。死亡率高的地方就适合居住吗?当然不是,在英国工业革命时期的矿区,死亡率很高,以今天的标准看,那不是人住的地方。

不花钱看病的人身体健康吗?未必。很多穷乡僻壤,几乎没有医生和药物,即使眼睛瞎了,牙齿蛀了,骨头折了,也得不到医治。花钱看病的人就体质孱弱吗?未必,发达国家的医疗费用占国民收入的比重越来越大,那里的人活得越来越健康,越来越长寿。

洗手的频率是数据,死亡率高低是数据,医疗费多少是数据,但知道这些数据,并不表示知道这些数据背后的情况。同一个数据,既可表明一种情况,也可表明与之相反的情况。如果只知数据,不去了解情况,就会得出荒谬的臆测。

最近,某经济学教授发表文章,讨论"社会进步"与"交易费用"的关系。这位教授说,"减低交易费用会推动社会进步"这一观点错了,因为美国过去有一百年的经济史统计表明,交易费用占国民生产总值的比重从25%增加到45%,所以社会进步总是伴随着交易费用的增加,交易费用不是"坏东西",而是交易的"促进力量"。

按这位教授的逻辑,既然电话费、交通费、上网费占日常开支的比例,是随着社会的进步而增大的,那就表明,信息交流的障碍、运输和迁徙的困难,都不是"坏东西",而是交易的"促进力量"了。言下之意是,若缺少了这些障碍和困难,即所谓的"润滑剂"和"棘轮机制",社会都不知道该朝哪个方向进步了。

如此怪诞的结论,是"只看数据,不看情况"造成的。须知道,在没有电话的年代,异地通话的费用,不是零,而是无穷大!发明了电话,通信的费用是从无穷大急跌下来,而不是从零暴涨上去。

信息交流的障碍,运输迁徙的困难,从来不是什么好东西。人顶好生来就是顺风耳,顶好生来就是千里眼。那样,电话费永远是零,交通费永远是零。皆大欢喜,没有谁会感到社会缺少了什么"润滑剂"或"棘轮机制"。

美国的经济史统计,其实不难理解。从数据上看,交易费用

（包括部分通信费用、部分交通费用，和所有用于警察、律师、经纪、银行家、文员、经理等职业的开支）在国民收入中的比重上升了。但这只是数据，数据本身不足以说明问题，因为它至少同时支持两种对立的情况。

一种情况是，某些领域的交易费用从无穷大降低到有限大，从而纳入了国民收入的统计范围——这种情况是好事，不管统计员如何点算，都有利于社会进步；另一种情况是，某些领域的效率下降了，人们得花更多的钱来办同样的事，从而使交易费用的统计数值上升了——这种情况是坏事，不管统计员如何点算，都会使经济倒退。

到底哪一种情况占上风呢？要谦虚地承认，我们得首先确认"美国那一百年的经济是进步的"，然后才能据此推断是第一种情况占了上风，即"交易费用比重上升"主要是由前一种情况造成的。我们只有先了解情况，才能据此理解数据的含义；反过来，我们则没有本事单纯从数据出发，去推知真实世界的情况。

想增强类似的推理能力，大家不妨找美国"教育考试机构"（ETS）设计的 GRE 或 GMAT 作文题来练练手。在美国，不管你想读哪一科的研究生，从数理化到文史哲，从工商管理到宗教神学，都得考个 GRE 或 GMAT 成绩。做那些题目不算掉架子。练过的朋友可能比较容易明白：为什么单纯从"破案数字上升"来推断"治安情况好转"或"治安情况恶化"都是武断的。

"看得见的"与"看不见的"

2011 年 3 月 21 日

法国经济学家巴斯夏（Claude Frédéric Bastiat，1801—1850）在 1850 年发表的名文《看得见的和看不见的》（What Is Seen and What Is Not Seen），分十二小节，译成中文三万五千字，在网上容易找到，是我连教四次"法律经济学"课程，次次都指定为第一篇必读的文章。它是经济学思维区别于其他思维的根基。

巴斯夏写道："好经济学家与坏经济学家的区别只有一点：坏经济学家只能看到可以看得见的后果，而好经济学家却能同时权衡可以看得见的后果和通过推测得到的后果。"全篇文章的主旨，是说任何选择必有"成本"，即"放弃了的最有价值的机会"；我们不能只看到容易看到的"得"，还必须尽力去看到不容易看到、甚至无法看到的"失"。

作者详细讨论了多种广为流传的错误观念，包括主张政府刺激经济、扶持文艺、扩张公共工程的观点，为防止失业而抵制机器和反对军人退伍的主张，认为中间商剥削了消费者的仇商情绪等。遗憾的是,巴斯夏讨论的每一种谬见,都仍大行其道。我想,这是大部分人从未接触过经济学,而即使学过的也都远远没有把基础概念嚼碎、消化、吸收的缘故。

据报道,日本发生地震后,社会保持良好秩序;尽管货架上的日用品日渐匮乏,门外轮候的人龙也越来越长,但超市依然没有提价。许多人于是觉得经济学规律错了。他们说,在危机到来的时候,不仅应该鼓励"不提价",而且应该谴责甚至动用法律来禁止"提价",因为提价就是趁火打劫和发国难财。这些观点,恰恰是巴斯夏指的,只看到了"看得见的",而没有看到"看不见的"的表现。

人们一眼就能看得见的,是灾民在队伍中保持秩序,是没有改变的价格牌,是灾民并未因为突发灾难而增加货币负担,是超市并未通过提价来增加收入;可是,不容易看到的,甚至是永远看不到的,是空空货架所预示的极度飙升的真实价格,是灾民暴露在受到核污染的风尘中的时间增加了,是灾民本来可以用来做其他更急迫的事情的时间和精力减少了,是商人在灾区所必须付出的成本增加了,而最为人所忽视的,是供应减少了!

在危机发生时,人们为了防备不测,对物资的需求增加;同时,由于交通受阻,销售成本也增加了,这两方面的因素,都在同一个方向上推动了物价,那就是上升!这一上升,是已然的,是不以任何人的善意和行为为转移的。这时候,超市可以选择维持货品的名义价格,但那只是给灾区的顾客送礼,并可能增加顾客排队轮候的成本，而非改变货品的实际价格。

送礼值得钦佩。事实上，整个国家机器和相关的慈善团体，都迅速运转起来，尽力给灾民提供物资。除了极端的无政府主义者外，应该没人反对，这是政府和慈善团体在发挥它们应有的功能。但是，值得讨论的是，是否应该谴责甚至禁止其他道德没那么高尚的人，为了打平自己的成本，甚至为了牟利而向灾民提供物资？

经济学人应该看清一般人不容易看到的一面，那就是，如果谴责或禁止提价，那么为了打平成本或牟利的供应行为就会减少甚至绝迹。那些坚持不提价的超市，可能因为无法维持而不得不减少进货；而其他本来会出现的商人，则永远留在了围观的人群里，不会站出来有所作为。那么，灾民连多花点钱来换取救命的物资的机会都没有了，这"看不见的"损失，谁来负责？是那些坐在书斋里，自己不去行善，却要求别人只能行善而不准牟利的"道德家"。正确的立场应该是，既不反对政府救灾，也不反对私人行善，但反对"禁止提价"。

要知道，"禁止提价"本身就会导致匮乏。中国曾经有过极左的时期，把投机倒把和长途贩运都列为祸国殃民的重罪。恰恰是禁止投机倒把和长途贩运，激化了匮乏；但很多人却因果倒置，以为匮乏需要靠禁止投机倒把和长途贩来缓解。历史经验是，那些果断解除所有物价管制的国家，如二战废墟上的联邦德国，迅速启动了供应的机器，货架很快就被填满；而长期禁止商贸和实施配给的国家，如民主德国和苏联，则每下愈况，积重难返。

有支持灾区限价的朋友说，限价可以稳定人心。这说不通。要知道，价格反映的是千千万万人在时刻调整的预期，歪曲价格只能误导和欺骗公众，并导致"需求者浪费"和"供应者囤积"的恶劣后果。要稳定人心，不能靠歪曲价格，只能靠充足供给。即使出现事后看来是不理智的哄抢，让价格浮动也还是能最有效地抑制哄抢，否则哄抢只会更加严重。政府和其他组织，大可努力增加供应，实实在在地把物资摆出来，以此来改变灾民的预期，而不是在没有做到的时候，去歪曲公众的预期，去打击别人的牟利行为和自愿交易。

另外，每次灾难降临，无论是中国洪水、美国飓风或日本地震，都免不了有人会说，大面积的财物损坏和人员伤亡，对经济建设是有利的。这种观点源远流长，是了混淆"存量"与"流量"之别的典型，是巴斯夏文章里第一节就剖析批判的"破窗理论"。

把退休老人的房子和存折烧了，的确会促使老人增加收入，因为他得去工作了。看得见的，是老人增加的收入流以及他的工作成果，但看不见的——而受过经济学基础训练的人应该看得清楚的——是老人（或说整个社会）的净损失，即老人本来可以自己享用或转让给别人的财富存量，以及本来可以用于其他活动的时间、精力和由此产生的成果。一时流量有增，多年存量覆没，可不是什么好事。

巴斯夏大文发表至今 161 年,还是有很多人,包括不少经济学者,不明白灾害为什么叫做灾害,不明白什么叫"无谓损失"(deadweight loss),不明白"破坏、损坏和浪费都不能增加国民财富"的道理。其实,坦然地承认洪水、飓风和地震是灾害,不仅显示了正常的思维和反应,而且也不影响关于如何救灾重建的理性讨论。

第三节　经济学巨匠的成就和纪念

法律经济学从科斯开始

2011 年 1 月 3 日

一百年前的今天，1910 年 12 月 29 日，科斯（Ronald Harry Coase）在英国伦敦出生；今天，上百位国内外经济学家在北京聚首，通过视频向居住在美国芝加哥的科斯致贺，并用一整天的学术会议，讨论科斯对剖析经济运行机制所作的贡献。

一开始科斯并没有给我造成什么思想震荡。我当时并不理解科斯为何伟大。我是经过长时间的学习，触类旁通，才越发体会到他简朴的想法所蕴含的威力的，而这个过程延续至今。事后看来，他给我最大的影响，恰恰就在这一点。

我最早知道科斯，是在我念大学本科二年级，开始读张五常的书的时候。在那些港版图书里，张五常把科斯翻译成"高斯"，让我以为他在谈论的是大名鼎鼎的数学家高斯（C. F. Gauss）。我于是跳过了那些章节。耽搁了一段时间后，我才知道世界上有科斯这么一个人。

但这还是无济于事。我仍然无法理解科斯为什么伟大。从张五常的介绍看来,科斯的贡献只是在于解决"牛吃麦"的问题。哪怕这是个多么妙趣横生的问题,我当时关心的可是更大更重要的事情——经济的兴旺,社会的富强,谁是好人,谁是坏人,谁代表了少部分人,谁代表了大多数人。这些怎么能跟"牛吃麦"的问题相提并论呢?这个疑团是逐渐解开的。

科斯思想有两个重要的渊源。其一,是来自英国经济学家 Philip H. Wicksteed 在 1910 年出版的两卷本《政治经济学常识》(*The Common Sense of Political Economy*) 中阐明的"边际均等"(marginal equalization)的观念。其二,是美国经济学家 Frank Knight 在 1924 年发表的一篇重要的文章《关于社会成本的含义的若干谬误》(Some Fallacies in the Interpretation of Social Cost) 中阐明的观点,即只要存在私有产权(private property rights),那么该产权所有者就可借助市场的功能,解决社会成本问题,而无需由政府来解决。

所谓"边际均等",说来简单。一片土地,究竟多大用来养牛,多大种庄稼?答案是:把土地细分到最小单位,如果第一个单位的土地,用来养牛能带来比种庄稼更大的收入,那么这个单位的土地就用于养牛;反之则用于种庄稼。依次类推,直到最后一个单位的土地,都用到了能够带来最大收益的用途(种麦或养牛)上,那么这块土地在这两种用途上的分配,就能带来最大的总收益。

所谓"私有化"能解决社会成本问题,就是说如果牛和麦都是有主的,而最理想的情况是当这两者的主人都是同一个人的时候,那么这个主人就会通过上述"边际均等"的办法,确保土地的使用分配能够取得最大的收益,而牛和麦之间的冲突,就不需要政府介入,也能得到最合理的解决。

科斯理论的这两个思想渊源,有三个重要的含义:一,在解决生产资源分配时,要紧的永远是边际的数值,而不是平均或总计的数值;二,在协调资源的争用时,要紧的是要存在私有产权;三,只要存在私有产权,产权所有者的个数就并不重要,也就是说,不管生产要素由多少人拥有,只要他们能保持充分的理智,他们就会达致相同的生产资源分配方案。

我花了长时间的学习和体会,才逐步理解上述三点含义。事实上,我是读了阿尔钦关于进化的文章,才了解到边际规律是不以人的意志为转移的;读了张五常、阿尔钦、费雪等人的作品,才逐渐意识到私有产权的重要;读了布坎南和塔洛克等人的作品,才重新理解"大多数人的意见"这个概念的虚无。再到后来,在我开始给学生讲授"法律经济学"这门课程的时候,才比较充分地体会到科斯所提出的视角,是如何长驱直入,看穿了财产权法、滋扰法、侵权法、合同法、公司法乃至宪法的脉络的。要知道,这些部门法,在科斯思想出现前,是貌似各自独立,互不相关的。

我常自问:假如自己是当年《法律经济学杂志》(*Journal of*

Law and Economics)的编辑,面前摆着科斯的"社会成本问题",那么我有足够的鉴赏力,认为这是惊世之作吗?不经过长期学习和思考,肯定没有。这正是科斯给我最大的影响:他让我体会到在观察世界时"掂量观点"的重要。

如何纪念科斯

2013 年 9 月 9 日

罗纳德·科斯（Ronald Harry Coase）教授于 1910 年 12 月 29 日出生，于 2013 年 9 月 2 日逝世，享年 102 岁。科斯教授以其既扎根于真实世界，又深不可测的独特视角，通过屈指可数的几篇没有数学公式的文章，激起了经济学家和法学家超过半个世纪的争论，并改变了他们对世界的看法。科斯被公认为新制度经济学和法律经济学的创始人之一，并于 1991 年被授予诺贝尔经济学奖。在中国，科斯的影响超过绝大多数西方经济学家，他的思想不仅被经济学家，而且被法学家、改革家乃至媒体持久关注，他在两年前还接受了《财经》杂志的采访，在今年初还与王宁教授合著出版了《变革中国》一书。科斯教授去世，是令人伤感的消息。

科斯出生在伦敦近郊，那里既没有电，也没有电话，既没有小汽车，也没有公共汽车。他的膝盖无力，要借助铁架支撑。他在伦敦经济学院（LSE）取得商科学位，学的是统计、会计、经济和法律。在那里,他聆听过著名经济学家罗宾斯(Lionel Robbins)、希克斯(John Hicks)和哈耶克(F. A. Hayek)的讲课,也结识了后来成为法律经济学奠基人的戴瑞德(Aaron Director),正是后者的大力推荐,科斯终于在芝加哥大学法学院找到了学术归宿。

读本科时,科斯获得了一份到美国游学一年的奖学金。他当时要到美国探究的问题,是"为什么人们要建立企业,而不是在市场进行交易"。年轻的科斯还是一位社会主义者,在工会朋友的协调下,他在美国走访了福特汽车和通用汽车等大企业,在与大企业的经理的访谈中,他获取了求解问题的第一手资料。本科毕业后,科斯就在大学里教一些他说自己一窍不通的学科,如"银行与金融"和"公共事业经济学"等。其间,他根据在美国游学的心得,写成并发表了著名的《企业的性质》(1937)一文。

一晃19年,出于对社会主义式的英国的悲观和对美国的喜爱,科斯搬到了美国,先后在水牛城大学和弗吉尼亚大学任教,其间发表了轰动学术界的论文《联邦通信委员会》(1959)和《社会成本问题》(1960)。科斯在1964年落户芝大法学院和商学院,时年54岁。在芝大,他的主要工作是担任《法律经济学期刊》的主编。他经常采用主动约稿的方式,促成了大量精彩论文的发表,有力地推动了新制度经济学和法律经济学的发展。科斯在1981年退休,并在1991年获得诺奖。当时的法学院院长自豪地说,世界上恐怕也只有他这个法学院能出诺奖得主了。

我见过科斯两次，握过手，但没有私交。第一次是 2009 年 12 月在芝加哥大学法学院举办的"科斯研讨会"上。科斯坐在停在礼堂中间的轮椅上，另外三位诺奖得主——贝克尔（Gary Becker）、诺斯（Douglass North）和斯密斯（Vernon Smith）——连同其他多位学者轮番上台致贺，最后众人排着长队等候与科斯合影留念，场面感人。

第二次是 2010 年 7 月的"科斯研讨会"，数十位来自中国的学者，应科斯的邀请，到芝加哥大学访问一周，科斯到场发言。他摊开黄色的稿纸，把第一句话重复了五次："这个会议之所以重要，不是因为我的发言，而是因为大家的发言。"他接着解释："中国学者之所以重要，有两个原因，一是中国人口众多，所以学者的影响范围大；二是中国的经济学尚未完全定型，有更大的灵活性，更可能走上更可取的道路。"我明白，科斯对经济学在美国的发展现状非常不满，认为那是"黑板经济学"，而他一直把推广"真实世界经济学"的希望寄托在中国。

今年 7 月，我在芝加哥大学遇到王宁，得知科斯计划在今年 10 月访问中国五个礼拜。记得科斯曾经说过，诺贝尔奖来得有点迟，他得奖时已经 81 岁，不是到处旅游的年纪，所以只能婉拒许多来自世界各地的邀请。恐怕是由于科斯太太去年逝世，让百岁高龄的科斯觉得再无牵挂，可以远渡重洋到中国好好看看了。大师未能成行，令人十分惋惜；但不管怎样，今天值得讨论的，是我们应该怎样纪念科斯。

要纪念科斯，第一就是要建立宽容的学术环境。科斯酝酿和起草"企业的性质"一文时，仅仅是个20岁出头的本科生，而当时流行的经济学问题，是"如何规划投入产出"和"如何达到充分就业"等，科斯关心的问题显得很生僻。另外，科斯没有拿过经济学博士学位，甚至不算受过系统的经济学训练，但他坦言这恰恰是其优势——他可以不受成见的约束，按照自以为然的方式去锁定问题、思考问题和回答问题。真正的学者，从来不会为了成功而工作，而只会任凭直觉和兴趣的牵引而工作，但没有宽容的学术环境，他们就会失去许多机会。

要纪念科斯，第二就是要对真实世界保有持久的兴趣。科斯在教"公共事业经济学"时发现，经济学家对这个课题一无所知。于是，他便开始关注水电、煤气、邮政、电报以及广播等政府提供的公共服务，深入了解其运营和定价机制。没有这些积累，恐怕他不会提出要以拍卖的方式来分配无线电频谱的方案。在科斯看来，这个方案天经地义，但在芝大一众经济学家看来，却是大错特错。传为美谈的是，经过在戴瑞德家一个晚上的辩论，所有人都被科斯说服了。

又例如，诺奖得主萨缪尔森（Paul Samuelsson）认为，公共设施应该由政府来提供。他以航海用的灯塔为例，指出多一艘船利用灯塔，并不增加灯塔的建造和维护成本；但若对过往的船只征收灯塔使用费，那就会令部分船只绕开灯塔，结果可能使船只触礁。因此，由政府来免费提供灯塔才是明智之举。然而，科斯却查证,英国在过去几百年里,灯塔都是在政府发放许可证的前提下,由私人建造、拥有、并通过附近港口来收费维护的。科斯是说,公共设施的建立和维护的工作不仅有成本,而且也可以由私人有效地承担。

再例如,经济学家普遍认为,垄断者必然通过限制产量来谋求垄断售价,但科斯却在《耐用性与垄断》(1972)一文中反问:假如全世界的土地都掌握在一个垄断者手里,那么他会如何出售土地?假设他只出售其中一半的土地,并收取了高额的垄断价格,那么他是否又想把剩下的土地再卖掉一部分,以获取更多的收入?科斯逻辑井然地论证:如此递进,那么哪怕所有土地归一人所有,他最终也会把土地全部卖掉,而土地的价格照样会趋近于完全竞争下的价格水平。科斯的解释澄清了人们对垄断者定价能力的误会。

基于对商业世界的深入理解,科斯对反垄断法的态度是非常负面的。他说过:"我被反垄断法烦透了。假如价格涨了,法官就说是'垄断定价';价格跌了,就说是'掠夺定价';价格不变,就说是'勾结定价'。"他还说道:"每当经济学家看到他无法解释的现象——这样或那样的商业行为——他就在垄断上找理由。而由于我们在这个领域是非常无知的,所以也就有着大量无法解释的现象,于是在垄断上找理由也就成了家常便饭。"这些告诫都是我们将来在审视反垄断案件时需要时刻谨记的。

要纪念科斯,第三是要坚持以"双向"的角度来看待污染和侵权行为。牛吃了小麦，牛的主人就应该对小麦的主人作赔偿；糖果作坊发出了噪音，糖果商就应该对隔壁的牙医作赔偿；同理，吸烟者污染了空气，所以也应该向其他人作出赔偿。这几乎就是生活常识。但科斯不以为然。他力排众议，指出如果不让牛吃小麦，那么牛就受到了损害；如果勒令糖果作坊停产，那么生产商就受到了损害；同样地，如果禁止吸烟，那么吸烟者就受到损害。科斯的洞见是：任何伤害都是双向的，禁止了甲对乙作出伤害，那么乙对甲就形成了伤害。

真理总是在被阐明后才变得昭然若揭的。根据科斯本人的观察，学术界——尤其是法学界——已经逐渐认清了"伤害行为的双向性"，不再把污染、侵权和内幕交易等现象，简单地视作必定应该受到遏制的行为，而是把它们理解为人们对自然资源、注意力和有价信息展开争用的结果。观念的转变，导致了环境保护、责任界定和公司治理等领域的深刻的政策变化，从而减少了不容易为人所察觉的浪费，促进了资源的有效利用。

要纪念科斯，第四是要重视交易费用的强大作用。在科斯以前，经济学家往往把机构、组织和体制，都看作是经济分析的最小单位，或只要有投入就能自动产出的黑盒，而没有深入到组织和结构层面去考察。换句话说，他们只看到了产量、需求和价格。但在科斯以后，人们看到了机构内部安排的重要性。大到国家的制度，全民所有制、集体所有制或者私有制，小到家庭、企业和俱乐部，其中人与人之间的关系和权利界定，极大地影响着机构和体制的运行效率。

社会上对科斯定律的常见理解是：只要交易费用为零或足够低，那么不管一份资源的所有权归谁所有，这份资源都会被推向使用价值最高的用途上。这个观点，对刚刚从计划经济的泥潭中抽身出来的中国，尤其具有启迪意义。它让中国人认识到产权对致富的重要性。我们以前只想着"多快好省"，却不知道生产什么，不知道资源怎么分配，不知道市场需求什么，不知道人的积极性怎么去调动。而科斯告诉我们，产权界定得越清楚，上述问题就越容易水到渠成地解决。合理的产权设计，对国富民强具有举足轻重的作用。

然而，科斯定律的更深一层涵义是，在真实世界里交易费用并不为零。若交易费用真的为零，那么交通规则就是多余的：路权可以实时在车辆之间通过拍卖来分配，醉酒的司机也可以随时向行人购买横冲直闯的权利。然而，正因为交易费用不仅不为零，而且常常高得令人却步，世界才会衍生出那么多法律、规则、传统和习惯。它们都是为了避免重复界定产权和协商价格而形成并留存下来的。

要纪念科斯，第五就是要强调"就事论事"的治学作风。科斯尽管随着阅历的增加，不再是社会主义者了，但他也没有走向另一个极端，变成自由放任主义者。他清楚地指出：政府在经济生活中是不可缺的，只不过是政府对经济的干预实在太大，才导致他主编的《法律经济学期刊》所发表的研究，几乎清一色地表明政府的干预弊大于利。同样，科斯在1974年发表过题为"商品的市场与思想的市场"的文章，客观地比较了政府对这两个市场进行管制的双重标准。在那篇文章里，他并没有断定政府绝对不应该管制思想的市场，但基于中国目前的现实，他近年则不断呼吁中国应该建立思想的市场，指出"缺乏思想市场是中国经济诸多弊端和险象丛生的根源"。

当被问及他与主流经济学者之间的区别时，科斯说他总是先看到真实的问题，才去解释或解决这些问题；而许多经济学家，则沉湎于玩弄手头的学术工具，热衷于解决他们自己发明的问题。这就是"黑板经济学"与"真实世界经济学"根本分歧：前者追求数学的优美和概念的纯净而极大地忽略了现实中的重要细节，而后者由于追求个案的具体而失去了规律化的吸引力。在前者日益变成皇帝的新装的同时，后者却促进了对现实问题的理解和解决。我深深希望，科斯所倡导的经济学研究方法，在转型期间的中国，能够朝气蓬勃地活下去。

官员不是天使

——纪念宪政经济学先驱布坎南教授

2013 年 1 月 28 日

两个礼拜前，1 月 10 日清晨，我从"公共选择学会"发来的公告邮件中惊悉，我修过一个学分的老师，诺贝尔经济学奖得主布坎南（James McGill Buchanan）教授，于 2013 年 1 月 9 日病逝于美国弗吉尼亚州的布莱克斯堡镇（Blacksburg, VA.），享年 93 岁。

布坎南教授 1919 年 10 月 3 日出生于美国田纳西州一个清贫但显赫的家庭。其祖父曾任该州州长；其父亲守着家族留下的大片农地做杂工，英俊幽默，擅长运动，颇得女性欢迎，积极参加当地政治，是社区的和平官；其母亲则好学不倦，博览群书，知识渊博得直到布坎南读大学，还有能力给他辅导功课。

布坎南从小就在以其祖父命名的"布坎南学校"接受了十年的基础教育。在大学期间的兴趣集中在数学、英语和社会科学，包括经济学。布坎南的成绩名列前茅，这极大地增强了他这位来自乡村的少年的自信心。毕业后获得经济学奖学金，到田纳西州大学进修，但布坎南在那里没学到什么经济学，倒是好好地了解了女人和酒，而这毕竟是教育的重要组成部分，也算不枉此行。布坎南在二战期间应征入伍，在海军服役并荣获青铜星章。战争结束，布坎南选择了学术之路。1948年在芝加哥大学经济系获得博士学位后，布坎南致力于开拓公共选择的研究领域。他1986年获得诺贝尔经济学奖，而那是该奖免税的最后一年。

据布坎南回忆，深刻地影响了他的思想的，主要是两位学者，一是他在芝加哥大学读博士时的经济学导师奈特（Frank Knight，1885—1972）教授，另一位是他在离开芝加哥大学前夕偶然发现其作品的瑞典经济学家维克塞尔（Knut Wicksell，1851—1926）。

在布坎南眼中，奈特是一位全心追求真理、不惮质疑任何权威或成见的质朴学者。奈特也来自乡村，没有名校背景，让布坎南感到亲切。布坎南从小在民粹主义的氛围中长大，虽然也反对政府和权威对个人自由的逼迫，但对经济运行规律却一无所知。以我的观察和理解，布坎南当时的这一思想特征，与今天中国网上大部分"公共知识分子"相似。就是这样一个年轻人，走进了奈特的课堂。奈特的讲课，既没有教条主义气息，也不试图改变任何人，甚至没有什么条理，但恰恰是这种宽松自然又无所顾忌的研究态度，在仅仅六周之内，就让布坎南学会了从经济学的角度来看世界，并把他从民粹主义者变成了市场秩序的支持者。

布坎南从此便坚守经济学的基本原理，不遗余力地批评各种经济学胡说。从 1950 年代开始，大量凯恩斯主义学者，替政府举债花钱的行为鸣锣开道。他们论证说，既然债款来自于人民，并用之于人民，那总的效果就是"我们欠我们自己"。布坎南深深地不以为然。他在 1958 年发表了第一部个人专著《公共债务的公共原理》，论证了不同的人会由于政府举债而面临不同得失的道理。到 1977 年，他与瓦格纳（Richard Wagner）又合著《赤字中的民主》。在这部与当时学术主流相对立的著作里，两位作者批判了凯恩斯主义盛行的政策后果。他们指出，政客为了吸引选票，势必通过举债来给选民甜头，其结果将是巨额的赤字。显而易见，三十多年后的今天，他们的预言在欧债危机中得到了准确的验证。

到 1996 年，一些经济学家发表研究结果，声称提高法定最低工资可以促进就业。布坎南投书《华尔街日报》道："这种说法，要是认真地生发下去，将无异于全盘否定了经济学，使其科学含义荡然无存；要是这样，经济学家除了撰写迎合意识形态偏好的文章，就别无可为了。值得庆幸的是，只有一小撮经济学家愿意背弃两个世纪的经济学教诲；我们尚未堕落成一群随营的娼妓。"

布坎南的经济学方法论，牢固地建立在"主观价值论"上，即认为事物的价值完全依赖于每个个人的主观判断。根据这一理念，布坎南写成了宝石一样的小册子《成本与选择》。他认为，尽管人们愿意用一头鹿换一只海獭，完全基于其主观判断，没有客观标准可言，但这种通过交易形成的比价，却是彰显并可以为外人所观察的。由此出发，布坎南既反对通过效用的简单叠加来计算和优化社会总福利，但也认为价格现象是可以衡量和比较的，而经济学理论可以建筑其上，否则经济学家就什么都说不得，而经济学就会变得空洞无物和裹足不前。

布坎南一生厌恶特权。这与他来自农村，但自尊心极强有关。他曾经回忆，当年入伍受训时，整个兵营五百多人，按各人姓氏的首字母排序来分组。恰巧，布坎南所在的"B"字附近，没有名校毕业生，而"R"字附近则有好几位来自常青藤大学。结果长官就打破规矩，让排后面的名校生来当他们的组长。布坎南极为不满，直到后来变得成熟，能够理解名校生在统计上更优秀的规律，知道这种做法具有相当的合理性后，也依然不能释怀。

营房里遭受的歧视，在布坎南心中生根，待他发现维克塞尔，便开始发芽。1948年夏，布坎南已经完成了博士论文，又还有几个月才离开芝大，这时他在图书馆偶然发现了维克塞尔在1896年用德文写的关于征税的学位论文。布坎南惊讶地发现，维克塞尔的"除非人人都赞成，否则就有人受损"的观点，与自己对选举的许多想法不谋而合。他当即决定把这篇论文翻译成英文，而维克塞尔也成了他的第二位精神导师。待到布坎南领取诺贝尔奖时，他更通篇以维克塞尔的语录为主线。

受维克塞尔启发，布坎南与塔洛克于1962年合著了《同意的计算》。该书是公共选择学派的纲领文献。它不仅打破了人们对"少数服从多数"规则的迷信,教人们对这种规则究竟如何得以增进社会总福利产生了质疑,它还挑战了"官员比商人更高尚"的信条。

在这部著作出版以前,政治学研究是从统治者和被统治者的二分法开始的,政府被看作是由官员组成的铁板一块的黑盒,其核心问题是统治者应该如何"分配"资源才符合正义的标准。而布坎南和塔洛克提供的框架,则是把经济学看问题的视角引入到政治领域,从而让人一下子看到,官官与官民之间,均是以交易关系为连接的网络,这样政治学研究就实现了从"分配范式"到"交易范式"的转变。在一个理解了"公共选择理论"的学生眼里,政府扶持、关税保护、市场管制等现象背后的真实原因,再也不是什么民族大义,而只是个体利益罢了。

这部著作还预示了布坎南晚年潜心研究和积极倡导的"宪政经济学"的主题:既然社会要达成一致意见很困难,那么为了公平,人们就必须对游戏规则达成一致意见,即我们必须公平地选择"让人们在其中进行选择"的规则。在布坎南看来,没有人能在选择规则的时候,预见自己将来在社会博弈中的输赢,所以他们对规则的选择是比较公正的。显然,哲学家罗尔斯(John Rawls)所主张的"无知之幕"理论也异曲同工。事实上,布坎南和罗尔斯是好朋友,两人曾经有过大量严肃的通信,而其中布坎南称罗尔斯为"杰克"(Jack,John 的昵称)。

布坎南这种通过立宪契约而达到公平的想法,属于"规范经济学"的研究范畴,其特点是专注于讨论"好不好"和"应该不应该"的问题。但是,现实与想法之间总是存在相当的距离。无论理论家们认为"应该怎样",现实"是怎样"则总有其不可抗拒的规律和轨迹。例如,美国宪法就不是征得美国大多数人同意而订立的,它充其量只取得了"当时只占总人口15%左右的成年白人中的大多数"的支持。不仅如此,两百多年来,美国宪法只经历过少量的修改,而每次修改也没有取得绝大多数人的直接支持。法律毕竟还是以自发衍生为主,而不是以人为设计为主。我认为理论与现实之间的分离,是布坎南晚年哲学化的"宪政经济学"研究进展变缓的原因。

布坎南对公平的追求是如此执著,对不劳而获是如此厌恶,乃至他到晚年还坚持主张政府征收高额遗产税。他认为,像盖茨和乔布斯这样的人赚多少钱都是正当的,但是他人无端接受其巨额遗赠则是不合理的。布坎南的这一观点,一直坚持到晚年,这令许多把布坎南视为自由市场的坚定支持者的人感到难以理解。

布坎南勤奋过人,清晨开始工作,以别人没空喘息的速度回信,自己的全集达20卷之巨;他平常文质彬彬,但也会兵戎相见;他忠实地给予学术朋友以大力的支持,曾经为加州大学洛杉矶分校的经济学研究生项目找来第一桶金,但他也由于缺乏耐心,而与弗吉尼亚大学、加州大学洛杉矶分校和弗吉尼亚理工大学都不欢而散;他对计量经济学相当质疑和排斥,但对博弈论则热情拥抱;他桃李满天下,但只有极少数学生能成为他真正的入室弟子；他没有来过中国，但他盛赞华人学者杨小凯，为其英年早逝深表惋惜。

我从布坎南教授那里挣来的那个学分，是一门五整天的课。有个清早，漫天风雪，我到了他专用的独栋"布坎南之屋"，到了才知道学校宣布停课两小时。其他几位也早到的学生，就与布坎南坐在一起，共同消磨那两小时。他读《华盛顿邮报》，我们读书，屋里静悄悄，暖洋洋，厨房飘来咖啡和烘饼的香味，身边的同学低声提醒我，说这一刻真美！

恪守经济学教训，解构了政府黑盒和官员动机，捍卫个人自由，并通过宪政经济学研究不懈地追求平等，是布坎南教授留给后人的珍贵精神遗产。

布坎南教授晚年开始思考"死亡"问题。他有时猜想，他是自由主义思想的载体，尽管肉身是短促的，但自由主义思想会被后人前赴后继地传承下去。其实，已然如此，必然如此！愿布坎南教授安息！

因纯真而深刻
——纪念经济学家阿尔钦

2013 年 3 月 4 日

上周三清晨,收到阿尔钦(Armen Alchian)教授的女儿艾琳(Arline Hoel)的电邮,说老人家于美国西岸时间 2013 年 2 月 19 日清晨在睡梦中平静离世,享年 98 岁;其家人将安排活动,纪念老人家的丰盛人生。就这样,我的生活里,少了一个 16 年来时常挂念的人。

悼念文章接踵而至。中文网络上首先转发的是张五常教授多年前写的万言长文"艾智仁"(阿尔钦的张五常译法),跃然纸上的是桀骜不羁的张五常如何被功力深厚的阿尔钦降伏的故事;《简明经济学百科全书》主编汉德森(David Henderson)在《华尔街日报》发表文章,说哈耶克在 1975 年曾经说过:"有两位经济学家,其作品重要而应该获得诺奖,但因工作量不够而没有获奖,那就是科斯和阿尔钦";而我的老师罗利(Charles Rowley)则按捺不住激动,连发两篇短评,直斥诺奖委员会不识泰山。

两个月前去世的布坎南教授,也曾经在课堂上回忆,1986 年他到瑞典领取诺奖时，参加一个照例由诺奖委员会主席专设的晚宴，席间照例讨论两个话题，一是当年获奖的主题，二是来年获奖的人选，而那晚他们讨论的就是科斯和阿尔钦。布坎南当时想，阿尔钦的贡献在产权理论，科斯在交易费用，两人分享诺奖，是完美搭配。结果，科斯在五年后获奖，阿尔钦则擦身而过。布坎南郑重其事地向同学们解释，以他的猜测，问题出在阿尔钦总是宣称他多么喜欢高尔夫上——生性刻板的瑞典人无法理解这种美式自嘲，见他玩心太重，便没有颁奖。

这成了一个现象：为了表达对阿尔钦的敬意，师友们要么连年祝愿他获奖，要么编造他落选的琐碎理由。不了解阿尔钦的读者不禁要问：这究竟是位怎样的学者？以我的亲身感受，他是一位用机智幽默来制造快乐的朋友，用优雅素养来包裹尖锐批评的智者，用日常语言来消除学术神秘的教师，和用纯真发问来重塑经济学根基的天才。

阿尔钦是亚美尼亚人后裔，1914年4月12日生于美国加州。他在和睦相处、守望相助的族群中长大。他考取了斯坦福大学，但由于奖学金不足，只好退回学费低廉的州立大学就读。那次他哭了。两年后，他回到斯坦福大学，并在1942年完成博士论文。据另一位诺奖得主阿罗（Kenneth Arrow）回忆，他到斯坦福大学入学时，阿尔钦已经毕业离开，但新生们仍然视阿尔钦为系里机敏过人的传奇人物。

二战结束后，阿尔钦成为兰德公司首位常驻经济学家，并初次显露了经济学的威力。当时在兰德公司里,人们正在猜测氢弹的原料究竟是什么。阿尔钦找人查阅了五种稀有金属制造商的股票价格,发现只有一家公司的股价,在短短 4 个月内,从 2 美元飙到了 13 美元。阿尔钦即写了一篇题为《股市露天机》(The Stock Market Speaks)的文章,在兰德公司内部流传,但两天后即被上级没收;而两个月后氢弹试爆,他的猜测得到印证,那家公司的股价也站稳了。

首次为阿尔钦带来国际声誉,并为经济学科学找到了稳固的落脚点的,是在他 1950 年发表的《不确定性、进化和经济理论》(Uncertainty, Evolution, and Economic Theory)一文。该文的背景很简单:当时有两位大经济学家(Richard Lester 和 Fritz Machlup)在争论,企业家究竟有没有在计算边际成本和边际收益。阿尔钦回答:计算与否不重要,重要的是背后主宰企业家存活的客观规律;由于存在不确定性,所以人们在逻辑上不可能求得最大化;人们只是在争取存活;即使(或虽然)人人都是傻瓜,物竞天择的规律也仍然时刻在发挥作用。

阿尔钦推翻了学界对"成本"的成见。在兰德公司考察飞机制造的成本和产出过程中,阿尔钦敏锐地发现,厂商在作出投资决定时,对长期生产总量——而非单位时间内的生产率——的估算是举足轻重的。在此基础上,他写成了一篇重要——重要得会改变微观经济学对厂商生产成本的知识基础——的论文《成本与产出》(Costs and Outputs)。这篇文章被美国顶级学报《美国经济评论》（The American Economic Review）接受。但此时，他的学友要为其老师海利（Bernard Haley）出一本纪念文集。阿尔钦竟然大方地婉拒了顶级学报，把这篇重要的文章放到了罕有人留意的纪念文集里。在学术影响和尊师重道之间，阿尔钦选择了后者。

阿尔钦还澄清了"歧视"的意义。他和卡索尔（Reuben Kessel）在1965发表《竞争、垄断和对金钱的追求》（Competition, Monopoly, and the Pursuit of Money）一文，揭示了这样的含义：选择意味着歧视，歧视意味着选择，选择和歧视是一枚硬币的两面；一个"认钱"的社会，会增加具有不同个性特征的人之间的平等；而一个"认人"的社会，基于个性特征（如肤色、性别、信仰、行政级别等）的歧视就势必更加严重。因此，恰恰是竞争激烈的市场经济，或鼓励追求金钱的资本主义，才使得那些不受欢迎的人——性格怪诞、笃信异教、坚持己见或有各种污点和前科的人——更容易生存下来，而这才增进了自由。

阿尔钦对"产权"概念的阐释，至今没有人能超越。权威的《新帕尔格雷夫经济学词典》中的"产权"条目，就由他老人家执笔，经多次再版后也依旧保留。阿尔钦解释的不仅是私有产权，而是多种产权。最精彩的，是他以一条曲线将人类各种典型所有制串起来的解说。听过或读过的人没有不拍案叫绝的。由此生发，阿尔钦关于"言论自由并不意味着可以侵犯产权"的观点，至今仍然是美国大多数位高权重的法官的知识盲点。

阿尔钦对企业的解释远胜科斯。阿尔钦和德姆塞茨（Harold Demsetz）在1972年对企业性质所做的解释（《生产、信息成本和经济组织》（Production, Information Costs and Economic Organization）），是对科斯1934年的著名论文《企业的性质》（The Nature of the Firm）的正面否定。科斯说，企业之所以形成，是为了节省交易费用；而阿尔钦和德姆塞茨却说，经济组织的美妙之处，正如男女结合可以产子，并非简单的节省交易费用，而是可以无中生有。阿尔钦曾经对我说过，因为科斯是他的朋友，他不替这个观点做广告，但孰优孰次，细心的读者一望而知。

阿尔钦阐发了"人际依赖"的深义，勾勒了企业治理和财务安排的规律。例如，既然专业分工能够提高生产效率，那为什么报社需要拥有自己的印刷厂、石油公司要有自己的运输船队？阿尔钦与克莱恩（Benjamin Klein）和克洛佛（Robert Crawford）的论文《垂直整合、可划拨租和竞争性的缔约过程》（Vertical Integration, Appropriable Rents, and the Competitive Contracting Process）一文作了解释，并回答了企业内部"什么人来当老板"的一般性问题。又例如，炼钢厂可以大规模举债，并聘用专业人士来经营，而制药厂却往往只靠自有资金，并由所有者亲自经营。这是为什么？他与伍德华德（Susan Woodward）在1988年合写的论文《企业已死：企业万岁》（The Firm is Dead; Long Live the Firm）解释了这个现象。

重要的是，由此看去，人世间的诸多合约安排和社会建制，便不再是随机选择或历史偶然,而是符合经济规律的竞争结果。阿尔钦和其他学者,共同催生了"产业组织"这门经济学分支,它剖析了企业的内部结构,为反垄断法的实施打开了一扇窗户。正因如此,阿尔钦也被公认为20世纪50年代兴起的法律经济学运动的重要贡献者之一。

阿尔钦改写了"失业"的概念。他不认同货币大师弗里德曼(Milton Friedman)对"失业"的解释,并得到弗里德曼夫人(Rose Friedman)的支持。他在1969年发表《信息成本,定价与资源闲置》(Information Costs, Pricing and Resource Unemployment)一文,确立了"失业都是在适度控制信息成本条件下的自愿的选择"的思想,令汗牛充栋的以"非自愿失业"为出发点的宏观经济研究,顷刻间变成了沙堆上的城堡。

阿尔钦非常重视教学,是一位伟大的教师。他女儿艾琳清楚记得,阿尔钦曾经利用当时刚刚面世的录音机,揣摩自己上课的语速和效果。我的老师威廉斯和她是读博士时的同班同学,一起上阿尔钦的课,一起组织学习小组。当年,威廉斯是个不懂经济学、要用最低工资法来帮穷人的青年。阿尔钦回到家里说:"我要是改变了他,我就能赢得全世界。"今天,威廉斯教授是美国著名的辛迪加专栏作家,一篇篇文章改变了无数读者看世界的角度。

不得不提的是,阿尔钦和艾伦(William Allen)写的《大学经济学》(University Economics)(多年来,其中有些版本改名为

《普适经济学》（*Universal Economics*）或《交易与生产》（*Exchange & Production*）。我另一位老师里维（David Levy）回忆：芝加哥大学博士考试，是在一堆公开的题库里挑选出来的，老师并不介意学生事前已经知道题目，因为那些是连老师自己都没有标准答案的题目；至于参考书，就包括了《大学经济学》的习题集，它能训练学生"像经济学家"那样思考。到晚年，阿尔钦除了打高尔夫，就以修订这部著作为业，留精华，去糟粕，加了减，减了加，草稿在四十多章到六十多章之间波动。

上周日（24日）《洛杉矶时报》刊登长篇讣文，对阿尔钦的生平和贡献做了恰如其分的述评。事实上，他的学术贡献涉及进化、产权、成本、依赖关系、产业组织、乃至失业和通货膨胀，遍布微观经济学、宏观经济学乃至行为经济学，文集达厚厚两大卷。哈耶克说他工作量不足，显然不实。特别地，该文用了长达五分之一的篇幅，介绍了阿尔钦的《大学经济学》课本本身，和他长期亲身给法学教授和联邦法官授课，对法律经济学运动，对美国的判例，所产生的深远影响。

话说1997年，互联网刚刚兴起，我学着制作个人网站，想把心目中的学术英雄摆到网上。寻遍网络，找不到阿尔钦的照片，而只有他的电邮地址。我去信索取，他很快就把照片寄来。我回信致谢："我一收到你的信，就给女朋友打电话分享惊喜了；礼尚往来，附上我的照片。"阿尔钦回复："谢谢！寄你女朋友的照片来更好。"

在他的鼓励下，我逐章译完了他尚在改写的《大学经济学》的文稿。有几年，我常常在晚上睡觉前给他去信，求教一些文稿细节的问题，而次日醒来，就已经收到地球另一端的回答或新稿。以这种方式求学，真是奇妙而珍贵。遗憾的是，此书因各种细节一拖再拖，至今未能付梓，而中译出版也只得顺延。尽管如是，凡修过我的"经济学原理"或"法律经济学"的同学都知道，阿尔钦的思想贯穿课程的始末。

与阿尔钦见的最后一面，是在 2007 年 8 月末，我到他家拜访。告辞时，93 岁高龄的老人家显然已经累了。我劝他留步，他坚持要送："我得确认你走了。"幽默不改，众人大笑。汽车缓缓加速，我回头望去，加州的落日余晖洒在他脸上，他依然站在那里，徐徐挥舞着双臂……

纪念贝克尔

2014 年 5 月 12 日

悉经济学家加里·贝克尔（Gary S. Becker，1930 年 12 月 2 日—2014 年 5 月 3 日）逝世。虽然享年 83 岁，但在去年辞世的科斯、阿尔钦和布坎南等芝加哥学派经济学家中，贝克尔算是年轻一辈。最后两次见到他，他仍然是神采奕奕。2009 年，芝加哥大学举办预祝科斯百岁生日的研讨会，贝克尔略微迟到，进了会场到处找座位；2011 年，林毅夫教授邀请他到朗润园访问，两人在万众楼唇枪舌剑争论政府到底应该如何引导公共教育的情景还历历在目，不料世界一下子就又失去了一位伟大的经济学家。

贝克尔是"经济学帝国主义"的开创者——他相信经济学可以用来分析人的所有行为。在读研究生的时候，他受导师弗里德曼启发，对歧视问题产生了兴趣，认为可以将歧视放到金钱追求和市场规律的框架中考虑。贝克尔认为，任何歧视行为，都不是单向的，而是双向的，歧视别人的人，他自己也要承担代价。越是唯利是图的雇主，由于他要追求金钱收入的最大化，那么他对雇员的歧视就越少。

现在看来，贝克尔的想法符合经济学基本原理——任何最大化的行为，都只能是在其他条件不变的情况下，追求某一个指标的最大化。人如果要放纵自己在性别、相貌、种族、党派或宗教上的歧视偏好，那他就必然会在其他方面付出代价。这个想法在当时却是石破天惊的。弗里德曼是犹太人，在纽约做过出租车司机，受过被歧视之苦，最初听到贝克尔的想法时，也觉得这种经济分析太冷静了。不过大师毕竟是大师，弗里德曼很快就改变想法，强烈地支持贝克尔朝着这个方向研究下去。

1955年，年轻的贝克尔以论文"种族歧视经济学"取得博士学位。阿尔钦对这篇论文赞不绝口，对他女儿说此人将来能获得诺贝尔经济学奖。阿尔钦的女儿回答："可现在并没有什么诺贝尔经济学奖啊！"事实上，到1968年诺贝尔经济学奖才开始设立，而贝克尔于1992年获奖。在这期间，贝克尔的"经济学帝国主义"探索，遭遇了大量的冷遇、嘲笑和排斥。比如，当时的经济增长理论大师索罗（Robert Solow）就对他的研究不以为然。但贝克尔说，有弗里德曼和阿尔钦的支持，其他评论就都不重要。

只要有人群，就存在对事物的不同估值，就会出现交易；只要有选择，就必然有机会成本；只要存在时间，就存在耐用品，就会刺激投资，这样经济学就必然能派上用场。在此逻辑下，贝克尔1957年出版了《歧视经济学》、1964年出版了《人力资本》、1965年发表了《关于时间分配的理论》、1968年发表了《罪与罚》、1976年出版了《人类行为的经济分析》、1981年发表了《论家庭》、至1994年与墨菲（Kevin Murphy）发表了《关于香烟成瘾的实证分析》，可谓一发不可收拾。在贝克尔的示范下，经济学以科学的面目，悍然入侵了被认为只有社会学、人类学、政治学、道德哲学和法学才应该涉足的研究领域。

贝克尔说生儿育女是投资耐用品，引起了哄堂大笑。然而，全球长期的生育数据表明，随着妇女受教育程度的提高和外出工作收入的提高，连一直拒绝使用任何避孕措施的天主教地区的生育率也显著下降了。外人可能以为宗教的力量是超越成本核算的，教徒们可能以为偷偷减少生育不会被人发现，但经济学分析和经济学方法，却使真相彰显无遗。事实表明，人们对成本的考虑和顺应，是无处不在的。

贝克尔不是象牙塔中的学者。从1985年起，他就开始定期为《商业周刊》（*Business Week*）撰写通俗易懂的经济专栏。在这些经济专栏里，他解释为什么提高最低工资就会增加失业、主张以志愿兵制代替义务兵制、主张人体器官交易合法化、主张毒品合法化、主张以学券制来打破僵化的公立学校体系、主张国营企业应该改为民营企业、批评反垄断法的执法效果、反对美国政府干预国内油价、反对农业补贴……他以清澈的语言、严谨的论证、生动的实例，向广大读者展现了经济学最美的内核——这是一门与生活密切相关、帮助人们区分动机和结果、揭示事与愿违规律的社会科学。

然而，经济学帝国主义并非完美无缺，也不可能独善其身。事实上，任何具体的社会现象，都可以通过各种学科和多种角度来解释。它们不应该互相排斥，而应该互相补充。

贝克尔曾经与另一位诺奖得主斯蒂格勒（George Stigler）合写过一篇关于经济学方法论的论文，论文的标题是拉丁文"De gustibus non est disputandum"，意思是"口味不同，无需争论"。该文论证，经济分析不能以偏好不同来解释世事，而必须假定人们的偏好是一致的。比如，生育率高时，经济学家不能解释说"妇女喜欢多生孩子"，否则等到生育率下降，就谁都可以以"她们偏好变了"来敷衍解释。经济分析要有意义，必须假定人的偏好是恒常不变的，这时经济学家才能够根据约束条件的变化而推测或解释人的行为的变化。这是经济学安身立命的基本教条。

然而，人的口味确实是不同的。人的基因不同，禀赋不同，倾向不同，志向也不同。这些差异不仅能在个体之间观察到，还能在性别之间、年龄层之间、种族之间非常清晰地看到。例如，一个人的情绪是否稳定，对其学习成绩、工作表现，乃至收入水平是否有影响呢？答案是显然的。既然如此，那么把收入水平追溯到情绪因素，再把情绪因素追溯到生理禀赋，是否属于有价值的社会科学实证研究？若是，就不能再假定人都是相同的了。

这就是说，能够随意包罗一切要素、而同时又假定人的偏好是恒常不变的经济学模型，可能会因为忽略了人性的差异或其他相关细节而流于空洞。其他社会科学对经济学帝国主义的批评有时是有道理的。要克服经济学的这一缺点,经济学者只能是在坚持将经济规律运用到极致的同时,谦虚地参考和借鉴社会学、人类学、政治学和法学的研究方式和成果。只有这样,我们对社会现象的解释才会丰满起来。

亚当·斯密时代的经济学家都是广博的,但后来专业的细化使经济学家越来越只专注于与金钱相关的宏观问题,而贝克尔却替后人照亮了一片以人为本的微观研究领域,使经济学研究达到了前所未有的广度。贝克尔是一位替经济学开疆拓土的大师,我们谈论、颂扬、继承、反思和发展他的工作,是最具敬意和最有价值的纪念方式。

后　记

这是我自 1998 年以来经济散文的选集。本书付梓全赖朋友白丽丽、董展育和周克成三年多的耐心鼓励和倾力帮助。

感谢波普尔（Sir Karl Popper）、弗里德曼（Milton Friedman）、张五常、科斯（Ronald Coase）和阿尔钦（Armen Alchian）等人。他们的著作塑造了我今天的世界观。尤其感谢阿尔钦教授，他一再鼓励我将他著述中的重大主题改编为短小的报刊散文，在中国推广。

我感谢丁小波、李韧、沈灏、李戎、姜奇平、张力奋、殷练和刘坚所给予的写作机会，并感谢黄立、辜晓红、李凌、徐钟、龙希成、李子旸、叶海旋、王陈月明、刘源、徐亚岚和王婧雯等人所作的编辑处理。

感谢朋友尹忠东、陈晓曦、陈学谦、陈智谦、何庭波、黄雪涛、路卫军和欧阳海欣的支持，以及老上司刘应富、卓海洲和李汝忠的关照。

感谢北京大学国家发展研究院经济学双学位项目中选修我的

"经济学原理"和"法律经济学"的同学们。他们的建议、疑问和挑战,催生了2010年后的多篇文章。

薛兆丰

2015年6月20日

图书在版编目(CIP)数据

经济学通识/薛兆丰著. —2版. —北京:北京大学出版社,2015.8
ISBN 978-7-301-25869-9

Ⅰ.①经… Ⅱ.①薛… Ⅲ.①经济学—文集 Ⅳ.①F0-53

中国版本图书馆CIP数据核字(2015)第109124号

书　　　名	经济学通识(第二版)
著作责任者	薛兆丰　著
责 任 编 辑	白丽丽
标 准 书 号	ISBN 978-7-301-25869-9
出 版 发 行	北京大学出版社
地　　　址	北京市海淀区成府路205号　100871
网　　　址	http://www.pup.cn
新 浪 微 博	@北京大学出版社　@北大出版社法律图书
电 子 邮 箱	编辑部 law@pup.cn　总编室 zpup@pup.cn
电　　　话	邮购部 010-62752015　发行部 010-62750672
	编辑部 010-62752027
印 刷 者	北京中科印刷有限公司
经 销 者	新华书店
	880毫米×1230毫米　A5　15.75印张　308千字
	2009年5月第1版
	2015年8月第2版　2024年5月第31次印刷
定　　　价	68.00元

未经许可,不得以任何方式复制或抄袭本书之部分或全部内容。
版权所有,侵权必究
举报电话: 010-62752024　电子邮箱: fd@pup.cn
图书如有印装质量问题,请与出版部联系,电话: 010-62756370